Lothar von Seltmann

ROSA KREBS

Lothar von Seltmann

Rosa Krebs

Die Mutter der drei vom Himmelhorn

francke

Über den Autor:

Lothar von Seltmann, geboren 1943 in Krakau, nach dem Tod seiner Eltern ab 1947 als Vollwaise bei Pflegeeltern in Müsen im Siegerland aufgewachsen. Studium der Pädagogik mit Wahlfach Theologie, danach Lehrer, Lehrerausbilder in Seminar und Hochschule und zuletzt Rektor einer Hauptschule. 1993 vorzeitig pensioniert. Seit 1999 widmet er sich ganz dem Schreiben von Gedichten und Romanbiografien.
Er ist verheiratet mit Ulla. Die beiden haben zwei Söhne, eine Tochter und sechs Enkel und wohnen in Hilchenbach im Siegerland.

Bibelzitate, wenn nicht anders vermerkt,
nach der Luther-Übersetzung von 1912

Bibliografische Information Der Deutschen Bibliothek
Die Deutsche Bibliothek verzeichnet diese Publikation in der Deutschen Nationalbibliografie; detaillierte bibliografische Daten sind im Internet über http://dnb.ddb.de abrufbar.

ISBN 978-3-86827-464-6

35037 Marburg an der Lahn
Bildteil: © privat; CVJM-Burg Wernfels: © Dominik Meyer
Umschlagbild: © privat; © iStockphoto.com / mattnomad
Umschlaggestaltung: Verlag der Francke-Buchhandlung GmbH / Sven Gerhardt
Satz: Verlag der Francke-Buchhandlung GmbH
Printed in Czech Republic

www.francke-buch.de

Inhaltsverzeichnis

1. Weichenstellung I:

Rosa Fratz in Augsburg

Spätherbst 1918

„Vater möchte, dass wir beide für ein paar Minuten in sein Kontor kommen, Rosina."

Das von ihrer Mutter so angesprochene Mädchen zuckte ein wenig zusammen und schaute von seinen Hausaufgaben auf. Was mochte der Vater wollen? Er unterbrach doch sonst seine Arbeit nur höchst ungern und ließ sich noch weniger gern bei seiner Arbeit stören. Geschäftliches und Privates pflegte der Augsburger Großhandels-Kaufmann in der Regel streng zu trennen. Familienangelegenheiten wurden üblicherweise beim gemeinsamen Abendessen besprochen und nicht während der Arbeitszeit.

„Weißt du, was Vater besprechen möchte, Mutter? Else und Sophie kommen in einer halben Stunde. Wir möchten gemeinsam ..."

„Die beiden mögen gerne kommen", unterbrach Karolina Fratz ihre Tochter, „aber sie werden vielleicht eine Weile auf dich warten müssen. – Dein Vater will wohl noch einmal mit dir über deinen späteren Beruf reden."

Doch nicht schon wieder dieses leidige Thema, ging es Rosa durch den Kopf. Das war doch wohl zur Genüge erörtert und musste nicht von Neuem aufgewärmt werden. Deutlicher Unmut zeigte sich in den sonst so offenen und freundlichen Zügen ihres hübschen Gesichts. Mit einer heftigen Bewegung klappte sie das Schulbuch zu, in dem sie gearbeitet hatte, um sich dann mit einem deutlichen Unmutsseufzer zu erheben und ihrer Mutter zu folgen.

„Ich gehe nur noch eben zur Toilette und komme dann sofort nach unten", sagte sie halblaut und verschwand auch schon hinter der entsprechenden Tür. Dabei hätte sie das gar nicht nötig gehabt. Aber ein Toilettengang verschaffte ein paar Augenblicke Bedenkzeit und die Gelegenheit, Frisur und Kleidung zu ordnen. Vater mochte es nicht, wenn der Scheitel der dunkelblonden Zopffrisur seiner Tochter nicht exakt gezogen war und wenn Rock und Bluse nicht ordentlich saßen. Solche Anlässe, sich möglicherweise den Unmut des gestrengen Kaufmanns und Vaters zuzuziehen, waren vermeidbar. Weniger vermeidbar war wohl das erneute Unbehagen, das Rosa ohnehin schon verursacht hatte durch ihre Weigerung, dem Berufswunsch des Vaters nachzugeben und nach Beendigung ihrer Realschulzeit eine kaufmännische Ausbildung zu absolvieren.

Momente später stand das Mädchen dem Vater in dessen Arbeitszimmer im ersten Stock des geräumigen Wohn- und Geschäftshauses in der Augsburger Innenstadt gegenüber. Diesen großen Raum, in dem dunkle lederne Sitzmöbel um einen niedrigen runden Tisch standen, an dessen Wänden hohe Bücherregale bis an die Decke reichten und der von einem mächtigen Schreibtisch dominiert wurde, liebte Rosa überhaupt nicht. Er war ihr ein wenig unheimlich, auch deshalb, weil sie keinen Einblick hatte in das, was in den zahlreichen Mappen und Ordnern gesammelt war. Sie interessierte sich auch nicht für das, was hier gearbeitet wurde. Von den großen und kleinen nationalen und internationalen Handelsgeschäften des Kaufmanns Hans Fratz verstand sie nichts, wollte sie auch gar nichts verstehen. Von den Waren, die von hier aus gekauft und wieder verkauft wurden, hatte sie noch nie welche zu Gesicht bekommen. Von ganzen Schiffsladungen, die von irgendwoher jenseits der Meere in Hamburg oder Bremen oder auch in einem anderen Hafen ankamen, war immer wieder die Rede und davon, dass der leidige Krieg ein trauriges und ärgerliches Handelshindernis sei. Es war ihrem Vater aber auch noch nie gelungen, sie, seine Tochter, für seine vielfältigen Geschäfte zu interessieren und ihr die endlosen Warenlisten und Zahlenkolonnen und die Handelswege der Waren vom Erzeuger an irgendeinem fernen Ort dieser Welt zum Verbraucher an einem anderen Ort einigermaßen verständlich zu machen. Einen Verkaufsladen mit Theken, Tischen, Regalen, Schubfächern, Kleiderstangen, Spiegeln, einer Registrierkasse und anderen Einrichtungsgegenständen gab es ja nicht, wo ausgebildetes Beratungs- und Bedienungspersonal irgendwelchen leibhaftigen Kunden irgendwelche sichtbaren und greifbaren Waren empfehlen, aufschwatzen oder auch schlicht verkaufen konnte, die diese dann verpackt oder auch nicht mit nach Hause nehmen konnten.

Hans Fratz – schwarzer Anzug, weißes Stehkragenhemd mit Krawatte, gepflegter Schnauzbart und exakt an der Seite gescheiteltes und ansonsten zurückgekämmtes dunkles Haar – saß oder besser: thronte hinter seinem großen Schreibtisch. Der war gefüllt mit Stapeln von Papieren und

Journalen, mit Halteringen voller großer und kleiner Stempel, mit Gefäßen voller unterschiedlicher Schreibstifte und einem runden Tablett voller verschiedener Tintenfässer. Der kräftig gebaute Mittfünfziger schaute seine adrett und sauber frisierte und penibel gekleidete Tochter mit ernstem Blick an. Dass seine um neun Jahre jüngere Frau – dunkler Rock, hochgeschlossene cremefarbene Bluse und ähnlich strenge Frisur wie ihr Mann – mit ebenso ernstem Blick hinter ihm stand und dabei eine Hand auf die Schulter ihres Mannes gelegt hatte, gab der Szene etwas Ernstes, gar Bedrohliches. Tochter Rosina erschrak innerlich regelrecht vor diesem Bild, das die Eheleute da abgaben. Hatte sie, die sechzehnjährige Tochter und einziges Kind dieser beiden Eltern, etwa irgendetwas Böses angestellt, dass sie hier vor eine Art Gericht gestellt wurde? Das Mädchen war sich keiner Schuld bewusst.

Sie straffte ihren Körper und fragte mutig und selbstbewusst: „Was möchtest du mir mitteilen oder mit mir bereden, Vater? – Darf ich mich übrigens setzen?"

„Nein, Rosina Karolina, du magst für die kurze Zeit unseres Gesprächs gerne stehen bleiben", gab der Vater streng zurück.

Das Mädchen erschrak erneut: Wenn der Vater sie bei ihren beiden Vornamen nannte – den zweiten Namen trug sie nach ihrer Mutter –, dann wurde es ernst, dann gab es etwas, das keinen Widerspruch duldete. „Gut, Vater, dann bleibe ich halt stehen – und höre, was du mir zu sagen hast."

Jetzt holte der stattliche Mann hinter dem Schreibtisch tief Luft – und wurde zunächst von einer Angestellten daran gehindert, sein Anliegen vorzutragen. „Jetzt nicht, Fräulein Adelheid!", herrschte er die Frau an, die mit einigen Papieren im Arm und dem begonnenen Satz „Ein Telegramm,

Herr Fratz ..." von einem Nebenzimmer her den Raum betrat. „Sie sehen doch, dass ich mit meiner Tochter zu reden habe."

Fräulein Adelheid erschrak deutlich, drehte sich sofort auf dem Absatz herum und verließ mit ihren Unterlagen schnellstens den Raum.

Hans Fratz holte zum zweiten Mal tief Luft und sagte: „In wenigen Monaten, meine Tochter, endet für dich die Schulzeit. Du wirst dann einen guten Mittelschulabschluss erhalten. Wie du bereits weißt, erwarte ich von dir, dass du anschließend eine kaufmännische Ausbildung beginnst. Eines Tages braucht unser Geschäft eine neue Leitung, und die muss eine gute Leitung sein." Der Mann unterbrach sich für einen kurzen Moment selbst, um dann in seiner Rede fortzufahren: „Es steht außer Diskussion, dass diese Leitung Fratz heißen muss. Und da du leider keinen Bruder hast und auch keine Schwester, wirst du es sein, die später die Firmenleitung übernimmt. Das ist meine Sicht der Dinge ..." Der Kaufmann wandte sich kurz nach hinten seiner Frau zu, „... unsere Sicht der Dinge, nicht wahr, Karolina? – Diese unsere Sicht der Dinge ist dir seit einiger Zeit bekannt. Ich habe mich unter meinen Geschäftskollegen bereits umgehört. Es gibt da einige gute und interessante Möglichkeiten, dich zu einer guten Kauffrau auszubilden. Du hattest dich mit dem Gedanken auseinandersetzen sollen, in ein befreundetes Handelshaus einzutreten, Rosina. Deine Mutter und ich erwarten jetzt hier und heute das Ergebnis deiner Überlegungen."

Das also war es, weshalb Rosa sich hier vor ihre Eltern gestellt sah. Welche Antwort sollte sie jetzt geben? Die, die der Vater und die Mutter von ihr erwarteten? Oder die, die sie sich schon lange innerlich zurechtgelegt hatte und die so ganz und gar nicht in die Pläne ihrer Eltern hineinpasste? Rosa Fratz stand ein paar Momente wie unschlüssig den beiden Menschen auf der anderen Seite des wichtigsten Möbelstücks des Hauses gegenüber, blickte zu Boden und knetete mit beiden Händen ihr Taschentuch. Nach außen wirkte das Mädchen wie gelähmt und war doch innerlich höchst erregt. Die Gedanken jagten sich in ihrem Kopf und drehten sich dabei doch nur um das einerseits schlichte und andrerseits so gewichtige Wort „Nein!".

Erst nachdem der Vater daran erinnert hatte, dass er und die Mutter auf die Antwort der Tochter warteten mit dem zusätzlichen Hinweis, Rosina Karolina – wieder beide Vornamen! – möge ihnen doch nicht die Zeit stehlen, blickte das Mädchen auf und straffte wieder seinen Körper.

Mit offenem Blick sah Rosa den Vater an, holte tief Luft und getraute sich, mit fester Stimme zu verkünden: „Nein, liebe Eltern, ich werde keinem befreundeten Handelshaus beitreten. Ich werde auch sonst keine kaufmännische Ausbildung machen. Und ich werde auch später nicht die Leitung des renommierten Handelshauses Fratz übernehmen. – Ich möchte das nicht, und ich kann das auch nicht."

Mit dieser deutlichen Antwort hatten die Eltern Fratz nun wohl nicht gerechnet. Beiden stieg eine deutliche Röte in die Gesichter, und ihre innere Erregung war nicht zu übersehen. Der Vater wäre wohl von seinem Stuhl aufgesprungen, wenn ihn die Hand seiner Frau nicht bei der Schulter gehalten hätte.

„Weißt du, was du uns da gesagt hast, Rosina Karolina? Weißt du, was du dir damit antust?", fragte der Vater scharf zurück. „Und weißt du, was du uns damit antust?"

Die Tochter schaute ihren Vater immer noch mit festem Blick an. „Ich weiß es wohl nicht, Vater. Ich ahne es nur.

Aber ich kann nicht anders – und ich will auch nicht anders. Ich will viel lieber ...“

„Was willst du viel lieber?“, fragte der Mann scharf in Rosas Worte hinein und beugte sich erregt nach vorn.

Die Tochter blieb erstaunlich gefasst und ruhig und antwortete: „Ich möchte nicht mit toten Gegenständen arbeiten und mit ebenso toten Zahlen. Ich möchte etwas für Menschen tun. Ich möchte mit Menschen arbeiten, Vater, und zwar mit besonders hilfsbedürftigen Menschen, also mit Kindern und mit Kranken und ganz speziell, wenn es sich ergibt, mit kranken Kindern.“

„Was heißt das?“, fragte jetzt die Mutter nach, und auch ihre Stimme klang scharf und bestimmt. Sie bekam eine Antwort, die sie wohl lieber nicht gehört hätte: „Ich möchte auf gar keinen Fall Handelsfrau werden, Mutter. Ich möchte in meinem Beruf meinen Christenglauben leben können, und deshalb will ich Kinderkrankenschwester werden und später vielleicht noch Familienfürsorgerin.“

„Haben dir deine frommen Freundinnen diesen Floh ins Ohr gesetzt oder die Leute von diesem Mädchenbibelkreis, den du neuerdings besuchst?“, forderte Vater Fratz eine Erklärung für Rosas Antwort.

„Nein, Vater, das haben sie nicht“, antwortete Rosa mit immer noch fester Stimme. Die besondere Situation machte sie tatsächlich kein bisschen unsicher. „Die Überzeugung habe ich selbst gewonnen – besonders als ich mich neulich mit einem Spruch – es war ein Wochenspruch im Oktober – beschäftigt habe.“

„Und? Was war das für ein Spruch?“, wollte die Mutter wissen.

Rosa kannte den Vers 8 aus dem sechsten Kapitel des Propheten Micha auswendig und konnte sofort antworten: „Es ist dir gesagt, Mensch, was gut ist und was der Herr von dir fordert, nämlich Gottes Wort halten und Liebe üben und demütig sein vor deinem Gott."

„Was sagt dir das?", hakte die Mutter in scharfem Ton nach.

Rosa war um die Antwort nicht verlegen: „Das sagt mir, dass ich meinen Christenglauben nicht recht leben kann, wenn ich in einem Büro sitze und nur mit Kaufen und Verkaufen und Rechnen und Abrechnen beschäftigt bin. Dabei kann ich keine Liebe üben. Nein, das kann ich nicht!" Nach einem kurzen Moment Pause fuhr sie fort: „Der Krieg hat großes Elend gebracht, unserem Volk und anderen Völkern. Und das Elend hört ja wahrscheinlich auch so schnell nicht auf. Wie viele Frauen haben keine Männer mehr und müssen sich als Witwen ohne Versorgung durchs Leben kämpfen? Wie viele Kinder haben keine Väter mehr? Die Not in den zerstörten Familien in unserer Stadt und in unserem Land ist einfach zu groß, als dass ich sie übersehen könnte. Hier kann und will ich Liebe üben, wie sie Gottes Wort gebietet. Ich will und muss mit der Liebe des Heilandes Jesus Christus die Not unter den Menschen lindern helfen, auch wenn das nur wie der Tropfen auf dem heißen Stein wirken kann."

Rosa Fratz wunderte sich selbst ein wenig über den Mut, mit dem sie hier vor den gestrengen Eltern ihre persönliche Überzeugung ausgesprochen hatte. Sie ließ ihre Worte für einen Moment wirken, wobei sie ihre Eltern abwechselnd anschaute. Und die Worte wirkten tatsächlich. Vater und Mutter Fratz konnten der letzten Bemerkung ihrer Tochter nicht wirklich widersprechen. Der Krieg war zwar mit dem Waffenstillstand von Compiègne vom 11. November offiziell beendet, und Deutschland war seit der Abdankung des

Kaisers Wilhelm II. und dem Thronverzicht des Kronprinzen Wilhelm von Preußen kein Kaiserreich mehr. Aber wie es politisch und wirtschaftlich und auch sonst weiterging, konnte in diesen späten Herbsttagen des Jahres 1918 niemand genau sagen. Ob der neue Reichskanzler Friedrich Ebert Lösungen wusste und den Kriegsverlierer Deutschland aus der Depression herausführen konnte, musste sich erst erweisen. Aber dass das Elend unter der Bevölkerung groß war, wie es Tochter Rosa beschäftigte, konnten auch die Eltern Fratz nicht leugnen. Auch nicht die Tatsache, dass viele kluge Köpfe und hilfsbereite Hände gebraucht wurden, um es zu lindern. An ihnen persönlich, an der Familie und am Geschäft war der Krieg glücklicherweise weitgehend vorbeigegangen. Die vergangenen vier Jahre hatten der Firma nicht einmal nennenswerte Einbußen gebracht. Der Handel mit diversen kriegsnotwendigen Versorgungsgütern hatte ja weitergehen müssen. Er hatte Hans Fratz die Befreiung vom Kriegsdienst eingebracht und ihm das Verbleiben in seinem Geschäft ermöglicht, und das hatte sich durchaus gelohnt.

Ob den Eltern Fratz in diesen Momenten solche Gedanken in den Köpfen waren? Ob sie den Standpunkt ihrer Tochter von daher wenigstens ein Stück weit nachvollziehen konnten? Rosa Fratz wartete gespannt auf die Antwort ihres gestrengen Vaters, die dann auch kam.

„Nun gut, Rosina Karolina“, sagte er, und seine Anrede klang für die Tochter nicht so scharf, wie sie es erwartet hatte, auch wenn der Vater beide Vornamen benutzt hatte. „Nun gut, deine Mutter und ich haben deine Antwort gehört und lassen sie jetzt einmal so stehen. Aber das letzte Wort über die Sache wird wohl noch nicht gesprochen sein.“ Dabei griff der Mann bereits zu einem Stift, schlug irgendein Journal auf und wandte sich damit von der Sache der vergangenen Minuten ab und seiner Arbeit zu. Für ihn war die Begegnung offensichtlich beendet.

„Du kannst gehen, Kind", beendete die Mutter die Begegnung dann auch mit diesen wenigen Worten, und die klangen dann auch nicht so hart, wie es zu erwarten gewesen wäre. Karolina Fratz hatte immerhin „Kind" gesagt. „Berta wird deine Freundinnen hereingelassen haben, wenn ich die Türglocke richtig gedeutet habe. Sie werden im Salon auf dich warten."

Tochter Rosa Fratz überlegte einen kurzen Moment, mit welchen Worten sie das Büro denn jetzt verlassen sollte. Dann sagte sie und deutete dabei eine Verbeugung und einen Knicks an: „Vielen Dank, Vater, vielen Dank, Mutter, dass ihr meinen Standpunkt aufgenommen und ihm nicht deutlich widersprochen habt. Ich gehe dann jetzt zu Else und Sophie. Wir gehen zum Lernen in mein Zimmer."

Eine Reaktion auf diesen Abgang der Tochter gab es seitens der Eltern nicht. Rosa hörte gerade noch, wie der Vater die Mutter aufforderte, das Fräulein Adelheid mit dem erwähnten Telegramm erneut hereinzubitten.

Im Flur der Wohnungsetage des Fratzschen Geschäftshauses in der Singerstraße der ehrwürdigen Fugger-Stadt empfing Berta, die freundliche Haushaltshilfe im schlichten schwarzen Kleid und schwarzer Schürze, die Tochter des Hauses. „Ich habe Ihre Freundinnen in Ihr Zimmer geführt, Fräulein Rosa, und ich habe für Sie drei Tee und Gebäck vorbereitet. Wenn Sie wünschen, bringe ich alles sofort hinein."

„Danke, Berta, sehr freundlich. Ich sage Ihnen Bescheid", antwortete Rosa und war dabei doch eher abwesend. Ihr ging nämlich spontan durch den Sinn, dass diese junge

Frau auch ein Opfer des Krieges war und das gleich mehrfach. Bereits in den ersten Tagen der Schlacht von Verdun war Berta zur Witwe geworden. Jetzt war sie gezwungen, ihr kleines, zur Halbwaise gewordenes Kind zumeist von ihrer Mutter betreuen zu lassen. Diese wiederum hatte ebenfalls ihren Mann, also Bertas Vater, bei Kämpfen irgendwo in den Ardennen verloren. Das war doppeltes Elend in einer Familie, das nach besonderer Fürsorge verlangte und ihre, Rosas Entscheidung nur bestätigen konnte.

Als Rosa einen Moment später ihr Zimmer betrat, fielen ihr die beiden Freundinnen zur Begrüßung nacheinander um den Hals.

„Was war los?“, fragten Else Stangassinger und Sophie Will fast gleichzeitig, wobei ihnen ihre innere Spannung deutlich anzumerken war. „War es schlimm? Dein Vater hat doch sicher wieder versucht, dich zur Kauffrau zu machen?“

„Ein wenig schlimm war es schon, ihr beiden“, antwortete Rosa und atmete dabei tief durch. „Aber irgendwie hat Vater es wohl doch aufgenommen und kapiert, dass ich nie und nimmer Kauffrau werde.“

„Und du hast ihm gesagt, dass du ...“, hakte Else nach.

„Ich habe meinen Eltern deutlich gemacht, dass ich nichts anderes werden will als Krankenschwester und dass ich später am liebsten Fürsorgerin würde und dass ich mich um Witwen und Waisen kümmern will, von denen es durch den Krieg unendlich viele gibt.“

„Dass du den Mut dazu hattest!“, wunderte sich Sophie.

„Den muss mir Jesus gegeben haben“, war Rosa überzeugt. „Ich habe mich über meine äußere Ruhe selbst sehr gewundert. In mir drin war es schon ganz schön unruhig. Aber ...“

„... du hast gemerkt, dass es sich lohnt, mit Jesus zu rechnen", ergänzte die Freundin. „Vertrauen in den Heiland zahlt sich immer aus."

„Haben deine Eltern deine Zukunftsvorstellungen denn jetzt auch akzeptiert?", wollte Else wissen.

Rosa wiegte ein wenig ihren Kopf, verzog dabei fragend das Gesicht und sagte dann: „Sie haben ihnen zumindest nicht mehr so scharf widersprochen wie neulich noch. Und ich habe die Hoffnung gewonnen, dass sie mir keine Hindernisse in den Weg legen. Aber das steht bei Gott."

„Richtig!", stimmten die beiden Freundinnen wieder fast gleichzeitig zu.

„Und wenn wir die Sache zum Gebet machen, wird es sich erweisen, dass Jesus der Herr auch über diesen Dingen ist", ergänzte Sophie.

„Das machen wir nachher", bestätigte Rosa diesen Gedanken. „Jetzt soll uns Berta zunächst mal Tee und Gebäck bringen, und dann gestalten wir den restlichen Nachmittag wie abgesprochen: Erst ist die Schule dran. Klassenarbeiten in Deutsch und Mathematik, und dann überlegen wir die nächste Stunde im Bibelkreis. Vor meinem ersten Auftritt vor den ganzen Leuten hab ich schon ein wenig Respekt."

„Musst du aber nicht haben", beruhigte Else. „Jede von uns musste einmal anfangen, und du schaffst das, wie alle den Einstieg geschafft haben, mit Gottes Hilfe."

„Mit Gottes Hilfe", wiederholte Rosa, ging dabei nach draußen, um Berta zu bitten, den vorbereiteten Tee und das Gebäck hereinzubringen.

***

Als die drei Mädchen dann wieder allein in der Stube waren, gingen sie an ihre Arbeit. Das taten sie ernsthaft und fröhlich und beendeten die gemeinsame Lern-, Gesprächs- und Vorbereitungszeit schließlich mit einigen Liedern zur Gitarre, die Rosa sich dazu von der Wand nahm, wo das Instrument immer griffbereit an einem Haken hing. Dann sammelten sie sich zu einer kurzen Gebetszeit. Die war ihnen heute besonders wichtig. Ihr gemeinsamer Herr Jesus Christus sollte sich doch der Fragen ihrer Gegenwart und ihrer Zukunft unbedingt annehmen. So, wie der Heiland es dann ordnen würde in den Bereichen ihres jungen Lebens, so sollte es dann auch richtig sein.

Vor dem Auseinandergehen durfte freilich ein Lied auch an diesem Tag nicht fehlen. Die drei Freundinnen hatten es zu ihrem Lieblingslied erklärt, dieses fröhliche Lied von Gottfried Lachemann, gerade einmal fünf Jahre alt, das ihre eigene innere Haltung als junge Christen und Mitglieder des Augsburger MBK, eines der zahlreichen Mädchen-Bibel-Kreise im Land, so treffend wiedergab:

„Gott ruft nach einer Jugend in sturmbewegter Zeit, die sich zu Gottes Streitern mit Leib und Seele weiht, doch nicht im eignen Wollen des Wesens Kräfte regt: Gott ruft nach einer Jugend, von Gottes Geist bewegt.

Gott ruft nach einer Jugend, die für den Heiland brennt, die nicht nur mit den Lippen ihn Herrn und Meister nennt, nein, die in stiller Treue ihn fest im Herzen trägt: Gott ruft nach einer Jugend, von Gottes Geist bewegt.

Gott ruft nach einer Jugend, die nicht ihr Leben liebt, die ihm, der's ihr gegeben, es freudig wiedergibt,

dass nur sein Reich er baue, sich ihm zu Füßen legt:
Gott ruft nach einer Jugend, von Gottes Geist bewegt.

Gott ruft nach einer Jugend, die nur nach einem fragt: ‚Was willst du, dass ich tue?', und alles ist gesagt. Herr, nimm uns, deine Jugend, die tief das Sehnen hegt: Mach uns zu einer Jugend, von deinem Geist bewegt!"[1]

1 Zitiert aus „Jugendbundlieder" – Singebuch der deutschen EC-Bewegung, Woltersdorf bei Erkner 1933, Nr. 71 (ein älteres Exemplar dieses Liederbuches stand nicht zur Verfügung), zu singen nach der Melodie von Magdalene Fritzsche-Muntschick.

2. Weichenstellung II:

Hans Krebs in Gunzenhausen

Pfingstsonntag 1923

Am Frühstückstisch im Haus Krebs im fränkischen Gunzenhausen an der Altmühl, Nürnberger Straße 33, ging es fröhlich zu. So heiter wie dieser 20. Mai 1923 sich draußen gab, so heiter gab sich die große Familienschar um den blumengeschmückten Küchentisch. Es war Pfingstsonntag, der seit einigen Jahren auch bei den Krebsens als Geburtstag der christlichen Gemeinde gefeiert wurde. Die persönliche und familiäre Not, die die große Handwerker-Familie mit dem Tod des Vaters vor vier Jahren getroffen hatte, hatte die Witwe und vierzehnfache Mutter Babette mit einigen ihrer Töchter zum persönlichen Glauben an den Heiland und Tröster Jesus Christus geführt. Nein, es hatte keine Abwendung von Gott gegeben, der völlig unerwartet den Mann und Vater in der Folge einer Magenblutung aus der Familie und den Ernährer aus seinem Handwerkergeschäft als Hafnermeister, Ofensetzer und Fliesenleger gerissen hatte. Im

Gegenteil, es hatte bei der Hausfrau und einigen ihrer Kinder eine deutliche Umwendung von dem angelernten formalen lutherischen Kirchenglauben zu einem ganz persönlichen Herzensglauben gegeben an den, der „ein Vater war der Waisen und ein Helfer der Witwen", wie es David, der König des Gottesvolkes Israel, im Psalm 68, Vers 6 bereits besungen hatte. Der Rat des Psalm-Sängers aus dem Vers vorher wurde im Haus seitdem sehr treu und immer wieder befolgt: „Singet Gott, lobsinget seinem Namen! Macht Bahn dem, der durch die Wüste einherfährt; er heißt HERR. Freuet euch vor ihm."

So war es auch an diesem Morgen. Die Runde um den Tisch hatte gemeinsam den Morgensegen Martin Luthers gebetet, Mutter Babette hatte eine Pfingstandacht gelesen und ihre Kinder aufgefordert, gemeinsam das alte Lied zu singen, das der Thüringer Erbauungsschriftsteller und Kirchenliederdichter Johannes Niedling 1633 in schlimmer Pestzeit zu seinem eigenen Begräbnis gedichtet hatte:

> „O Heiliger Geist, o heiliger Gott, du Tröster wert in aller Not, du bist gesandt vons Himmels Thron von Gott dem Vater und dem Sohn, o Heiliger Geist, o heiliger Gott."

Zwischen dem immer gleichen Anfang und Ende der einzelnen Strophen standen die Bitten, die den gläubigen Mitgliedern der Familie an diesem Morgen besonders am Herzen lagen:

> „... gib uns die Lieb zu deinem Wort; zünd an in uns der Liebe Flamm, danach zu lieben allesamt ...

... mehr unsern Glauben immerfort; an Christum niemand glauben kann, es sei denn durch dein Hilf getan ...

... erleucht uns durch dein göttlich Wort; lehr uns den Vater kennen schon, dazu auch seinen lieben Sohn ...

... du zeigst den Weg zur Himmelspfort; lass uns hier kämpfen ritterlich und zu dir dringen seliglich ...

... verlass uns nicht in Not und Tod. Wir sagen dir Lob, Ehr und Dank allzeit und unser Leben lang ..."

Hans, der viertletzte in der Reihe der Krebskinder, konnte freilich mit diesem Text wenig anfangen. Überhaupt war ihm das fromme Getue in der Familie eher zuwider. „Muckertum" nannte er das, und zu den „Muckern" wollte er nicht gehören. Er war Sportler und zwar kein schlechter, vielfältig talentiert im Geräteturnen und in der Leichtathletik. Im örtlichen TV 1860 war er einer der Besten. Hans war so gut, dass er – obwohl auffällig klein gewachsen – beim Deutschen Turnfest 1922 in München in der Musterriege hatte mitturnen dürfen. Danach hatte er allerdings das Geräteturnen aufgegeben und sich der Leichtathletik und hier besonders dem Laufen zugewandt. Kurz- und Mittelstrecken waren dabei freilich nicht seine Stärken. Hans huldigte lieber dem Langlauf. Auf den langen Strecken wie 5.000 Meter, 10.000 Meter oder gar Marathon war er inzwischen so gut, dass er selbst bei großen Wettkämpfen irgendwo in den weiten deutschen Landen immer wieder das Siegertreppchen erklomm und immer häufiger ganz oben stehen konnte. Die Sammlung seiner Siegestrophäen wuchs stetig. Hans Krebs konnte inzwischen sogar damit liebäugeln, für das Deutsche Reich als Teilnehmer für die Olympischen Spiele 1924 in Paris für den Marathonlauf nominiert zu werden. Das wär es doch: In der Hauptstadt des Nachbarlandes Frankreich dabei zu sein und mit dem großen finnischen Wunderläufer und Langlauf-Idol Paavo Nurmi um den Sieg laufen zu können …

Der junge Hans Krebs war ein ehrgeiziger Mensch. Ein Ziel, das er sich einmal gesteckt hatte, verfolgte er konsequent und mit höchstem persönlichen Einsatz. Weil er von einer eigenen großen Läuferkarriere träumte und weil er zum Erreichen dieses hohen selbst gesteckten Zieles laufen musste und immer wieder laufen, wurde er an diesem Pfingstmorgen zunehmend unruhig am häuslichen Tisch, denn er wollte auch heute laufen. Es war ja Sonntag, und er musste nicht arbeiten. Die Werkstatt blieb geschlossen und die letzten theoretischen Vorbereitungen auf die eigene Meisterprüfung im Töpfer- und Ofensetzer-Handwerk, die in den nächsten Tagen anstand, konnten warten. Mochten die Geschwister mit der Mutter später zum Gottesdienst hinauf auf die Hensoltshöhe gehen – er nicht, er musste laufen. Warum fand die Mutter aber auch wieder kein Ende mit dem frommen Getue am sonntäglichen Frühstückstisch, und dann auch noch ein solches Lied: „O Heiliger Geist, o heiliger Gott …"

„O heiliger Bimbam", ging es Hans vielmehr durch den Kopf, und in seinem Inneren wuchs wieder einmal der Groll auf alles Fromme, der sich bei ihm bereits seit Längerem eingenistet hatte.

Sofort nach dem „Amen" der Mutter sprang der junge Mann auf und verließ deutlich verärgert die Stube, um in sein Zimmer zu eilen. Während er sich dort umzog, hörte er seine Mutter vor der Stubentür fragen: „Darf ich hereinkommen, Hans?“

„Wenn es sein muss, komm rein, Mutter“, gab er ein wenig unwirsch zurück und zog seine Laufhose hoch. „Was ist noch, Mutter? Ich muss los. Mir läuft die Zeit davon.“

„Leider ist das so, Junge, du musst wieder einmal los“, sagte Mutter Babette mit einem Seufzer, und ihre Traurigkeit über diese Sache war ihr deutlich anzumerken. „Musst du denn unbedingt auch heute an diesem besonderen Sonntag laufen? Es ist Pfingsten, Junge, das Fest des Heiligen Geistes! Möchtest du nicht doch mit uns in den …“

Hans unterbrach sie: „Nein, Mutter, ich möchte nicht! Ich muss trainieren! Es gibt demnächst die Ausscheidungsläufe für Paris im nächsten Jahr. Wenn es dann wieder eine deutsche Mannschaft bei den Olympischen Spielen gibt, was ich hoffe und was ich mir wünsche, will ich unbedingt dabei sein. Ich habe große Chancen. Ich brauche dazu aber noch ein paar Einzelsiege bei Lauf-Wettbewerben. Das musst du verstehen, Mutter.“ Die Stimme des jungen Mannes klang sehr erregt und zugleich bestimmt. Nein, er ließ sich von seiner Mutter nicht in die eigenen Pläne hineinreden. Er ging nicht mit zum Gottesdienst, er ging auf die Strecke. Punkt!

Babette Krebs atmete tief durch und machte noch einen Versuch, den Sohn von seinem Vorhaben abzubringen: „Du weißt, dass ich darum bete, dass du keinen Sieg mehr erringst.“

„Ich weiß, Mutter, dass du mir meine Siege nicht gönnst. Ich bete allerdings, dass ich weiter siege. Wir werden sehen, wer den kürzeren und besseren Draht zum Himmel hat.“

Die Frau in der Tür überging die Bemerkung ihres Sohnes und wies auf etwas anderes hin, das ihr zu schaffen machte: „Dass deine Siegesfeiern im Verein regelmäßig in wüste Besäufnisse ausarten, weißt du hoffentlich auch, und dass dadurch einige Frauen und Kinder in der Stadt in Nöte geraten, weil das wenige Geld ihrer Männer und Väter in Alkohol umgesetzt wird und die Saufkerle zu Hause dann randalieren und drangsalieren und schlagen, weil sie sich nicht mehr in der Gewalt haben …"

„Das weiß ich, Mutter", gestand der Sohn ein wenig kleinlaut zu, „aber ich kann es nicht verhindern. Ich gewinne nun mal, weil ich schneller bin als die meisten. Aber hast du mich jemals besoffen erlebt? Habe ich jemals randaliert und andere drangsaliert? Ich mache doch bei diesen Feiern gar nicht mit. Das kann ich mir auch gar nicht leisten, wenn ich weiter erfolgreich sein will."

Babette Krebs seufzte noch einmal auf und nahm einen letzten Anlauf, um auf ihren Sohn einzuwirken: „Dann tu mir wenigstens den Gefallen und wähle dir heute einen anderen Laufweg."

„Warum sollte ich?", fragte Hans erstaunt zurück.

„Weil oben im Wald hinter dem Mutterhaus die große Jugend-Pfingsttagung stattfindet mit mehr als tausend jungen Leuten aus dem ganzen Land. Den Gottesdienst solltest du bitte nicht stören, indem du deinen Weg mitten durch die Menge nimmst."

Hans zögerte einen Moment mit seiner Antwort. Ihm schoss ein bestimmter Gedanke in den Kopf. Laut sagte er dann: „Ich werd mir's überlegen, Mutter. Und jetzt lass mich in Frieden mit deinen frommen Bedenken. Ich möchte endlich los. Die Freunde warten."

„Dann lauf, Junge", gab die Mutter traurig zurück und fügte noch an: „Beim Laufen magst du dann darüber nachdenken, dass deine Mutter ihr Gebet nicht einstellt und dass du auf Dauer vor Gott nicht davonlaufen kannst. Der Herr bewahre dich auf deiner Strecke."

Diese letzte Bemerkung registrierte Hans nicht mehr, denn die vorletzte hatte ihn getroffen, und sie ärgerte ihn mächtig: „... vor Gott davonlaufen ..."

Lief er denn vor Gott davon? Er glaubte doch an Gott. Er war getauft und konfirmiert. Er war nur eben nicht so besonders gläubig wie die Mutter und die Schwestern, die weniger von Gott sprachen als vom Heiland Jesus. Mit dem konnte er wenig anfangen, und das wollte er auch gar nicht. So gottergeben musste er nicht sein. Diese Art Frömmigkeit war Sache der „Mucker", wie man sie nannte. Nein, zu den „frommen Muckern" zu gehören passte nicht zu einem ehrgeizigen Leistungssportler. „Mucker" waren doch alles lahme Kerle, er aber war zwar äußerlich klein und schmächtig, dafür mit einem besonderen Talent ausgestattet und mit einem großen Kämpferherz. Beides zu pflegen sollte doch eigentlich auch Gott gefallen. Hatte der ihm denn nicht seine Begabung zu laufen gegeben? Und Begabungen oder auch Talente waren dazu gegeben, dass sie genutzt wurden. Predigten das nicht auch die Frommen?

„Also, Hans Krebs, mach dich auf die Strecke!", sagte er zu sich selbst, zog noch einmal die Schnürbänder an seinen Laufschuhen an und verließ dann das Haus.

Freilich nahm der Gedanke, der sich eben im Gespräch mit der Mutter eingenistet hatte, besondere Gestalt an: Natürlich würde er seinen Laufweg wie immer über die Hensoltshöhe in den Burgstallwald nehmen. Bis dahin würden ihm ein paar passende Bemerkungen einfallen, die er im raschen Vorbeilaufen den Gottesdienstbesuchern zurufen könnte, um sie zu ärgern, oder mit denen er den Prediger aus seinem Konzept bringen könnte. Wie das ging, würde sich erweisen und konnte lustig werden.

***

Wenig später lief das Langstreckentalent Hans Krebs leichtfüßig die Nürnberger Straße hinab in Richtung Altstadt von Gunzenhausen. Dann durchmaß er den lang gestreckten Marktplatz, um am Ende der Weißenburger Straße in die Sonnenstraße abzubiegen. Dort warteten zwei Freunde auf ihn. Ab hier ging es zu dritt hinauf durch den weiteren Ort in Richtung Burgstallwald. Die verschiedenen Gebäude des Diakonissenmutterhauses Hensoltshöhe ließen die jungen Männer auf ihrer ersten Laufrunde links liegen. Dort war ohnehin noch alles ruhig. Das registrierte allerdings nur Hans, wusste er doch: Bis zum Beginn des Pfingst-Gottesdienstes des großen Jugendtreffens, von dem die Mutter gesprochen hatte, dauerte es noch eine gute Stunde, in der die Läufer noch ein paar Runden auf den Wegen durch den Wald bis hinüber nach Frickenfelden und zurück in die Stadt unter die Füße nehmen konnten.

Gegen 10.30 Uhr bog Hans mit den Freunden nach ihrem Laufplan zum letzten Mal in die Sonnenstraße ein. In ihrem oberen Bereich veränderte Hans diesmal zur Verwunderung seiner Begleiter die Laufstrecke, um auf dem Fahrweg hinter dem Mutterhaus-Gebäude entlang in den Burgstallwald zu gelangen, aus dem den Läufern laute und fröhliche Posaunenklänge entgegenschallten, die den Frühlingsgesang der Waldvögel völlig übertönten. *Schade eigentlich*, ging es Hans Krebs durch den Kopf. Mussten diese Blechbläser wirklich einen solchen Lärm machen?

Nach wenigen weiteren Metern stießen die Läufer wie

erwartet auf die große Gottesdienstgemeinde, die sich im Schatten der Bäume versammelt und auf dem Waldboden auf Decken und Tüchern gelagert hatte. Die drei Jungen liefen für ein paar Momente auf der Stelle, um das Gelände zu sondieren und um den richtigen Laufweg durch die Menge zu finden. Zur Verwunderung von Hans waren das tatsächlich überwiegend junge Leute, und die gleich zu Hunderten. Damit hatte er nun doch nicht gerechnet. Er hatte zu dieser frommen Veranstaltung eher ältere Menschen erwartet, die jetzt, nachdem die letzten Töne des großen Posaunenchores verklungen waren, auf die Predigt eines merkwürdigen Menschen hören wollten, der etwas erhöht hinter einem Rednerpult stand und offenbar nichts anderes dabei hatte als eine große Bibel. Ein hagerer Mann, dessen langer Bart Hemd und Krawatte völlig verdeckte. Dass er zu seinem schwarzen Anzug ein weißes Hemd anhatte, war an den Manschetten zu erkennen, die aus den Ärmeln herausschauten. Ob der dürre Bartmann allerdings eine Krawatte trug, war nicht erkennbar. *Komischer Pastor,* ging es Hans durch den Sinn, *völlig unsportliche Figur und sicherlich ein Dummschwätzer.*

Hans Krebs ließ die beiden Jungen weiterlaufen: „Lauft schon mal vor und lasst euch von den Leuten hier nicht aufhalten. Ich hole euch wieder ein."

Als die beiden genügend Abstand hatten, brach er selbst seinen Lauf ganz ab, stützte sich für ein paar Momente an einen Baum, atmete ein paarmal tief durch, näherte sich dann der Menschenmenge vorsichtig von hinten und verbarg sich am Rande des Geländes hinter einem Gebüsch. Hier hatte er den Prediger im Blick, und von hier aus würde er gleich nach vorn springen und diesem Menschen da auf seiner komischen Waldkanzel deutlich machen, dass er aufhören solle, seinen frommen Unfug zu verbreiten, mit dem er die Jugend des Volkes doch nur verdummen würde. Die sollte lieber Sport treiben und etwas für die Ertüchtigung des Leibes tun und sich nicht die Seelen verbiegen lassen.

Für den Möchtegern-Störenfried galt es jetzt nur noch, den geschickten Moment für seine Attacke zu erkennen. Bis dahin wollte er dem Redner zuhören, um auch einen passenden Ansatz für seinen Verbalangriff zu haben. Also hörte Hans Krebs zu, wie der bärtige Pastor mit einer mächtigen Stimme, die er dem Mann gar nicht zugetraut hatte, die große Gemeinde begrüßte und aus seiner aufgeschlagenen Bibel den Text las, der, wie er anfangs mitteilte, im 1. Korintherbrief, Kapitel 9, in den Versen 24 und 25 zu finden sei:

> „Wisset ihr nicht, dass die, so in der Kampfbahn laufen, die laufen alle, aber *einer* empfängt den Siegespreis? Laufet so, dass ihr ihn erlanget! Ein jeglicher aber, der da kämpft, enthält sich alles Dinges; jene nun, dass sie einen vergänglichen Kranz empfangen, wir aber einen unvergänglichen."

Hans Krebs glaubte seinen Ohren nicht zu trauen. Der unsportliche Mensch da vorn redete von seinem Sport! Die bärtige Bohnenstange redete vom Laufen. Er redete vom Sieg und von den vergänglichen Trophäen, die der Sieger erhielt. Vergängliche Trophäen! Lorbeerkränze, die verwelkten! Pokale, die irgendwann eine Patina ansetzten und gar dem echten Rost anheimfielen! Und dann sprach der Mann von Siegeskränzen, die unvergänglich waren, die gefeit waren gegen jedes Verwelken, gegen jeden Mottenfraß, gegen jeden Rost, gegen jegliche Gefahr der Vergänglichkeit. Der redete von Siegeskränzen, die ewigen Wert besaßen. Ewigen Wert? Wert für die Ewigkeit?

Blitzartig sah Hans Krebs seine eigene umfangreiche Sammlung von Siegestrophäen vor sich, die er in seinem Zimmer im Regal stehen und an der Wand hängen hatte, und ihm war augenblicklich klar, dass keine seiner Urkunden, keiner seiner Siegeskränze, keiner seiner Pokale ewigen Wert besaß. Auch nicht seine goldenen, silbernen und bronzenen Plaketten. Allesamt vergängliche Werte! Irgendwann dem unabwendbaren Verfall preisgegeben. Dem jungen Mann – er sollte übrigens in drei Tagen einundzwanzig Jahre alt, also volljährig und damit in allen Bereichen seines jungen Lebens für sich selbst verantwortlich werden – lief es heiß und kalt den Rücken herunter. Ihn fröstelte plötzlich trotz der Wärme des späten Vormittags. Völlig unerwartet stand auf einmal riesengroß die Frage vor ihm, was er denn aus dieser Welt mitzunehmen hätte, wenn ihn die Ewigkeit erwartete, weil er aus irgendwelchen Gründen plötzlich …? Hätten seine Siegestrophäen an den Wänden und auf den Regalen seiner Stube dann irgendeine Bedeutung? Konnte er sie mitnehmen, wenn er einmal aus dieser Welt ging? Öffneten sie ihm irgendwelche himmlischen Türen? *Nein, mit Sicherheit nicht,* ging es dem jungen Mann durch den Kopf, und er erschrak vor dieser Tatsache. Das wäre alles Tand und nutzloses Zeug.

Diese Erkenntnis führte Hans Krebs zu einer weiteren Frage: Konnte er es verantworten, nichts, aber auch gar nichts in den Händen zu halten, wenn sein junges Leben tatsächlich einmal von jetzt auf gleich zu Ende wäre? Nein, das konnte er nicht! Nein, das wollte er auch nicht! Welch eine Einsicht! Augenblicklich war dem jungen Mann klar, was er zu tun hatte – und was er zu lassen hatte: Er hatte zu akzeptieren, dass die Mutter doch den besseren Draht zum Himmel hatte und dass ihr Gebet längst erhört war und dass es in dieser Stunde im Wald hinter dem Mutterhaus der Hensoltshöher Diakonissen erneut erhört wurde, indem Gott ihn, einen der besten Laufsportler der Stadt und des Landes, den Möchtegern-Olympia-Teilnehmer im Marathonlauf, indem Gott ihn, den jungen talentierten Athleten Hans Krebs, ganz persönlich von den Laufstrecken dieser Welt herunterholte und auf die Kampfbahn eines ganz anderen Lebens umsetzte, auf die Kampfbahn eines ernsthaften Christenlebens.

Blitzartig wurde dem jungen Mann in seiner Sportkleidung hinter dem Strauch deutlich, was auf ihn zukam: Künftig keine irdischen Siege mehr! Nein, künftig keine vergänglichen Kränze und Pokale mehr! Nein, keine neuen Urkunden und Plaketten mehr! Dafür das Streben nach dem unvergänglichen Siegespreis, nach der Krone, die der empfängt, der mit Christus das Ziel seines Lebens auf der Kampfbahn des Glaubens erreicht!

> „Ist jemand in Christus, so ist er eine neue Kreatur; das Alte ist vergangen, siehe, es ist alles neu geworden!“

Diesen Satz des Apostels Paulus aus dem fünften Kapitel des 2. Korintherbriefs zu ergründen, den der bärtige Prediger in seinen Ausführungen mehrfach wiederholte, wurde dem Möchtegern-Störenfried in seinem Gebüsch vom ersten Hören an zu einem tiefen Herzensanliegen. Das von ihm in den Burgstallwald mitgebrachte Störungs-Vorhaben verlor mit jedem Satz, den der heimliche Lauscher von der Kanzel her hörte, an Bedeutung und wurde schließlich völlig aus dem Bewusstsein verdrängt. Wie gebannt blieb Hans Krebs in seinem Versteck stehen und hörte zu. Er konnte nicht genug hören von dem, was der Pastor da vorn zu sagen hatte. Den Aufruf am Schluss seiner Predigt, zum persönlichen Bekenntnis vor der Gemeinde nach vorn zu kommen, befolgte er freilich nicht. Nein, zu einem solchen Bekenntnis war er nicht fähig, noch nicht fähig.

Nach dem *Amen* des bärtigen Predigers stahl sich der junge Mann ganz still aus seinem Versteck davon, um seinen letzten Wettlauf unter die Füße zu nehmen. Er wollte gerne vor der Mutter und vor den Schwestern zu Hause sein, die er zwar nicht gesehen hatte, die er aber doch irgendwo in der Menge wusste. Er wollte ganz für sich allein in seiner Kammer das tun, wozu der Prediger eingeladen hatte: nämlich sein Leben bei Jesus, dem Heiland aller Seelen, abliefern und sich diesem Herrn ausliefern, um sich den unvergänglichen Preis der ewigen Krone für Zeit und Ewigkeit zu sichern. Vorher wollte er sich allerdings auch noch bei seinem Lauftrainer des Sportvereins abmelden und ihm sagen, dass er den Sport ab sofort drangäbe und ihn eintausche gegen ein neues Leben mit Jesus nach dem Motto, das der Prediger im Gottesdienst nach irgendeinem alten Sprachvorbild ausgesprochen hatte: „Für diesen ewigen Kranz dein junges Leben ganz!“ Na, der Mann im Verein würde Augen machen, die Sportkameraden wohl nicht weniger – und die Mutter und die Geschwister später ganz sicher auch.

* * *

Als es beim festlichen Pfingst-Mittagessen am Tisch zwischen den Schwestern und der Mutter um die Botschaft des

Gottesdienstes auf der Hensoltshöhe ging, hielt Hans sich zurück. Er hielt es für besser, die Neuigkeit der Veränderung seines Lebens nach Inhalt und Ziel noch nicht sofort preiszugeben, fehlte ihm doch selbst noch die letzte Klarheit dieser Entscheidung. Eine Ahnung davon aber gestand er seiner Familie zu, indem er sich zum großen Erstaunen – vor allem von Mutter Babette – bereit erklärte, ohne dass er danach gefragt worden wäre, am Abend mit in die Blau-Kreuz-Stunde zu gehen. Am Pfingstsonntag sei es wohl doch sinnvoll und richtig, eine geistliche Veranstaltung zu besuchen.

Freilich erwies sich das zunächst einmal nicht als eine gute Entscheidung. Der Prediger des Abends erzählte nämlich bei seinen Ausführungen eine Geschichte, die nach dem Eindruck des neuen Besuchers Hans Krebs das Beispiel seiner eigenen Familie ablichtete aus der Zeit, als es den Vater noch gegeben hatte, auch wenn gar kein Name genannt wurde. Da ging es um direkten und indirekten Alkoholmissbrauch und um schlechtes Vorbild, das Menschen abgeben, die mit benebeltem Kopf nicht mehr wissen, was sie zu tun und zu lassen haben. Der junge Mann ärgerte sich mächtig darüber, den verstorbenen Vater Johann Georg Krebs vor der versammelten Blau-Kreuz-Gemeinde als schlechtes Beispiel dargestellt zu hören. Da musste die Mutter wohl aus dem Nähkästchen der Familie Krebs geplaudert haben, was Hans, dem Sohn der Familie, ganz und gar nicht gefiel.

Mutter Babette hatte aber gar nicht, wie sie nach der Veranstaltung noch auf dem Heimweg ihrem Sohn auf dessen Vorhaltungen hin nachdrücklich versicherte. Den Blau-Kreuz-Mitarbeiter habe sie selbst zuvor nie gesehen, geschweige denn mit ihm gesprochen. Aber was dieser gesagt hatte, sei nun leider einmal Realität im Leben. Das sollte er, Hans, doch wohl aus seinem sportlichen und beruflichen Umfeld selbst bestätigen können. Dem konnte und wollte der junge Mann dann auch nicht widersprechen. Aber der spitze Stachel des Abends saß tief – nicht nur bei ihm. Und er hatte Konsequenzen, und das gleich für zwei junge Männer.

***

In der folgenden Nacht konnte Hans Krebs nicht schlafen, sein Bruder Gottfried in derselben Stube auch nicht. Auch ihn hatte die mahnende Rede des Predigers berührt wie Hans. Die beiden kamen in der nächtlichen Stube darüber ins Gespräch. Gottfried war es dann, der sagte: „Ich glaube, ich fasse in Zukunft keinen Alkohol mehr an. Ich will nicht schuldig werden an anderen Leuten, weil ich ein schlechtes Vorbild abgebe."

„Du sprichst mir aus dem Herzen, Bruder", gab Hans in die Dunkelheit zurück. „Ab sofort kein flüssiges Brot mehr! Nur noch gutes nahrhaftes Brot von der Mutter und den Schwestern oder auch vom Bäcker!"

„Das heißt also, wir stellen uns um auf Wasser und Brot?", kam es aus der Dunkelheit von Gottfried herüber.

„Wenn das eine Frage war", antwortete Hans, „dann sage ich: Jawohl, wir stellen uns um auf Wasser und Brot – ohne dabei ins Gefängnis zu gehen."

„Wir verlassen damit wohl eher ein Gefängnis, Bruder", meinte der im anderen Bett, „und treten in eine ganz neue Freiheit ein, in eine alkoholfreie Freiheit."

„Recht hast du, Gottfried", bestätigte Hans und fügte an: „Und ich muss dir noch was sagen, Brüderchen."

„Dann sag mir, was ich noch wissen muss", forderte das „Brüderchen".

Hans ließ sich nicht zweimal bitten und bekannte: „Ich habe mich heute Morgen Jesus verschrieben, Gottfried. Ich will in Zukunft mit Jesus leben, wie es die Mutter tut und die Schwestern. Das gibt Freiheit, hat der bärtige Prediger oben auf der Hensoltshöhe heute Morgen gesagt. Und diese Freiheit will ich ausprobieren – ohne Bier, ohne Schnaps und ohne ähnliches Zeug. Machst du mit, Brüderchen?"

„Ich mache mit", kam es begeistert aus dem anderen Bett herüber. „Wenn du mit Jesus leben willst, dann will ich meinen Weg künftig auch mit Jesus gehen. Ich beschäftige mich schon eine ganze Weile mit dem Gedanken, es den Frauen unserer Familie gleichzutun."

„Ist ja wunderbar!", freute sich Hans. „Gehen wir also den Weg gemeinsam und helfen uns gegenseitig dabei, dass uns das auch gelingt. Mutter wird sich freuen, wenn wir ihr unseren nächtlichen Beschluss in der Früh erzählen."

„Die wird ein besonderes Halleluja singen und Gott danken, dass ihre Gebete in dieser Sache erhört worden sind", ahnte Gottfried.

„Und die Schwestern werden sicher lauthals und mehrstimmig sekundieren", griff Hans den Gedanken auf und fuhr fort: „Und jetzt gut geschlafen als erneuerte Menschen."

Bald nach diesem Satz kamen aus Gottfrieds Bett auch schon die ruhigen Atemzüge eines Schlafenden. Hans Krebs sprach noch ein kurzes inneres Gebet – ob das so richtig war, wie er es gesprochen hatte, wusste er freilich nicht – und schlief dann auch bald ein.

* * *

Die Freude am Frühstückstisch des folgenden zweiten Pfingsttages über den Bericht ihrer beiden Söhne von deren nächtlicher Entscheidung war bei Mutter Babette tatsächlich groß und bei den Schwestern ebenso. Einen solchen fröhlichen, lebhaften geistlichen Gedankenaustausch über Glauben und Leben als Christen in dieser Welt wie an diesem Morgen hatte es im Hause Krebs seit Langem nicht gegeben. Und so fröhlich hatte auch lange nicht ein geistliches Lied geklungen wie das gesungene Gebet, mit dem die Menschen um den Frühstückstisch ihre Gesprächsrunde beendeten:

> „Komm, Heil'ger Geist, erfülle mich mit deinem Segen mildiglich, du Geist der ew'gen Liebe! Mach mich von meinen Sünden rein und lasse dir geweihet sein ganz meines Herzens Triebe! All mein Leben dir zu geben, all mein Sinnen dir zu schenken, ganz in dich mich zu versenken!
>
> Recht wie nach Regen oder Tau die Pflanze dürstet auf der Au, so dürstet meine Seele, du heil'ger Gottesgeist, nach dir. O hilf und sorge, dass es ihr an mildem Trost nicht fehle! Süß Erquicken wollest schicken, deinen reichen Segen spenden, Tau der Gnade niedersenden!
>
> Dein Gotteshauch umwehe mich mit Geist und Wahrheit inniglich schon hier auf dieser Erde, dass, wenn mich gleich der Tod umkreist, ich doch durch dich, o Heil'ger Geist, des Lebens fröhlich werde! Rein zu leben lass mich streben, dass, von dir durchweht, ich übe Gottesfurcht und Menschenliebe."[2]

---

2 Wilhelm Osterwald, 1820-1887 (zitiert aus „Jugendbundlieder" – s. o.) Nr. 46, zu singen nach der Melodie von Philipp Nicolai von 1597: „Wie schön leuchtet der Morgenstern".

***

Die erste Bewährungsprobe für den veränderten Hans Krebs hatte es dann allerdings in sich. Der Handwerker verweigerte auf seiner derzeitigen Arbeitsstelle die halbe Maß, die es zum Frühstück gab, mit dem Hinweis darauf, dass er inzwischen Christ geworden sei und dem Alkohol den Abschied gegeben habe. Zwei seiner Kollegen versuchten daraufhin, dem jungen Mann das Bier mit Gewalt einzuflößen. Hans wusste sich kaum zu wehren, vermochte aber ein innerliches Stoßgebet zu sprechen. Und dann gelang es ihm doch, seine neue Lebensausrichtung deutlich zu bestätigen: Er prustete den nassen Inhalt seines Mundes auf seine Widersacher heraus. Das gefiel denen zwar gar nicht, aber sie ließen den „neuen Mucker" für diese Pause und für alle künftigen Gelegenheiten ähnlicher Art in Ruhe, freilich nicht ohne den Arbeitskollegen immer wieder mit gehörigem Spott und mit deutlicher Häme zu überschütten.

Die ersten „öffentlichen" Schritte als junger Christ waren für Hans Krebs damit gegangen; die erste Probe seines neuen Glaubens und des zugehörigen Lebens als bekennender Christ war bestanden. Diesen ersten Schritten und dieser ersten Probe sollten in einem langen bewegten Leben noch sehr viele weitere folgen.

3. Weichenstellung III:

Rosa und Hans auf Burg Wernfels

Frühling 1927

Die drei Augsburger Freundinnen Rosa Fratz, Sophie Will und Else Stangassinger saßen wieder einmal beieinander, wie sie es seit Jahren bei jeder sich passenden Gelegenheit und in beinahe regelmäßigen Abständen getan hatten. Inzwischen waren aus den drei Schulmädchen junge Frauen geworden, die ihre verschiedenen Berufsausbildungen abgeschlossen hatten und ihre Arbeitsplätze in der Krankenpflege, in der Schneiderinnen-Nähstube und hinter der Verkaufstheke im Kaufhaus eingenommen hatten. Sie verdienten ihr eigenes Geld, das ihnen von ihren Arbeitgebern seit einigen Jahren in Reichsmark ausgezahlt wurde. Finanziell standen die drei seitdem einigermaßen sicher auf eigenen Füßen. Ihre äußeren Erscheinungen in Frisuren und Kleidung hatten auch sie ein wenig nach der gängigen Mode ausgerichtet. Sie hatten also die früheren Zopffrisuren durch Bubiköpfe und die strengen kostümähnlichen Kleider durch fließende Gewänder ersetzt. Letzteres freilich nur für die Freizeit und den Stadtbummel. An ihren unterschiedlichen Arbeitsplätzen trugen sie selbstverständlich die dort erforderliche und zweckmäßige Kleidung.

Was sich nicht wesentlich verändert hatte, war die innere Einstellung der drei. Sie waren sich vor Jahren als junge, an Christus gläubige Mädchen begegnet, waren als solche auch zusammengeblieben und gemeinsam in ihrem Glauben gewachsen. Der Mädchenbibelkreis MBK im „Jugendgarten" im Spenglergässchen war weiterhin ihre geistliche Heimat, von der aus sie inzwischen immer wieder missionarisch unterwegs waren in ihrer Heimatstadt Augsburg und in den umliegenden Ortschaften getreu der Ausrichtung des MBK, der sich als „Jugendbewegung – Christusbewegung – Missionsbewegung" verstand.

Im „Jugendgarten" hatte übrigens auch der örtliche Christliche Verein Junger Männer, der CVJM „Treufreund", seine Heimat, und es gab gute geistliche und natürlich auch persönliche Kontakte zwischen den Jungen und Mädchen in ihren nach Geschlechtern getrennten Kreisen. Selbstverständlich gab es auch immer wieder gemeinsame Veranstaltungen im Haus und Unternehmungen irgendwo in der Stadt oder im Umland.

Else Stangassinger hatte nun eine interessante Neuigkeit in das Treffen der drei jungen Frauen mitgebracht: Die jungen Männer vom CVJM „Treufreund" planten eine Omnibusfahrt zur Burg Wernfels bei Spalt im fränkischen Rangau südlich von Nürnberg. Sie wollten endlich dieses Zentrum der bayerischen CVJM-Arbeit persönlich in Augenschein nehmen.

Die mehr als siebenhundert Jahre alte romantische Ritterburg Wernfels hatte der CVJM-Landesverband Bayern zwei

Jahre zuvor für mehr als 100.000 Goldmark gekauft mit der Absicht, in dem alten Gemäuer hoch oben über dem Tal des Flüsschens Rezat eine attraktive Jugendburg einzurichten. Eine ganze Reihe von Arbeitseinsätzen freiwilliger Helfergruppen aus dem näheren und weiteren Umland der Burg waren in den vergangenen Monaten bereits durchgeführt worden. Es gab aber weiterhin viel zu tun, bis die Anlage als Jugendburg nach den Vorstellungen seiner neuen Besitzer so richtig nutzbar war. Deshalb sollten möglichst viele CVJM-Kreise Bayerns und auch andere christliche Jugendkreise das Objekt kennenlernen. Damit war natürlich auch die Absicht verbunden, auf diese Weise weitere freiwillige Helfer zu gewinnen, die die verbliebenen Arbeiten zu Ende brachten.

Else wusste nun zu berichten, im Omnibus der „Treufreunde" seien noch einige Plätze frei. Dem MBK im selben Haus sei deshalb angeboten worden, die Gelegenheit zu nutzen und sich an der Fahrt zu beteiligen.

„Da sollten wir unbedingt mitfahren", war Rosa Fratz spontan begeistert, nachdem Else ihren kurzen Bericht beendet hatte. „Ich bin noch nie mit einem Omnibus gefahren und schon gar nicht so weit ins Land."

„Von uns ist noch keine Omnibus gefahren", bestätigte Else. „Das wird sicher ein interessantes Abenteuer."

„Ist das denn auch was für mich?", meldete Sophie leise Bedenken an. „Mit meiner Gehbehinderung bin ich vielleicht ein Hindernis für die Reisegesellschaft."

„Bist du sicher nicht!", wehrte Rosa den Gedanken ab. „Du kommst ja hier in der Stadt mit deinem Klumpfuß auch überall hin. Und so weit wird der Weg vom Halteplatz des Omnibusses bis auf die Burg nicht sein und auch wohl nicht so steil, dass du ihn nicht bewältigen würdest."

„Hast recht, Rosa", gab Sophie zu. „Vielleicht geniere ich mich ja auch nur wieder vor den anderen."

„Was du gar nicht nötig hast", wies Else diesen Gedanken zurück. „Wenn wir die Reise mitmachen, kommst du mit deinem Klumpfuß auch mit. Und wenn der dich nicht mehr trägt, tragen wir dich hinauf."

Über diese Bemerkung mussten die jungen Frauen nun doch lachen. Vor allem die Betroffene nahm sie von der heiteren Seite. „Das wird eine Gaudi werden, ihr beiden mich abwechselnd auf dem Rücken. Aber ich kann das lästige Anhängsel ja auch nicht abhängen. – Also, was ist? Melden wir uns an? Ich hätte große Lust."

„Lust haben wir doch wohl alle drei", stellte Rosa fest und bestimmte: „Else, melde uns an, ehe die Plätze vergeben sind!"

„Mache ich, noch heute", war die Freundin einverstanden. „Das mag ein Abenteuer werden, wir paar jungen Frauen mit der großen Schar junger Männer."

„Na, na, meine Liebe, die Schar junger Männer?! Unter denen gibt es einige, die in der Tat recht ansehnlich sind, und sicher auch einige, die dich gerne tragen, Sophie, wenn du uns zu schwer wirst. – Aber ich denke eher, unsere Augen gehen nach draußen in die Landschaft und nicht nach drinnen zu den Burschen!", feixte Rosa. „Das schickt sich nicht für uns Grazien!"

„Und die Blicke der Mannsbilder weisen wir entschieden ab!", feixte Else zurück. „Die wollen wir nicht! Noch nicht!"

Sophie verzog dabei leicht ihren Mund. Die ein wenig bittere Bemerkung, die die junge Frau gelegentlich von sich gab, auf sie mit ihrem Klumpfuß schaue doch ohnehin niemand, und wenn doch, dann nur mitleidig und bedauernd, verkniff sie sich. Stattdessen fragte sie: „Wann soll die Reise denn stattfinden?", um damit das Thema wieder zu versachlichen.

„Am ersten Juniwochenende, am 4. und 5. Juni", wusste Else. „Samstags hin, sonntags zurück."

„Dann müssen wir uns bei der Arbeit frei nehmen", stellten Rosa und Sophie gleichzeitig fest.

„Das betrifft doch nur den Samstag. Den frei zu bekommen wird sicher gehen", gab sich Else zuversichtlich.

„Ich habe an dem Wochenende sogar frei", bemerkte Rosa und wollte wissen: „Und die Übernachtung?"

„Wahrscheinlich Matratzenlager, Männlein hier, Weiblein da", antwortete Else und ergänzte: „Decken und Kissen sind mitzubringen. Außerdem Proviant. Die Burg hat noch keine so recht funktionierende Küche."

„Das kriegen wir auch hin", war Rosa überzeugt und schlug vor: „Stürzen wir uns also in die Vorfreude und lassen uns von der Fahrt kräftig überraschen. Das wird bestimmt spannend und lustig."

***

Mehr als vier Stunden brauchte der moderne Überlandbus vom Fabrikat Benz, um von Augsburg über Donauwörth und Weißenburg nach Spalt und weiter ins Dörfchen Wernfels zu gelangen. Unten an der Rezat empfing die Reisenden ein wunderschöner Blick hinauf auf die Burganlage, die am Ende eines Hanges voller herrlich blühender Obstbäume mächtig über dem Dorf thronte.

„Die Burg hat ja gar keinen Bergfried, keinen richtigen Turm für den Ausblick ins Land", stellte Rosa ein wenig enttäuscht fest, als die drei jungen Frauen noch für einen Moment am Omnibus verharrten, während die jungen Männer redend und lachend schon auf dem Weg hinauf ins Dorf und zur Burganlage waren.

„Aber dafür riesig hohe Mauern und große mehrstöckige Gebäude! Da passt sicher eine Menge Jungvolk rein", staunte Else.

„Ich bin gespannt, wie es in diesem alten Gemäuer aussieht und welchen Ausblick man von da oben hat – auch ohne einen besonderen Bergfried", begeisterte sich Sophie, um sofort ein wenig besorgt anzuhängen: „Und ich bin gespannt, wie ich mit meinem Spezialfuß da hinaufkomme."

„Das schaffen wir schon, Sophie", beruhigte Rosa. „Wir müssen ja nicht so schnell sein wie die Treufreunde. Lass die ruhig vorauseilen. Was die dann schon gearbeitet haben, müssen wir nicht mehr arbeiten."

„Wolltest du denn da oben arbeiten?", fragte Else.

„Wenn es sein muss, warum nicht?", gestand Rosa zu. „Wir wollen sicher nicht nur rumstehen und denen, die im Einsatz sind, auf die Hände schauen, ob die alles richtig machen."

„Nein, sicher nicht", gab die Freundin zurück. „Aber ich freu mich weniger auf Arbeit als auf das Kennenlernen neuer Leute, auf die Gemeinschaft und auf den Zeugnisabend, der auf dem Programm steht."

„Lassen wir uns doch einfach überraschen von dem, was auf uns zukommt", schlug Rosa Fratz vor und mahnte, jetzt doch die Rucksäcke zu schultern und den anderen Reiseteilnehmern hinauf auf die Burg zu folgen.

***

Eine ganze Weile nach den Treufreunden waren auch die drei Freundinnen oben angekommen und verweilten verschwitzt und schnaufend für einen kurzen Moment vor dem Torhaus mit dem offenen Spitzbogen-Durchgang, der zum Eintritt in die altehrwürdige Burganlage einlud.

„Große Fahrzeuge passen hier aber nicht durch", stellte Sophie fest.

„Deshalb ist unser Omnibus ja auch unten im Tal stehen geblieben", lachte Rosa, wies auf das verwitterte Fachwerk der zweiten Etage des Gebäudes hin – die untere Etage war aus großen Sandsteinen gemauert – und meinte: „Wenn das alles mal neu gestrichen ist, sieht das sehr gut aus und wirkt sicher noch einladender."

„Mich lädt das alte Tor jetzt schon ein", sagte Else und setzte sich wieder in Bewegung. „Hört ihr, im Burghof wird bereits gesungen. Die warten wohl nur noch auf uns drei Grazien und begrüßen uns sicher gleich mit einem weiteren Lied."

Tatsächlich saßen in dem engen Hof eine ganze Schar junger Leute – mehr Jungen als Mädchen – auf grob gezimmerten Bänken an ebenso grob gezimmerten Tischen, hatten Liedblätter vor sich und ihre mitgebrachten Vesperpakete ausgepackt. Die Jugendlichen der Augsburger Reisegruppe hatten sich bereits unter die jungen Leute aus anderen Orten gemischt und waren mit ihnen in lebhafter Unterhaltung.

„Achtung!", rief jetzt einer von ihnen. „Unsere Schnecken sind auch endlich oben. Begrüßen wir die drei edlen Jungfrauen mit einem fröhlichen Lied."

Sofort verstummten die Gespräche. Ein paar der jungen Leute griffen zu ihren Gitarren, einer nannte eine Liednummer und schon begannen alle zu singen:

„O Wandern, welche Wonne am jungen goldnen Tag! Der Himmel voller Sonne, voll Blüt' und Duft der Hag; ein Schwirren rings, ein Klingen in heller Sommerlust, und tausend Lerchen singen uns in der eignen Brust."

Rosa, Else und Sophie zwängten sich noch irgendwie mit auf die Bänke und stimmten sofort in das Lied mit ein. Der Text war ihnen zwar fremd, aber die Melodie von Josef Haydn kannten sie von einem anderen Lied her. Und so konnten sie die anderen Strophen vom Liedblatt aus vollen Kehlen mitsingen – als Verfasserin war übrigens Magdalene Fritzsche-Muntschick angegeben, eine Frau, die in den Kreisen des MBK einen bekannten Namen hatte:

„O Wandern, glückhaft Wandern, wenn Herz zu Herz sich fand, wenn eine Hand der andern zur Wegfahrt sich verband, ein Fähnlein der Getreuen frisch durch die Lande zieht und ein gemeinsam Freuen durchjubelt Blick und Lied!

O Wandern, selig Wandern, wenn Jesus mit uns geht, wenn er als Stern und Sonne an unserm Himmel steht, wenn seine Hand uns weiset die Schöpferherrlichkeit und unsre Seelen speiset mit Brot der Ewigkeit!

O Wandern, Wandern, Wandern, hinan zum Himmelreich, du seligstes vor andern, was kommt an Lust dir gleich! Froh ziehn wir unsre Straße und freuen uns nicht satt; uns leuchtet sonder Maße das Ziel – die goldne Stadt."[3]

---

3 Zitiert aus „Jugendbundlieder" s. o., Nr. 197, Melodie bekannt durch das Lied von Johanna Meyer (1891): „Mit dir, o Herr, verbunden" – „Reichslieder" (Fußnote 9) Nr. 305.

Nach dem Lied sprach ein CVJM-Mitarbeiter ein Gebet zum Mittagessen, und dann wurde fröhlich aus dem Rucksack gegessen und getrunken. Nach einer angemessenen Zeit wurde ein Dankgebet gesprochen und noch die bekannte Strophe von Christian Fürchtegott Gellert gesungen nach der Melodie von Johann Anastasius Freylinghausen:

> „Wie groß ist des Allmächt'gen Güte! Ist der ein Mensch, den sie nicht rührt, der mit verhärtetem Gemüte den Dank erstickt, der ihm gebührt? Nein, seine Liebe zu ermessen, sei ewig meine größte Pflicht. Der Herr hat mein noch nie vergessen. Vergiss, mein Herz, auch seiner nicht!"[4]

Danach ging es für die Burg-Neulinge ans Besichtigen, ans Schlafplatz-Richten, ans weitere Kennenlernen und für die, die willens waren, ans Arbeiten. Und wer war schon nicht willens, mit anzufassen bei der Herrichtung dieser wunderbaren Anlage für die Durchführung christlicher Jugendarbeit?

***

Auf diese Weise verging der Spät-Frühlings-Samstag in einer wunderbar harmonischen Atmosphäre für die zahlreichen „Rittersleut" und „Burgfräulein" wie im Flug, und am Abend waren sie alle ziemlich erschöpft. Sie hatten aber auch wieder eine ganze Menge an Arbeit geschafft in den verschiedenen Gewerken, die in den vielen Räumen der Burg zu bearbeiten waren mit Maurerkelle, Traufel und Reibebrett, mit Spach-

4 Zitiert aus „Jugendbundlieder" s. o., Nr. 9.

tel und Pinsel, mit Säge, Raspel, Feile, Hammer und Nägeln und mit manch anderem Werkzeug. Jungen und Mädchen, junge Männer und junge Frauen waren gleichermaßen mit Begeisterung bei der Sache gewesen. Hier entstand ja auch „ihre“ Jugendburg, und die Vorfreude auf das nun bald wirklich fertige Werk war allerseits spürbar.

Ebenso spürbar war aber auch das Bewusstsein, dass diese Burg von dem beherrscht werden sollte und bereits beherrscht wurde, von dem zum Beispiel König David gesungen hatte: „Du bist mein Fels und meine Burg!“ Und Davids Bitte vor dieser Aussage war zugleich die Bitte manches jungen Menschen, der sich mit seiner praktischen Begabung in die große Arbeitsmannschaft hier auf Wernfels eingliederte: „Sei mir ein starker Fels und eine Burg, dass du mir helfest.“

Dieser Text aus dem 31. Psalm war dann auch der tragende Leitgedanke für den Zeugnisabend, mit dem dieser wunderschöne Tag zu Ende ging. Ein bereits älterer CVJMler, der Eisenhändler Gottlieb Kraus aus Gunzenhausen, legte die Bibelverse aus und lud mit bewegenden Worten dazu ein, sich diesem Gott und Herrn immer wieder neu auszuliefern, das eigene junge Leben auf diesen Felsen zu gründen und bei ihm als der besonderen Schutz- und Trutzburg die Geborgenheit der Seele zu suchen, die jeder Mensch zum Leben brauche, die aber kein Mensch dem anderen Menschen bieten könne.

Ein sehr eindrückliches persönliches Lebenszeugnis sprach danach ein dunkelblonder junger Mann, ein Hänfling von Gestalt, kaum mehr als 1,60 Meter groß und mit einer äußeren Erscheinung, die dem einen oder anderen ein Lächeln aufzwang. Else Stangassinger erinnerte der Jüngling an den Schauspieler und Regisseur Charlie Chaplin, den sie von dem Stummfilm „The Kid“ her kannte und plötzlich vor Augen hatte. Der Film war nämlich auch in Augsburg zu sehen gewesen und sie hatte ihn sich gemeinsam mit den Freundinnen angeschaut. Sie flüsterte ihren Eindruck Rosa ins Ohr.

Die nahm den jungen Mann in seinen Knickerbockern und dem karierten Hemd vorn auf dem kleinen Podest jetzt etwas genauer in den Blick und flüsterte dann zurück: „Du hast recht. Der sieht tatsächlich aus wie der Tramp. Ob der auch genauso lustig ist?“

„Wird sich zeigen“, flüsterte Else zurück. „Mal hören, was er zu sagen hat.“

Dieser junge Mensch stellte sich jetzt vor als Hans Krebs aus Gunzenhausen an der Altmühl, 25 Jahre alt, von Beruf Meister im Töpfer- und Ofensetzerhandwerk. Dann erzählte er von seinem ersten Leben als lutherischer Kirchenchrist, dessen Hauptinteresse aber nicht der christliche Glaube, sondern der Sport gewesen sei, vor allem der Laufsport. Er sei schier sport- und laufsüchtig gewesen und habe als Mitglied des TV 1860 Gunzenhausen jede freie Minute auf dem Sportgelände des Vereins oder auf irgendeiner anderen Laufstrecke verbracht. Vor dem Hintergrund seiner Leistungen sei es sein großer Traum gewesen, als Teilnehmer im Marathonlauf an den Olympischen Spielen 1924 in Paris teilzunehmen. Aus diesem Traum habe Jesus ihn schließlich aufgeweckt, wobei Deutschland allerdings ohnehin keine Mannschaft nach Paris geschickt habe. Wie Jesus ihn aufgeweckt hatte, das könne er an anderer Stelle erzählen. Mit Jesus sei er jetzt auf einer viel besseren Laufstrecke unterwegs und habe ein Ziel vor Augen, wie es diese Welt nicht bieten könne: „Für einen ew’gen Kranz mein junges Leben ganz!“

Bei diesen Worten griff Hans Krebs neben sich und entrollte einen Wimpel, den eine seiner Schwestern genäht hatte, wie er sagte. Dieser Wimpel sei immer dabei, wenn er mit den jungen Männern des CVJM Gunzenhausen in der Stadt und in den Dörfern der Umgebung missionarisch unterwegs sei, um andere junge Männer zum Glauben an Jesus einzuladen. Der CVJM Gunzenhausen sei übrigens gerade einmal vier Jahre alt und sei in dieser Zeit auch mit Gottes Hilfe schon zu einer stattlichen Größe gewachsen. Gottlieb Kraus, sein Vorredner, habe geholfen, diesen Christlichen Verein Junger Männer zu gründen. Er, Hans Krebs, sei gerne bereit, bei anderer Gelegenheit, später am Abend oder auch am nächsten Tag, mehr zu erzählen, wie der Heiland Jesus Christus Menschen aus der Finsternis ins Licht ruft und wie er sich erweist als ein ewiger Fels und als eine feste Burg.

„Zum Schluss meines Zeugnisses fordere ich euch alle auf: Macht eure Orte und eure Gegenden rebellisch für Jesus! Jesus ist Sieger! Er will, dass in unserem Land ein geistlicher Frühling ausbricht, so blühend wir der, den wir zurzeit in der Natur erleben. Der Herr Jesus will auch, dass wir als junge Christenmänner die Pariser Basis unseres Weltbundes von 1855 in Taten umsetzen. Ich habe den Text auswendig gelernt. Ihr kennt ihn sicherlich auch. Aber für die Nicht-CVJMler unter uns zitiere ich ihn, damit ihr ihn hört und wir alle daran erinnert werden. Also, die Pariser Basis lautet: ‚Die Christlichen Vereine Junger Männer haben den Zweck, solche jungen Männer miteinander zu verbinden, welche Jesus Christus nach der Heiligen Schrift als ihren Gott und Heiland anerkennen, in ihrem Glauben und Leben Seine Jünger sein und gemeinsam danach trachten wollen, das Reich ihres Meisters unter jungen Männern auszubreiten.‘[5]“

5 Zitiert nach www.cvjm.de/vereine-und-struktur/cvjm-ist/pariser-basis, Abruf: 11.03.2014.

Hans Krebs fiel wohl in diesem Moment auf, dass ihm ja auch junge Frauen zuhörten. Deshalb hängte er an: „Das, was von den jungen Männern gesagt ist, gilt sicherlich ähnlich für die jungen Frauen, die ja häufig Mädchenbibelkreisen angehören. Der MBK hat bekanntlich ein ähnliches Motto wie wir im CVJM. Ihr MBKlerinnen seid wie wir ‚Jugendbewegung – Christusbewegung – Missionsbewegung'. So heißt das doch bei euch, wenn ich das richtig weiß. Also gilt uns allen, was der Pommersche Liederdichter Moritz Görcke gesungen hat in einem Lied, das mir sehr wertvoll ist. Übrigens war der Mann bis zu seiner Bekehrung ein wüster Schläger und fanatischer Kartenspieler, selbst noch, als er schon Pastor war. Erst nachdem Jesus ihn radikal aus seinen üblen Bindungen befreit hatte, wurde er ein eifriger Prediger und Missionar. Also, dieser von Jesus Christus veränderte Mensch Moritz Görcke hat auch für uns gedichtet:

> ‚Auf, lasst uns Zion bauen mit fröhlichem Vertrauen im Namen Jesu Christ! Zion muss größer werden, so groß, dass hier auf Erden kein Mensch mehr außer Zion ist.
>
> Auf, lasst uns Zion bauen mit freudigem Vertrauen, die schöne Gottesstadt! Wenn wir ans Werk erst gehen, wird sie bald fertig stehen. Wohl dem, der mitgebauet hat!'[6]

Und jetzt die geistlichen Werkzeuge in die Hände genommen und ran an die Arbeit! Amen!"

Hans Krebs blickte noch einmal aufmunternd in die

6 Zitiert aus „Jugendbundlieder" s. o., Nr. 68, 1+5.

Runde, wobei seine Augen für einen Moment bei den drei Augsburger MBKlerinnen hängen blieben. Dann machte er eine leichte Verbeugung und begab sich an seinen Platz. Nach einem Lied, dem Abendsegen Martin Luthers und einem weiteren Gebet ging der Abend offiziell zu Ende. Die verbleibende Zeit bis zum Schlafengehen konnte frei gestaltet werden, womit wohl niemand der Wochenend-Burgbewohner irgendwelche Schwierigkeiten hatte.

***

Rosa Fratz durchlebte nach dem bewegenden Zeugnis dieses jungen Mannes Hans Krebs eine unruhige Nacht. Wie ein Ohrwurm hatte sich das Lied vom „Zion bauen" in ihr festgesetzt, und das Gesicht des jungen Mannes tauchte immer wieder vor ihren inneren Augen auf. Hatte der nicht nach seinem Zeugnis sie im Blick gehabt, und hatten sich ihre Blicke nicht sogar getroffen? Merkwürdige Gedanken nisteten sich bei der jungen Frau ein. Hatte sie nicht selbst gesagt, ihre Augen gingen nicht nach drinnen zu den Burschen? Und jetzt waren sie doch irgendwie hängen geblieben an diesem Tramp Charlie Chaplin. Nein, nicht Charlie Chaplin! Diesen Vergleich wollte sie doch lieber wieder aus ihrem Bewusstsein verbannen. Dafür war der Hans Krebs ein zu ernster Mensch, dem wohl alles andere näherlag, als das Leben zu leicht zu nehmen. Dass er auch scherzen und lachen konnte, hatte er beim anschließenden gemütlichen Rumsitzen und Reden bewiesen. Ganz ohne Schalk war er auch nicht, aber er nahm seinen Glauben sehr ernst und den Auftrag, den Jesus mit dem Glauben untrennbar verbunden hatte.

Vorbildlich! Was dieser Hans Krebs im kleinen Kreis vor

der Nachtruhe noch erzählt hatte über das verändernde und erneuernde Wirken des Heilandes im Leben von Menschen, die sich mit finsteren Mächten eingelassen hatten, die sich vor ihren Mitmenschen hervorgetan hatten durch rüpelhaften Umgang, durch übelste Schmutzrede und ständiges Fluchen, durch kriminelles Handeln, durch elende Abhängigkeit von Schnaps und Bier und Wein, das war schon bemerkenswert.

Noch eindrücklicher aber waren die Beispiele aus dem eigenen Leben des jungen Handwerkers: Da hatte er bei passender Gelegenheit einmal ein wertvolles Briefmarkenalbum unterschlagen. Seine folgende Gewissensnot hatte ihn dann zu dem Besitzer getrieben, um diese Schuld zu bekennen und den Schaden wiedergutzumachen. Da hatte ihn gequält, dass er in Nürnberg ein paarmal die Straßenbahn um die Fahrkarte betrogen hatte. Er hatte nicht eher wieder innere Ruhe gefunden, bis er die Sache bei der Direktion der Straßenbahngesellschaft persönlich in Ordnung gebracht hatte. Dazu war er eigens mit dem Fahrrad die 50 Kilometer nach Nürnberg gefahren. Man könne keinen Frieden mit Gott haben, wenn das Gewissen belastet sei, hatte er dem verdutzten Herrn in Nürnberg gesagt. Erstaunlich, erstaunlich, dieser junge Mann und Christ!

Rosa Fratz wurde es bei ihren Gedanken merkwürdig warm ums Herz. Ein solches Empfinden einem jungen Mann gegenüber hatte sie noch nie gehabt. Was war das nur? Was machte diese Begegnung mit diesem Handwerker aus dem Altmühltal mit ihr? Welche Saiten stieß dieses körperliche Schmalhemd, das glaubensmäßig wohl eher einem Riesen glich, in ihr an? Hans Krebs sprach geistliche Weisheiten aus wie ein alter gestandener Mann Gottes.

Wieso kam ihr, Rosa, der Satz aus seinem Zeugnis gerade jetzt wieder in den Sinn: „Achtet doch ja darauf, dass euer Partner an den Herrn Jesus gläubig ist. Das gilt für Frauen ebenso wie für Männer." Ob er vielleicht schon eine Auserwählte irgendwo hatte?

Welch ein Quatsch!, ging es der jungen Augsburgerin durch den Kopf. *Was geht es dich überhaupt an?*

Über diesem Gedanken schlief die junge Frau dann doch endlich ein.

***

Am Sonntagmorgen beschloss Rosa Fratz bereits mit ihrem ersten wachen Gedanken, Hans Krebs möglichst aus dem Weg zu gehen. Sie wollte damit vermeiden oder gar verhindern, dass sich ihr letzter Gedanke vom Vorabend wieder einfand und im Kopf breitmachte und ihr Gemüt beschwerte. Das gelang der jungen Frau auch tatsächlich, zumindest während des Frühstücks, während des Gottesdienstes und auch noch während des Mittagessens.

Doch dann stand dieser schmächtige, dieser glaubensstarke, dieser beeindruckende junge Handwerksmeister Hans Krebs plötzlich vor ihr, breit grinsend über sein schmales Gesicht, seinen grau-grünen Rucksack auf dem Rücken und die Hände am Lenker seines Fahrrads. Zu Rosas Glück stand er nicht vor ihr allein, sondern auch vor Else und Sophie. Die drei Freundinnen warteten vor dem Burgtor auf die jungen Männer ihrer Augsburger Reisegruppe. Gemeinsam wollten sie hinunter an die Rezat absteigen, um mit ihrem Omnibus die Heimfahrt in die Hauptstadt des bayerischen Schwabenlandes anzutreten.

„Nun, meine Damen! Oder sage ich besser: drei Grazien?", sprach der Gunzenhauser CVJMler die drei an. „Wie hat Ihnen dies Wochenende gefallen? Sie waren ja zum ersten Mal auf Wernfels."

Rosa Fratz konnte es nicht verhindern, dass ihr eine leichte Röte ins Gesicht stieg. Hoffentlich merkten das die drei anderen nicht! Sie wischte sich wie aus Verlegenheit eine Locke aus dem Gesicht und war dann froh, dass Else die Antwort auf die gestellte Frage gab: „Sehr gut, Herr Krebs, sehr gut! Wir hätten etwas versäumt, wenn wir das Angebot der Augsburger Treufreunde ausgeschlagen hätten. Burg Wernfels ist eine gute Sache!"

„Das freut mich sehr!", strahlte Hans Krebs über sein ganzes Gesicht. „Und werden Sie wieder einmal auf unsere Burg kommen?"

Jetzt war es Sophie, die antwortete: „Wenn es sich ergibt, sehr gerne. Hier herrscht ein gutes geistliches Klima. Hier kann man aufatmen und den Alltag und den Jammer der Welt ein wenig vergessen."

„Jetzt haben Sie noch gar nichts gesagt, Fräulein Fratz", wandte sich der Mann an seinem Fahrrad Rosa direkt zu und sprach das Wort dabei mit deutlich kurzem Vokal aus. Die junge Frau erschrak ein wenig bei dieser Anrede. Sie war wohl gerade mit ihren Gedanken für ein paar Momente irgendwo unterwegs gewesen. Wieder zog eine leichte Röte über ihr Gesicht. Und wieder schob sie sich zunächst eine Locke aus der Stirn.

Dann stellte sie eine Rückfrage: „Woher kennen Sie denn meinen Namen, Herr Krebs? Wir waren hier doch so viele, und wir sind uns doch zuvor noch nie begegnet."

„Ihren Namen habe ich mir seit der allgemeinen Vorstellung gestern Mittag gemerkt. Es heißt ja nicht jeder ‚schelmisches Mädchen'. Sind Sie auch so, wie Sie heißen, Fräulein Fratz: Fratz gleich ‚schelmisches Mädchen‘?“ Dabei sprach er „Fratz“ wieder sehr kurz aus.

Jetzt musste das „schelmische Mädchen“ nun doch lächeln. „Sie sind ganz schön ... hm, Herr Krebs“, gab Rosa zurück. „Das a in meinem Namen ist eigentlich lang, als wären es zwei oder drei a: Fraatz! Aber ich werde mich selbst einmal prüfen, wie das mit dem ‚schelmischen Mädchen‘ ist. Meine beiden Freundinnen werden bei der Selbsterkundung helfen. Werdet ihr, Else und Sophie?“

„Selbstverständlich, liebe Rosa“, gaben die beiden gleichzeitig zurück, und Sophie ergänzte: „Bei der nächsten Begegnung informieren wir den Herrn Krebs dann über die Ergebnisse unserer Prüfung.“

„Wenn es denn eine weitere Begegnung gibt“, meinte Rosa leise mit einem gewissen Unterton in der Stimme, der wohl eher sagen sollte: „Ich will es hoffen!“ als „Möglichst nicht!“ Laut zitierte sie dann den Text des vorhin von allen gemeinsam gesungenen Abschiedsliedes:

> „Wir kommen und wir gehen in diesem Wandertal,
> bis fest wir droben stehen in Gottes Himmelssaal. Der
> wahre Trost im Scheiden ist er, der wahre Hirt, der
> einst auf seinen Weiden die Seinen sammeln wird.
> Was muss das für ein Grüßen, für eine Wonne sein,
> wenn sich zu seinen Füßen die Sel’gen finden ein,
> wenn wir uns dort erzählen von der vergangnen Welt
> und wie es unsern Seelen allein bei ihm gefällt.“[7]

„So haben wir es uns gegenseitig mitgegeben“, erinnerte Hans Krebs, „wobei ich hoffe, dass Gottes Himmelssaal

---

7 Zitiert aus „Jugendbundlieder“ s. o., Nr. 232. Text: Emil Quandt, zu singen nach der Melodie: „Ach bleib mit deiner Gnade“.

noch ein wenig auf sich warten lässt oder auf uns wartet. Es gibt noch viel zu tun auf unsrer krummen Erde. Ich hoffe und wünsche, wir begegnen uns zuvor noch viele Male in diesem Wandertal, das heißt an diesem Wanderziel oder Reiseziel, sprich auf der Jugendburg Wernfels. ‚Gott will's machen, dass die Sachen gehen wie es heilsam ist.' Ist aus einem Lied von Johann Daniel Herrnschmidt. – Und jetzt leben Sie wohl, meine Damen, und reisen Sie gut in Ihrem Omnibus. Ich muss sehen, dass mein Draht- und Tretesel mich zurück an die Altmühl bringt."

Hans Krebs reichte jeder der drei jungen Frauen seine linke Hand – die rechte musste ja das Fahrrad halten. Rosa Fratz hatte dabei den Eindruck, er habe ihre Hand ein wenig länger gehalten als die von Else und Sophie. Nun, sie nahm sich innerlich vor, wenn es denn so gewesen wäre, dem keine allzu große Bedeutung zuzumessen und den jungen Mann auf die gleiche Stufe zu stellen, auf der andere junge Männer auch ihren Platz hatten: Geistlicher Bruder sollte er sein, wie andere auch, nicht mehr. Punkt!

Laut sagte sie: „Reisen auch Sie gut, Herr Krebs, ohne Plattfuß und Speichenbruch, und leben und arbeiten Sie weiter unter dem Segen unseres guten Herrn. – Da kommen unsere Männer. Wir müssen also jetzt auch gehen. Nochmals: Leben Sie wohl!"

4. Briefwechsel:

Verliebt ...

Drei Wochen später saß Rosa Fratz in ihrem Augsburger Zimmer und wusste nicht, wie ihr geschah. In ihren Händen hielt sie eine Ansichtskarte des Dürerhauses in Nürnberg. Die Karte war gerichtet an Fräulein Rosa Fratz, Augsburg, Singerstraße 12/III, angekommen trotz falscher Hausnummer. Abgestempelt war sie in Pleinfeld bei Weißenburg und trug unter einem Text in sauberer Sütterlin-Schrift die Namen von acht Männern, die in ihr keine besondere Erinnerung weckten. Bei dem neunten Namen war das freilich völlig anders: Geschrieben hatte die Karte ganz offenbar jener Gunzenhausener CVJMler Hans Krebs, dessen Erscheinung vor einigen Wochen auf der Burg Wernfels ihr Herz so merkwürdig berührt hatte, den sie aber sehr bald danach wieder „normalisiert" hatte als einen unter anderen jungen Männern, die ihr begegnet waren und die sie kannte.

Rosa hatte ein wenig Mühe, den Text in dieser besonderen Schrift zu lesen. Schließlich gelang es ihr aber doch, ihn zu entziffern: „Sehr geehrtes Fräulein Rosa! Senden Ihnen v. Turntag die herzlichsten Grüße. Hab mich richtig gefreut über Ihre Bildle u. Album. Brief folgt. Ihr Fr. Hans Krebs." Danach standen dort die anderen acht Namen.

Jetzt lief es Rosa Fratz dann doch wieder abwechselnd warm und kalt über die Haut. In ihr gaben sich Ärger und Freude die Hand. Ihre eigenen Hände begannen vor Erregung leicht zu zittern und ihr blieb irgendwie die Luft weg. Was machte diese unerwartete Post mit ihr? Was hatte diese bleistift-geschriebene Ansichtskarte zu bedeuten? Von welchen „Bildle" und von welchem „Album" schrieb der Mann, über die er sich „richtig gefreut" hatte? Und was hieß „Ihr Fr."?

Rosa erhob sich von ihrem Platz, trat ans Fenster, öffnete es und ließ frische Luft herein. Die brauchte sie jetzt dringend, um sich abzukühlen und ihre innere Ruhe wiederzufinden. Hans Krebs hatte geschrieben „Sehr geehrtes Fräulein Rosa" und unterschrieben mit „Ihr Fr." Das konnte ja nur „Ihr Freund" heißen. War dieser Jüngling denn ihr Freund? Hatte sie ihm Freundschaft angeboten? Rosa konnte sich nicht erinnern. Sie konnte sich auch nicht erinnern, ihm Bildle und ein Album oder Bildle in einem Album geschickt zu haben. Sie hatte doch bei der Begegnung neulich auf Wernfels gar nicht fotografiert.

Aber Freundin Else hatte fotografiert, schoss es ihr plötzlich in den Kopf. Hatte diese etwa Bilder in einem Album nach Gunzenhausen geschickt? Na, das würde sich erweisen, wenn sie sich am kommenden Mittwoch in der MBK-Stunde trafen. Wenn Else die Absenderin der Bilder-Post war, dann hatte die liebe Freundin wohl etwas missverstanden in dem Gespräch nach der Rückkehr von der Omnibus-Reise, in dem der Name Hans Krebs eine Rolle gespielt hatte. Dem jungen Mann war darin freilich nicht mehr als eine Nebenrolle zugekommen. Da war sich Rosa ganz sicher.

***

„Was sollte ich missverstanden haben, meine Liebe?", fragte Else Stangassinger ganz erstaunt, als Rosa sie bei der nächsten Begegnung auf die Postkarte ansprach und auf den Hinweis auf „Bildle u. Album". Sie habe das Gespräch so in Erinnerung, dass sie dem Hans Krebs ein paar Bilder zuschicken und dabei Grüße von ihr, von Rosa, bestellen sollte. Genau das habe sie getan. Vielleicht habe ja der Hans Krebs diese Grüße ein wenig missverstanden oder zumindest ein wenig zu stark gewichtet. Sie habe doch auch Grüße von Sophie ausgerichtet.

„Die hat der junge Mann aber offenbar für weniger bedeutsam empfunden als meine Grüße, die du ihm ausgerichtet hast", meinte Rosa und fuhr nach einem Moment des Nachdenkens fort, wobei sie ihre Freundin mit einem durchdringenden Blick ansah: „Oder hast du etwa irgendwelche sonstigen Bemerkungen zu meiner Person gemacht, die der Hans Krebs falsch gedeutet hat?"

„Nicht dass ich wüsste, meine Liebe", wies Else die Frage energisch zurück, „ich habe ihm nur geschrieben, dass er mit seinem Zeugnis und mit seinem Auftreten einen starken Eindruck auf dich gemacht hat. Mehr nicht."

„Mehr nicht!, sagst du", reagierte Rosa ein wenig scharf. „Genau das muss es sein, was der CVJMler falsch verstanden hat."

„Wieso falsch verstanden?", widersprach die Freundin dem Vorwurf. „Es war doch wohl wirklich so, dass Hans

Krebs einen starken Eindruck auf dich gemacht hat, sodass er dich sogar in deine Nächte verfolgt hat."

„Was längst nicht mehr der Fall ist, meine Liebe", stellte Rosa nachdrücklich fest. „Ich träume inzwischen wieder völlig normal." Dabei fragte sie sich innerlich selbst, ob sie ihrer eigenen Aussage eigentlich Glauben schenken konnte. War da nicht doch etwas, was mit dieser Karte und mit dem jetzigen Gespräch aus der Tiefe des Gemüts wieder hochgekommen war?

Laut fragte sie: „Und was soll ich jetzt machen mit der Suppe, die du mir da eingebrockt hast, mein liebes Elschen?"

„Auslöffeln, liebe Rosa, auslöffeln", antwortete Else, als sei das das Normalste der Welt und als gebe es keine andere Antwort als diese. „Lass die Suppe ein wenig abkühlen, warte den angekündigten Brief ab, schau dann, was drinsteht, und gib Antwort darauf. – So einfach kann das gehen."

„Ja, du hast einfach reden: ‚So einfach kann das gehen'", seufzte Rosa ein wenig auf. „Wenn das wirklich so einfach wäre. Es sitzt ja doch tatsächlich irgendetwas drinnen im Herz, was sich insgeheim mit diesem Hans Krebs beschäftigt."

„Gut, dass du es zugibst", freute sich die Freundin. „Jetzt kannst du auch offen mit der Frage umgehen, was dir Hans Krebs vielleicht bedeuten könnte, möchte, sollte, wie auch immer. Und ..."

„Was und?", unterbrach Rosa ein wenig barsch.

Elsa war gern bereit zu sagen, was hinter dem „und" kommen sollte: „Ich habe ein neues Gebetsthema. Hatte nicht Hans Krebs damals auf Wernfels selbst gesagt, jeder junge Mensch solle darauf achten, dass er sich nur verbinde mit jemandem, der auch ein gläubiger Mensch sei?"

„So ähnlich hatte er es gesagt. Ich weiß es sogar noch

wörtlich", antwortete Rosa, wobei ihr eine deutliche Röte über das Gesicht zog.

„Na, dann mal raus mit dem, wie der Jüngling das damals gesagt hat", forderte Else und schaute die Freundin mit einem halb zugekniffenen Auge erwartungsvoll an.

Rosa Fratz wusste zu zitieren: „Er hat gesagt: ‚Achtet doch ja darauf, dass euer Partner an den Herrn Jesus gläubig ist. Das gilt für Frauen ebenso wie für Männer.'"

„Genau so war es", bestätigte Else, „und dass du das so genau behalten hast, wird seine Bedeutung haben. Also warte auf seinen Brief und dann antworte auf das, was er dir schreibt, und beachte dabei, wie er dir schreibt."

„So werd ich's machen, meine Liebe", stimmte Rosa diesem Vorschlag zu und fügte an: „Und dann bin ich einfach gespannt, was aus der ganzen Sache wird, besser: Ich bin gespannt, was Gott aus der Sache macht."

„So ist es recht, Rosina Karolina Fratz", betonte Else und wollte damit wohl diesen Gesprächsteil ihrer Begegnung beendet wissen. Dabei hatte sie ein breites und durchaus ein wenig hintergründiges Grinsen auf ihrem Gesicht …

***

Der von Hans Krebs auf seiner ersten Postkarte an Rosa Fratz angekündigte Brief ließ lange auf sich warten. Die junge Frau verspürte deshalb mit der Zeit sogar so etwas wie eine innere Unruhe und Ungeduld. Sollte dieser junge Mann doch nicht die Gedanken über sie haben, die sie selbst annahm oder sich auch nur einredete? Dann kam der erwartete Brief endlich und befreite die Empfängerin aus der aufgestauten Spannung. Dabei war sein Inhalt zwischen der Anrede „Sehr geehrtes Fräulein Rosa" und dem Briefschluss

„Ihr Fr. Hans Krebs“ – so hatte es schon auf der Karte gestanden – für die junge Frau eher belanglos und deshalb ein wenig enttäuschend. Der Absender schrieb von seinen weiteren Einsätzen auf Wernfels, ohne dabei die Begegnung am ersten Juni-Wochenende auch nur zu erwähnen. Er schrieb von seinen intensiven Aktivitäten im „Eichenkreuzverband für Leibesübungen“ innerhalb des bayerischen CVJM-Landesverbandes, den es seit einiger Zeit gab, und er beklagte sich über fehlende Freizeit für missionarische Dinge wegen eines zu großen beruflichen Arbeitspensums. Als Handwerksmeister, der er inzwischen sei, habe er sich ganz neuen Verantwortungen zu stellen. Allerdings bat er am Schluss seiner Zeilen sehr nachdrücklich um eine Beantwortung seines Briefes und um die Überlegung, sich vielleicht gelegentlich auf Wernfels wieder einmal zu begegnen. Er würde sich darüber freuen.

Dies Letzte wenigstens war doch schon einmal ein kleiner Lichtblick. Rosa Fratz ließ den Briefschreiber zunächst auch ein paar Tage auf Antwort warten. Aber doch nicht so lange, wie er sie hatte warten lassen. In ihrer Antwort beginnend mit „Lieber Herr Krebs“ und endend mit „Ihre Rosa Fratz“ erzählte sie von ihren Unternehmungen im MBK Augsburg und von der gemeinsamen Freizeitgestaltung mit ihren Freundinnen Else und Sophie, die er ja kennengelernt habe. Sie berichtete von ihrer neuen Wohnung in der Wertachstr. 13/1 – dorthin möge er künftig seine Post adressieren – und von ihrer Arbeit als junge Mitarbeiterin in der Familienfürsorge der Diözese Augsburg. Als evangelische Christin, die ihren Glauben bewusst lebte, sei das in ihrem katholischen Umfeld gar nicht immer einfach. Schließlich erwähnte sie auch ihren Traum, irgendwann am MBK-Seminar für Gemeindepädagogik in Leipzig studieren zu können. Ansonsten würde sie sich freuen, wenn sie, Rosa Fratz, und er, Hans Krebs, in lockerem Kontakt blieben. Gegen eine Begegnung irgendwann irgendwo habe sie auch nichts einzuwenden. Aber das zu ermöglichen, sei wohl die Sache Gottes, der alle Dinge in seinen lenkenden Händen habe.

***

Im Verlauf der weiteren Zeit in 1927 und dann auch in 1928 wechselte dann so manche Post als Karte oder Brief hin und her zwischen dem fränkischen Gunzenhausen und dem schwäbischen Augsburg. Nach und nach erfuhr Rosa Fratz mehr über die große Familie ihres Brieffreundes, über sein Wesen und sein Denken zu allen möglichen Fragen des Alltags im weiten Sinne. Sie selbst gab ebenso immer wieder neue Einblicke in ihre persönlichen Belange und Beziehungen. So standen dann auch immer wieder Empfehlungen an die jeweiligen Mütter – auch Rosas Mutter war seit einigen Jahren verwitwet – in den Grüßen am Ende der Post. Zunehmend drängend wurde der Wunsch bei Hans Krebs nach einem Wiedersehen mit der jungen Augsburgerin. Ob es denn nicht die Möglichkeit einer günstigen Unterkunft für ihn in Augsburg gebe? Von dort aus gäbe es doch sicher die Möglichkeit eines gemeinsamen Ski-Ausflugs in die nahen Berge oder die Gelegenheit einer Gebirgswanderung, wenn es denn keinen Schnee gebe. Er wisse doch inzwischen, dass sie Berge und Schnee ebenso liebe wie er. Außerdem ließen sich viele Fragen des Lebens und des Glaubens viel besser in der direkten Begegnung besprechen. Immer nur schreiben, was einen bewege, sei auf die Dauer der Zeit nicht gut und nicht sinnvoll. Es gebe doch eine gute direkte Bahnverbindung von Gunzenhausen nach

Augsburg, und außerdem würde er sich demnächst ein Motorrad zulegen – eine N.S.U. 251R „Pony" – mit dem er dann auch unterwegs sein könne; er habe übrigens vor, sich für die Maschine einen Seitenwagen zu bauen, damit er auch einen Mitfahrer mitnehmen könne.

Rosa Fratz musste bei diesen eher technischen Ausführungen ein wenig schmunzeln. Ob Hans Krebs sich wohl vorstellte, sie würde einmal in einen Motorrad-Seitenwagen einsteigen und sich damit in Lebensgefahr begeben? Wie dem auch irgendwann vielleicht einmal sein möge: Rosa schob ihre inneren Bedenken gegen eine Begegnung in Augsburg zur Seite und vereinbarte einen Übernachtungstermin für Hans Krebs im Haus der Eltern ihrer Freundin Sophie Will. Die waren gern bereit, das Gästezimmer der Familie zur Verfügung zu stellen, wussten sie doch längst, dass im Herzen der Freundin ihrer Tochter ein besonderes Feuer ausgebrochen war, das die nur noch mit großer Mühe versteckt und auf kleiner Flamme halten konnte. Sollten sich die jungen Leute doch gern in der alten Fugger-Stadt näherkommen.

***

So kam es im Frühjahr 1928 zu der von beiden jungen Menschen lang ersehnten Begegnung in der Stadt an der Wertach mit einer langen Wanderung an diesem Fluss entlang, Seite an Seite mit gebührendem Abstand voneinander. Es kam zu einem fröhlichen Plauder- und Singe-Abend der Freundinnen mit Hans Krebs in der Runde. Es gab auch einige Vier-Augen-Gespräche der beiden jungen Menschen, die sich zueinander hingezogen wussten und doch noch weit davon entfernt waren, sich zu nahe zu kommen. Sie blieben auch nach diesem Wochenende noch beim förmlichen Sie, beim „Herr Krebs" und „Fräulein Fratz". Aber sie hatten manches voneinander erfahren, was sie bisher nicht gewusst hatten. Eine Neuigkeit der eher traurigen Art war dabei die Nachricht Rosas, um ihrer Mutter willen auf die ersehnte Ausbildung am Seminar für Gemeindepädagogik des MBK zu verzichten und folglich nicht nach Leipzig zu gehen, dafür aber mehr Außendienste in hilfsbedürftigen Familien zu machen.

Ob das Bedauern von Hans Krebs über diese Mitteilung wirklich echt war? Rosa Fratz fragte nicht nach, aber sie hatte ihre Zweifel daran, und sie musste sich selbst zugestehen, dass ihr die Halbherzigkeit der mitleidigen Reaktion des „Freundes" gerade recht war. Die Entfernung zwischen Leipzig und Gunzenhausen wäre doch eine sehr viel weitere gewesen als die zwischen Augsburg und dem Städtchen an der Altmühl, und das Reisen in die ferne Stadt an Elster, Pleiße und Parthe wäre durch mehrfaches Umsteigen wesentlich umständlicher gewesen. Also war es wohl recht so, dass sie, die junge Augsburger Familienfürsorgerin, im bayerischen Schwaben bliebe.

* * *

Den Brief, den Rosa Fratz am 5. Juni 1928 an ihrem Schreibtisch in den Händen hielt, legte sie lange nicht weg. Sie musste ihn wieder und wieder lesen, war er doch eine Art Jubiläumsbrief,

> *„weil es doch heute ein Jahr ist, wo wir uns kennenlernen durften. Wenn man doch an die herrlichen Stunden denkt, na, dann ... Ich war gestern wieder auf Wernfels und meine*

Gedanken rasten halt immer wieder um ein Jahr zurück. Wenn es auch kurze Stunden waren, so sind es Stunden, welche in Herz und Sinn geschrieben stehen. Und fein war's halt doch, so muss ich immer und immer wieder sagen, und das Band, das uns damals gebunden hat, wurde doch fester geschnürt, obwohl es doch manchmal schien, von einer finsteren Macht mit aller Gewalt zu zerreißen. Aber Gott sei Dank, dass wahre Freundschaft, so wenig wie wahrer Glaube, von Menschen und Satan zerrissen und geraubt werden können ... Ja, Rosl! ... und mein Traum, welchen ich seit der Zeit so manchmal träumte, der soll zur Wahrheit und Erfüllung werden. Als ich von Hannes Preuß erfahren hab, dass Sie wirklich mit uns eine Wanderung machen, da wär ich am liebsten übern Tisch gesprungen, und wenn Sie in meiner Nähe gewesen wären, hätten Sie 'nen gescheiten Händedruck bekommen. Ich fang schon an, die Tage zu zählen, es hat nur noch 3 Monate ... Gott gebe uns wirklich das Gelingen unseres Vorhabens und bitten wir doch jetzt schon darum, dass er es zum Segen an uns und in uns werden lassen möge ..." Am Schluss wie immer „*Ihr Fr. Hans Krebs*".

Also, wenn dieser Brief keine Liebeserklärung ist!, versicherte sich Rosa Fratz immer wieder, auch noch verstärkt durch ein Sträußchen getrockneter Wiesenblumen! Der jungen Frau wurde es richtig wohlig warm ums Herz, und sie fragte sich, wie ein solch persönliches Bekenntnis des Hans Krebs zu ihr, Rosa Fratz, sonst aussehen könnte. Wie gern gäbe sie sich jetzt mit dem „gescheiten Händedruck" zufrieden, wenn sie ihn denn bekäme. Der erste Kuss würde sicher auch bald folgen ... Aber bis dahin war es wohl noch ein gutes Stück Zeit und Weg, wenn es denn überhaupt dazu käme.

Am Ende des Briefes, dessen Rückseite die große Aufschrift „Auf Wiedersehen!" zierte, hatte Hans Krebs übrigens nachgetragen: „Ich grüße Sie mit der Losung f. 5. d. Mts. Jes. 46,4 – Ja, wir dürfen ja nur glauben." Welch eine Bemerkung! Die machte Hoffnung! Aber Hoffnung worauf? Rosa Krebs wusste es selbst nicht genau, was sie denn nun wirklich hoffen sollte.

***

Eine ganze Reihe weiterer Briefe gingen zwischen Altmühl und Wertach hin und her, in denen es nie über persönliche Beziehungsfragen ging, aber sehr viel um geistliche Fragen und um die rechte Art, die täglichen Herrnhuter Losungen ins Leben umzusetzen. Auch von einem Besuch von Hans Krebs in Augsburg im Herbst 1928 war die Rede. Doch just am Nachmittag des 14. Oktobers, an dem Sonntag, für den der Besuch vereinbart war, erhielt Rosa Fratz einen am Vortag geschriebenen Eilbrief aus Gunzenhausen, der der jungen Frau die Tränen in die Augen trieb. Dass sie vergeblich auf die Nachricht gewartet hatte, wann denn Hans Krebs in Augsburg ankommen wollte, und dass er überhaupt nicht aufgetaucht war, war schon schlimm gewesen. Was sie in diesem Eilbrief las, war noch weit schlimmer. Die „Liebe Rosl!" musste sich immer wieder über die Augen wischen, um den mit Bleistift geschriebenen Text lesen zu können:

> *„... Hab mich schon so sehr lange auf den Tag gefreut u. heute ist mir der ganze Plan zerschlagen worden, da es mir nicht möglich ist zu kommen. Ich bitte Sie, mir nicht bös zu sein, wenn ich Ihnen mitteilen muss, dass es mir mein Gewissen nicht zulässt zu fahren. Warum, das*

ist mir heute noch nicht ganz klar. Ich sag Ihnen, so etwas Ungewisses, wie es mir heute zumute ist, hab ich bis heute noch nicht erlebt. Deshalb denke ich, ist es besser, dem Gewissen zu folgen, denn wenn man so Wichtiges besprechen will, wie wir beide morgen doch vorhatten, muss man doch mit vollständigem feinen Gewissen einander gegenüberstehen. Ich glaube doch sicher, dass Sie mich ein bisschen verstehen, wenn man solche Gewissensbisse hat, ist es besser zu lassen, was das eigene Ich will. Also bitte verzeihen Sie mir, wenn ich Ihnen irgendwelche Bedenken verursache. Ich komme ja doch in den nächsten Wochen, da können wir dann Näheres besprechen. Es grüßt sie herzlich Ihr Hans Krebs."

Nein, das war kein guter Sonntag heute, ging es Rosa Fratz immer wieder durch den Kopf. Was waren das wohl für schlimme Gewissensbisse, die Hans Krebs so sehr beschäftigten, dass er auf die Begegnung mit ihr verzichtet hatte? Bedeutete sie ihm doch nicht das, was sie bisher angenommen und gehofft hatte? Gab es da irgendeinen anderen Menschen, der ... Ob Gott doch anderes mit ihr und mit Hans Krebs vorhatte, als sie beide im Sinn hatten, wenngleich sie sich darüber noch nie deutlich und eindeutig ausgesprochen hatten?

Rosa Fratz verbrachte unruhige Tage, in denen sie sich in besonderer Weise auf die Arbeit als Beamtenanwärterin in ihrem neuen Bezirk Lechhausen, einem östlichen und eher ländlichen Stadtteil von Augsburg, konzentrieren musste, weil ihre Gedanken immer wieder um den Inhalt des Eilbriefes und um ihre Beziehung zu Hans Krebs kreisten beziehungsweise um seine Beziehung zu ihr.

Nachdem sie immer wieder intensiv wegen dieser Sache

gebetet hatte, setzte sie sich am folgenden Mittwoch hin und schrieb eine ausführliche Antwort nach Gunzenhausen. Dabei ging sie in ihrem langen Brief mit keiner Silbe auf die Gewissensbisse ein, die Hans Krebs offenbar beschäftigten. Sie schrieb nur davon, dass es gut sei, wenn der Mensch von Gott an sich und seinem Ich arbeiten ließe. Sie schrieb von der großen materiellen und geistlichen Not der Menschen in ihrem neuen Arbeitsbezirk und von der Genugtuung, die ihr der Einsatz gegen die Armut und Bedürftigkeit der Leute verschaffte. Zum Schluss schrieb sie:

> *„Ich freue mich sehr, bis Sie nach Augsburg kommen. Einmal wird es vielleicht doch Gottes Wille sein. – Grüßen Sie Ihre Mutter! – Sie selbst seien recht herzlich gegrüßt mit Hebr. 10 V. 36 u. Phil. 4 V. 4 – Ihre Rosa Fratz.“*

Ob Hans Krebs mit den Stichwörtern Geduld und Freude aus den beiden Bibelstellen in seiner Lage etwas anfangen konnte? Sie, Rosa Fratz, wollte sich jedenfalls in beidem üben und abwarten, wie Gott die Sache weiter lenkte. Dabei kam ihr der Gedanke in den Kopf und ließ sie auch nicht mehr los, ob sie vielleicht dem göttlichen Handeln ein wenig nachhelfen könnte. Sie wusste von Hans' Schwester Emma, die seit einiger Zeit in Augsburg lebte und arbeitete und die mit Hannes Preuß verbandelt war, dass ihr Bruder am letzten Oktober-Wochenende nach Wernfels fahren würde. Wenn sie, Rosa, nun auch … wenn sie der von ihm angedeuteten Irgendwann-Begegnung zuvorkommen würde? Könnte das gut sein? Würde es der Gestaltung ihrer Beziehung dienen können? Würde …? Könnte …? Sollte …?

Rosa Fratz beschloss nach erneutem intensiven Gebet und nach Rücksprache mit ihren Freundinnen und auch mit

Noch-nicht-Schwägerin Emma, das Wochenende ebenfalls in Wernfels zu verbringen und Hans zu überraschen – was ihr dann auch auf eine Weise gelang, die sie doch so nicht erahnt hatte.

***

Jedenfalls saßen die beiden am Spätnachmittag des 27. Oktober 1928 Hand in Hand am Brunnen der Burganlage, strahlten und lachten sich an, turtelten herum, erklärten sich immer wieder gegenseitig ihre Zuneigung und Liebe und begruben die Unsicherheiten der vergangenen Wochen unter den Hoffnungen einer gemeinsamen Zukunft.

Was war inzwischen passiert? Was hatte die Zweifel und Gewissensbisse der letzten Wochen so radikal aus dem Bewusstsein des jungen Mannes aus Gunzenhausen vertrieben? Hatte Gott tatsächlich den Besuch der jungen Frau aus Augsburg gewollt und benutzt, um die Verbindung der beiden Menschen für die Zukunft zu klären? Es musste wohl so gewesen sein, denn ...

... Hans Krebs hatte es irgendwie mitbekommen, dass Rosa Fratz auf der Burg war und sich im Hauptgebäude aufhielt. Spontan schloss er in einer Gebäude-Nische betend einen Bund mit seinem Gott und Herrn. Er betete intensiv darum, dass der Vater im Himmel es doch so lenken möge: Wenn er, Hans, die Wendeltreppe im Gebäude nach oben stieg und Rosa ihm dabei auf dem Weg nach unten begegnete, dann wollte er das als ein Zeichen ansehen, dass die junge Frau ihm von höchster Stelle zugeführt würde. Sollte sie ihm nicht auf der Treppe entgegenkommen, dann sei er bereit, das als Zeichen anzusehen, dass sie beide nicht füreinander bestimmt seien. Er werde dann sofort abreisen, um jedes spätere und andernorts im Haus mögliche Aufeinandertreffen auszuschließen. Von zu Hause aus werde er die Dinge dann brieflich endgültig klären und den notwendigen Schlussstrich ziehen, damit er und auch Rosa frei seien für andere Führungen Gottes.

Nach diesem Gebet hatte Hans das Hauptgebäude der Burg betreten – innerlich zitternd, bangend und betend – und war langsam die Wendeltreppe hinaufgestiegen. Als der junge Mann seine Hoffnungen schon zuschanden werden sah, war ihm auf dem letzten Treppenabschnitt Rosa Fratz tatsächlich noch begegnet. Gott hatte sein Zeichen für den jungen Mann gesetzt und dem Hin und Her seiner Empfindungen ein positives Ende gemacht. Gut so! Schön so! Rosa Krebs hatte die Lösung auch ihrer Frage noch auf der Treppe freudig begrüßt und angenommen.

Dass der allmächtige Gott und Vater im Himmel in der gemeinsamen Zukunft der beiden jungen Menschen Großes mit ihnen vorhatte, davon waren die Verliebten sehr überzeugt. Die kommenden Wochen und Monate konnten spannend werden. Denn darin waren sich Rosa Fratz und Hans Krebs am Ende dieses bedeutsamen Wochenendes auch einig: Lange wollten sie nicht mit der offiziellen Verlobung warten. Die Hochzeit sollte dann auch bald folgen, waren sie beide doch bereits 26 Jahre alt und von daher alt genug, eine Familie zu gründen. Und die sollte eine große Familie werden – auch darin waren sich die beiden einig …

Bereits am Montag bekam Rosa schon wieder Post von ihrem Liebsten mit einer ganz neuen An- und Abrede: „Du! Meine liebe Rosl! … In treuer Liebe, Dein Hannes." und geschrieben in einer ganz neuen Art. Der Hans konnte ja richtig romantisch sein, stellte die junge Frau fest und wurde in ihrer Antwort ähnlich romantisch: „O Du, mein lieber, lieber, lieber Hannes! ... In froher Seligkeit, Deine Rosl."

Inhaltlich ging es in den mehrmals pro Woche wechselnden Briefen auch weiter um Dinge des praktischen Lebens nach den Vorgaben der Bibel und um geistliche Verantwortung gegenüber anderen Menschen. Es gab keinen Brief mehr, der nicht das gemeinsame christliche Lebenszeugnis zum Thema hatte, das doch dazu angelegt sei, Gott die Ehre zu geben und den Menschen Gehilfen zur Freude zu sein.

Immer mehr Raum nahmen aber auch die Überlegungen zur Verlobung ein, die für das Weihnachtsfest 1928 vorgesehen wurde und in Gunzenhausen gefeiert werden sollte. Die himmlische Bestätigung dieses Termins entnahm Rosa der überraschenden Urlaubsgenehmigung für Montag, den 24. Dezember. Sie hatte also durch die beiden Weihnachtsfeiertage vier Tage am Stück frei und damit Zeit für ihren Liebsten, für eine schöne Verlobungsfeier und für sonstige Unternehmungen miteinander. Herrlich!

Auch die spätere Hochzeit wurde brieflich bereits in den Blick genommen. Bis zum April 1929 war es nicht mehr lang. Und was musste bis dahin nicht noch alles geordnet und geregelt werden sowohl für Rosa in Augsburg als auch für Hans in Gunzenhausen! Die Fürsorgerin zum Beispiel musste sich um ihre Kündigung bei ihrer Behörde kümmern, um die Einarbeitung einer Nachfolgerin und um die Auflösung ihrer Wohnung mit allem, was daran hing. Der Handwerksmeister musste die Übernahme des väterlichen Geschäfts mit Mutter Babette und den Geschwistern vollends klären und dann im Haus an der Nürnberger Straße den notwendigen Wohnraum für eine neue Familie schaffen. Das waren Dinge, die nicht in wenigen Tagen erledigt werden konnten und die nicht nur körperliche Kraft erforderten ...

5. … verlobt – verheiratet –

kleine und große „Kinder"

Es war ein besonderes Weihnachtsfest, das im Jahr 1928 im Haus Nr. 33 in der Nürnberger Straße in Gunzenhausen gefeiert wurde. Das Haus hatte sich bereits am 22. Dezember mit ersten großen und kleinen Angehörigen aus der weitläufigen Familie Krebs gefüllt, am 23., dem vierten Advent, waren dann noch weitere Verwandte und ein paar Leute aus Augsburg dazugekommen, zum Beispiel Sophie Will und Else Stangassinger. Die beiden Freundinnen durften bei diesem Ereignis doch nicht fehlen! Die wichtigste Person aus dieser kleinen Gruppe aber war Rosa Fratz, die mit diesem Tag dem anwesenden Teil der großen Verwandtschaft ihres geliebten Hans vorgestellt werden konnte und sollte.

Es war recht eng im Handwerkerhaus, das in diesen Tagen eher einem stark gefüllten Notquartier mit Matratzenlager ähnelte als einem Gästehaus. Mutter Babette Krebs und ihre Tochter Emma Preuß, die mit Mann und Kind seit einiger

Zeit mit im Haus wohnte, hatten alle Hände voll zu tun, um die vielen Schlafstellen herzurichten und zu den Mahlzeiten genügend Essen auf den Tisch zu bringen. Die große Meute in den Zwischenzeiten zusammenzuhalten und sinnvoll zu beschäftigen war überwiegend die Aufgabe für Schwiegersohn Hannes und für Sohn Gottfried. Sein Bruder Hans hatte bekanntlich an diesen Weihnachtstagen anderes zu tun und eine besondere Rolle zu spielen: Er musste sich um Rosa kümmern und um ihre beiden Freundinnen, die sie als Verlobungsgäste mitgebracht hatte. Ein Wermutstropfen dieses besonderen Christfestes war die Tatsache, dass Rosas Mutter die Teilnahme an der Verlobung ihrer Tochter mit dem frommen Handwerker aus Mittelfranken verweigert hatte. Die Tochter hatte mit Engelszungen darum gebeten, die Mutter möge ihrem einzigen Kind die Freude machen und doch mitfahren, auch um dessen künftige Schwiegermutter und die weitere Verwandtschaft Krebs kennenzulernen. Auch ihrem neuen Ehemann – nach dem Tod von Rosas Vater hatte ihre Mutter vor einiger Zeit wieder geheiratet – war es nicht gelungen, seine Frau davon zu überzeugen, dass sie ihrer Tochter die Reise schuldig sei. Nein, Karolina Groß, verwitwete Fratz, war missmutig zu Hause geblieben.

***

Sehr eng wurde es am Heiligen Abend in der guten Stube des Hauses, nahm doch der herrlich geschmückte Christbaum – eine Edelfichte mit silberner Spitze, sauber und akkurat aufgehängtem Lametta an jedem Zweig, mit silbernen Kugeln, wunderschönen gläsernen Vögeln mit bunten Federschwänzen und bestückt mit einer Menge weißer

Wachskerzen – schon einen Teil des Raumes in Anspruch. Vorsichtshalber standen unter dem Baum zwei Eimer Wasser. Man konnte ja nie wissen ... Die häusliche Feierschar drängte sich im andern Bereich der Stube. Dabei mussten die meisten Leute stehen, und die, die einen Sitzplatz hatten, mussten ein Kind auf dem Schoß halten. Niemand wollte den Moment verpassen, in dem der Sohn des Hauses, Hans Krebs, und die junge Frau aus Augsburg, Rosa Fratz, für alle Anwesenden öffentlich ihre Absicht kundtaten, ihr Leben künftig gemeinsam führen und gestalten zu wollen, weil Gott, der Vater im Himmel und der Vater des Kindes in der Krippe, ihre bisher getrennten Wege zusammengeführt habe. Jeder im Haus wollte miterleben, wie sich die zwei jungen Leute die Ringe ansteckten und sich den Verlobungskuss gaben.

Freilich mussten sie alle auf diesen Moment lange warten. Denn die wichtigste Botschaft des Heiligen Abends war auch in diesem Jahr das uralte Ereignis im Stall von Bethlehem. Die Geburt des Heilandes sollte zunächst gewürdigt werden durch das Lesen und Hören alttestamentlicher Verheißungen und der Weihnachtsgeschichte aus dem Lukasevangelium. Das Singen und Musizieren durfte auch nicht vernachlässigt werden. Das gehörte im Haus Krebs unbedingt zum Ablauf des Abends am 24. Dezember dazu. Das Besondere heute war, dass das Harmonium nicht von Mutter Babette oder von Tochter Emma, sondern von Rosa Fratz gespielt wurde, die sich damit schon einmal musikalisch für die neue Verwandtschaft vorstellte. Einzelne Lieder spielte ihre Noch-nicht-Schwägerin Emma mit der Blockflöte, andere Lieder begleiteten Gottfried und Hans auf ihren Flügelhörnern, Hans mehr schlecht als recht, denn er hatte keine Bläserpraxis. Als Entschuldigung für seine Misstöne versprach er, sich irgendwann wieder um sein Bläserspiel zu kümmern; das müsse wirklich wieder besser werden.

Nach der letzten Strophe von „O du fröhliche ..." kam dann endlich der entscheidende Moment des Abends: Hans und Rosa – ein hübsches Paar in besonderer Feierkleidung – stellten sich vor dem Christbaum auf, hielten sich an beiden Händen und strahlten sich für einen Moment schweigend an. Erst als es Bruder Gottfried zu lang wurde und er aufforderte: „Nun sag schon was, Bruder!", ergriff Hans das Wort:

„Liebe Mutter, liebe Verwandte, ich stelle euch hiermit offiziell meine Rosa vor. Wir beide lieben uns und wissen uns von Gott für ein gemeinsames Leben zusammengestellt. Vor euch allen als Zeugen versprechen wir uns die Treue und verkünden unsere feste Absicht, nach einer gewissen Verlobungszeit zu heiraten. Als Zeichen unserer Verbindung tragen wir ab heute unsere Ringe und geben uns vor euch allen den Verlobungskuss." Bei diesen Worten wandte er sich Rosa zu, um sie in die Arme zu nehmen.

„Halt!", kam es da von mehreren Seiten zugleich. „Rosa muss auch was sagen."

Die schaute ihren Liebsten mit großen Augen an. Der nickte ihr aufmunternd zu und raunte: „Sag was! Irgendwas, was hierhin passt!"

Rosa holte also tief Luft und sagte dann: „Ja, ich liebe Hans wie keinen anderen Menschen, und ich glaube auch, dass Gott will, dass ich mein Leben mit ihm teile. Ich bitte euch alle, mich in eure große Familie aufzunehmen, so wie ich bin. Und ich danke euch dafür, dass ihr das schon ein Stück weit getan habt. Ich freue mich über diesen herrlichen Abend und lasse mir jetzt gerne den Verlobungskuss geben." Damit wandte sie sich Hans zu und hielt ihm ihre leicht geöffneten Lippen hin: „Komm, mein liebster Hans, und küss mich!"

Es war ein inniger Kuss, den die beiden jungen Menschen vor den Zeugen dieses Abends austauschten. Der herzliche Beifall war entsprechend laut und lang. Die Aufforderung von Mutter Babette, doch die Plätze an den Tischen einzunehmen, beendete schließlich den Abend in der Weihnachtsstube und lud zum Essen ein. Das freilich musste in verschiedenen Räumen eingenommen werden, weil es keinen Tisch gab, um den herum alle Platz gefunden hätten. Aber so war es an jedem Weihnachten in der großen Familie Krebs.

***

Am zweiten Weihnachtstag leerte sich das Haus nach und nach wieder, weil die auswärtig wohnenden Familienmitglieder in ihr jeweiliges Zuhause zurückkehrten oder andernorts das Christfest weiterfeiern wollten. Rosas Freundinnen waren bereits am Vortag zurückgefahren, um in ihren Familien zu sein. Dadurch hatte das junge Paar die Möglichkeit, bei winterlichem Wetter und in herrlicher Schneelandschaft einen langen Spaziergang durch den Burgstallwald zu machen, gab es doch auch eine Menge zu bereden, was zwei Verlobte vor ihrer demnächst anstehenden Hochzeit miteinander zu besprechen hatten.

Nachdem die beiden Verlobten eine Weile Arm in Arm und dabei glücklich schweigend gewandert waren, blieb Rosa plötzlich stehen, nahm beide Hände ihres Hans in die eigenen und sagte mit strenger Stimme: „Mein lieber Hans Krebs, du weißt, dass du ein rechter Gauner bist?"

Hans schaute sehr erstaunt drein und fragte zurück: „Ein

rechter Gauner? Wieso das? Habe ich dir etwa irgendein Leid zugefügt?"

„Ein großes, mein Lieber, ein sehr großes", gab Rosa zur Antwort und tauschte ihren Vorwurfsblick gegen ein Lächeln.

„Und welches?" Hans schien verunsichert und forderte Aufklärung. Die bekam er dann auch in dem Satz: „Du hast mir meine Zukunft kaputt gemacht, mein Lieber."

„Da musst du dich irren, mein Schatz", widersprach Hans. „Ich schaffe dir eine ganz neue Zukunft. Oder erfüllt es dich etwa nicht mit Glück zu wissen, dass du ab April ..."

Jetzt schmiegte sich die junge Frau in die Arme des Mannes. „Natürlich bin ich glücklich, Hannes. Aber ich war doch gerade dabei, in den Beamtenstatus zu kommen und bei der Fürsorge die Aufstiegstreppe zu betreten. Meine Vorgesetzten haben es schon sehr bedauert, dass ich den Weg bereits verlasse, ehe ich ihn richtig begonnen habe."

„Tut dir das etwa leid?", hakte Hans nach und strich seiner Rosa über ihren wie eh und je streng gescheitelten Schopf.

„Ein wenig schon, muss ich zugeben", gestand Rosa. „Ich hatte mir gerade das Vertrauen meiner Behörde und auch das meiner Klientel erworben und hatte eine Menge Herz in die Arbeit gesteckt. Jetzt muss ich das alles wieder aufgeben – weil du, Hafnermeister Hans Krebs, mir mein Herz abgewonnen hast. – Außerdem haben wir beide meine Mutter verärgert, sodass sie wohl kaum noch mit mir sprechen wird."

„Für das Letzte bin ich ja bereit, ein Stück Verantwortung zu übernehmen, meine Liebe", gestand Hans zu. „Aber damit muss deine Mutter fertig werden. Ich bin nun mal evangelisch-lutherischen Glaubens, und ich bin nun mal ein aktiver Christ. Ich kann das merkwürdige Verhalten der

Frau Groß, also deiner Mutter, nur bedauern." Hans drückte seine Liebste ein wenig fester an sich und sprach weiter: „Für das Erste lehne ich allerdings jede Verantwortung ab. Schließlich hat Gott dich mir auf dem letzten Treppenabsatz der Turmstiege auf Wernfels entgegengeschickt gemäß der Absprache, die ich mit ihm hatte. Also beklag dich bei unserm Vater im Himmel über das Glück, das er dir und mir beschert hat."

„Genau das werde ich tun", feixte Rosa jetzt und setzte sich wieder in Bewegung, ihren Hans an der Hand hinter sich herziehend. „Das kann ich allerdings nur auf Wernfels machen, wo unser leidiges Glück begonnen hat. – Hast du inzwischen mit Pfarrer Kronacher gesprochen?" Rosa kehrte mit der Frage zur Sachlichkeit zurück. „Und hast du mit ihm über einen Hochzeitstermin …?"

„Habe ich, mein Rosl", antwortete Hans. „Pfarrer Kronacher ist bereit, uns zu trauen, und das auf unserer Burg."

„Wann soll das gehen?"

„Nicht an Ostern, wie wir schon mal gedacht hatten. Da ist Konferenz. Da quillt die Burg sicher auch ohne uns über. Er hat den 14. April vorgeschlagen, zwei Sonntage nach Ostern, Misericordias Domini oder wie der Sonntag heißt."

„Passt doch: ‚Die Erde ist voll der Güte des Herrn' aus Psalm 33", freute sich die junge Frau. „Es ist Gottes Güte, die uns zwei kleine Leute so groß macht, dass er sie für ein ganzes Leben zusammenführt."

„Kleine Leute? Musst du mich schon wieder daran erinnern, dass du mit deinen 159 Zentimetern gerade einen größer bist als ich?", tat Hans Krebs ein wenig beleidigt. „Warte nur, wenn wir erst verheiratet sind, dann zeige ich dir, wer von uns beiden der Größere ist."

„Willst du mir etwa drohen, Hans Krebs?", feixte Rosa wieder. „Kannst du aber gar nicht. Die wahre Größe eines Menschen liegt nämlich nicht in seiner Körperlänge, sondern in seinem Inneren, darin, ob er ein großes Herz hat für Gott und für das Kind in der Krippe und für die Menschen, die um die Krippe herumstehen …"

„… und auch für die, die mit der Krippe nichts zu tun haben wollen, meine Liebe", ergänzte Hans, „auch für die."

„Hast recht, Hans, auch für die", gestand Rosa zu, kam aber dann wieder auf das vorige Thema zurück. „Darf ich einen Vorschlag für einen Trauspruch machen?"

„Gerne darfst du, meine Liebe." Jetzt blieb Hans stehen und nahm seine Rosa in die Arme. „Sag mir deinen Wunsch."

„‚Und siehe, ich bin bei euch alle Tage bis an der Welt Ende.' – Dies Wort des auferstandenen Heilandes wünsche ich mir als Begleitwort für unsere Ehe." Rosa schaute ihren Liebsten mit bittenden Augen an. „Dies Jesus-Wort bitte, mein lieber Hans."

„Matthäus 28 Vers 20." Der junge Mann schien einen Moment nachzudenken. Dann sagte er: „Passt, mein Liebes. Passt gut! Besseres kann über unserer Ehe nicht stehen als die Zusage, dass Jesus in allen Dingen unseres Lebens bei uns ist."

„Das Wort steht aber hinter dem Missionsbefehl und gilt denen, die diesen Auftrag hören und befolgen", gab Rosa zu bedenken.

„Passt doch immer noch", stellte Hans fest, „wir sind uns doch darin einig, dass wir den Missionsbefehl in unserer Ehe und Familie so gut wie möglich umsetzen wollen …"

„Für Menschen, die um die Krippe herumstehen, und für Menschen, die mit der Krippe nichts zu tun haben wollen", ergänzte Rosa.

„Genau so, meine Liebe“, bestätigte ihr Verlobter noch einmal und fügte an: „Wir werden sehen, wie Gott das alles lenkt und wie er uns das tun lässt. – Ich werde übrigens Pfarrer Kronacher über unseren Text-Wunsch informieren und darüber, dass wir seinen Terminvorschlag annehmen.“

„Lassen wir vorher Anzeigen drucken?“

„Wie kommst du jetzt auf diese Frage?“, war Hans erstaunt.

„Na ja, meine Großmutter hat sich beschwert, diese liebe achtzigjährige Dame, dass wir unsere Verlobung nicht vorher per Anzeige angekündigt haben.“

„Hätten wir das tun sollen oder müssen?“, fragte Hans nach.

„Nicht unbedingt. Unsere Verlobung ist für uns wichtig und vielleicht für unsere Familien und Freunde. Die Heirat bekommt dann auch für andere Bedeutung. Deine Kundschaft soll schon wissen, dass da eine Frau ins Haus zieht, die künftig mit dem Hafnermeister Tisch und Bett teilt und ihm in allem zur Seite steht.“

Bei dem letzten Satz überflog eine deutliche Röte das Gesicht der jungen Frau. Ihr Verlobter drückte sie heftig an sich und meinte mit deutlicher Sehnsucht in der Flüsterstimme: „Tisch und Bett! – Wenn es doch schon so weit wäre. Mehr als ein inniger Kuss – das wär’s doch, mein Allerliebstes.“

„Das wär’s wirklich!“, hauchte Rosa zurück. „Ich sehne mich auch danach, mein Liebster. Ich sehne mich inzwischen auch nach mehr als nur Händchenhalten und Aneinanderschmiegen. Aber …“, Rosa löste sich ein wenig aus der Umarmung, „… aber wir sollten warten, und wir können warten. Danach wird’s umso schöner. Recht so, mein liebster Burgherr Hans Krebs?“

Der seufzte leicht auf und zögerte einen Moment mit

seiner Antwort, sagte dann aber doch recht fest: „Recht so, Rosa Fratz, meine Burgherrin. Danach wird's umso schöner. – Und jetzt sollten wir noch ein wenig über den Umbau unseres Hauses zur Krebs-Burg und über die künftige Wohnung sprechen ..."

„... und über die Möbel aus Augsburg und ihren Transport nach Gunzenhausen. Du weißt, meine Ottomane ist mir wichtig – und mein Klavier und mein Schreibtisch."

Damit war das Thema für den weiteren Spazierweg angegeben, und andere Spaziergänger an diesem zweiten Weihnachtstag 1928 mögen sich gewundert haben über die beiden jungen Leute, die Grundrisse in den Schnee malten und mithilfe von Stöckchen, Blättern und Zapfen Zimmer einrichteten ...

***

Das erste Quartal des Jahres 1929 verlief für Rosa Fratz und ihren Hans Krebs viel zu langsam, als hätte jeder Tag 36 Stunden, und doch so schnell, als hätte er nur 18. Der zukünftigen Frau Krebs blieb nur die Zeit bis zum 1. Februar, um ihr Haus bei der Sozialbehörde von Augsburg zu bestellen und ordentlich zu hinterlassen. In der folgenden Zeit war sie allein oder auch mit Freundin Sophie damit beschäftigt, ihre Aussteuer zusammenzustellen und herzurichten. Zwischendurch wurden immer wieder Briefe geschrieben, und es gab natürlich auch ein wenig Freizeit auf Skiern und in Wanderschuhen von Augsburg aus und ebenso gelegentliche „Kontroll-Fahrten" nach Gunzenhausen.

Dort werkelte Hans nach getaner Berufsarbeit auf seinen unterschiedlichen Baustellen im Haus Nürnberger Straße 33, um es angemessen herzurichten für sich selbst und seine künftige „Burgherrin". Mutter Babette sollte selbstverständlich im Haus wohnen bleiben. Schwester Emma Preuß zog bald aus, nachdem sie für sich und ihre Familie eine passende Wohnung in der Stadt gefunden hatte. Der junge „Burgherr" „musste" natürlich auch weiterhin schreiben und manche Frage postalisch klären. Das geschah häufig in den späten Abendstunden und gerade so rechtzeitig, dass der letzte Zug nach Augsburg den Brief oder die Karte noch mitnehmen konnte. Dazu bemühte sich der angehende Ehemann, seine Arbeit im CVJM Gunzenhausen und für den CVJM-Landesverband auf der Burg Wernfels oder andernorts nicht zu vernachlässigen und selbst auch immer wieder geistlich aufzutanken in den Gottesdiensten seiner Kirchengemeinde, in den Stunden des Blauen Kreuzes, in der Landeskirchlichen Gemeinschaft und bei Veranstaltungen auf der Hensoltshöhe. Alle diese Arbeiten und Kreise lagen ihm am Herzen, und sich aktiv und passiv einzubringen war ihm ein tiefes Anliegen.

Dann ging schließlich auch diese aufregende und auch ein wenig aufreibende Zeit vorbei. Bis Ende März waren alle notwendigen Vorarbeiten in Gunzenhausen und in Augsburg geleistet, sodass in der Osterwoche der Möbeltransport aus Schwaben nach Mittelfranken stattfinden konnte und die Wohnung zum Einzug der Eheleute Rosa und Hans Krebs vollends hergerichtet wurde. Jetzt fehlte nur noch die bewahrte Anreise des Brautpaares und der Gäste auf die Hochzeits-Burg oberhalb der Rezat zum fröhlichen Miteinander in Gottesdienst und Feiersaal und bei dem erbetenen guten Frühlingswetter auch auf dem Burggelände.

Der Sonntag Misericordias Domini machte schließlich seinem Namen auch alle Ehre: Die Güte des Herrn ließ äußerlich alle Dinge wunderbar gelingen. Die Geschwister und Freunde der Brautleute hatten das Fest liebevoll vorbereitet. Die Sonne strahlte, das erste Grün schmückte Bäume, Sträucher und die Flur, die Vögel ließen passend zum Ereignis ihre Balzgesänge hören, die Leute waren fröhlich, und das strahlende Brautpaar war selig: Rosa in schlichtem weißen Kleid mit einem am Knoten der Scheitel-Frisur angebrachten kurzen Schleier, weißen Strümpfen und flachen weißen Schuhen – sie sollte doch nicht größer sein als ihr Mann –, einem Blumenband über der Stirn und weißem Flieder als Brautstrauß; Hans im schlichten schwarzen Anzug und weißen offenen Hemd ohne Krawatte, dafür mit einem Sträußchen im Anzugrevers, mit kesser Locke nach rechts und einem frechen Oberlippen-Bärtchen, in glänzenden schwarzen Schuhen mit ein wenig erhöhtem Absatz – damit er wenigstens etwas größer erschien als seine Frau. Ein hübsches Paar!

Die Güte des Herrn ließ auch innerlich alles gut sein, zumindest für das Brautpaar. Mit dem von Pfarrer August Kronacher, dem Vorsitzenden des Bayerischen CVJM, im hübsch dekorierten Luthersaal der Burg ausgelegten Zuspruch des auferstandenen und sendenden Christus aus Matthäus 28,20 ließ es sich gut und zuversichtlich in die Zweisamkeit der Ehe gehen und in eine familiäre und berufliche Zukunft, die bei diesem Christus hervorragend abgesichert war.

Leider gab es wie damals zu Weihnachten bei der Verlobung auch bei der Hochzeit für das Brautpaar den bitteren Wermutstropfen, dass Rosas Mutter mit ihrem zweiten Mann nicht an der Hochzeit teilnahm. Karolina Groß, verw. Fratz, blieb unversöhnlich – auch noch lange Zeit nach diesem besonderen Festtag …

***

Dass Rosa und Hans Krebs als ein gerade verheiratetes Ehepaar bereits nach dreieinhalb Wochen ihres Zusammenseins gleich zu zwei Kindern kamen, hatten die beiden sich nicht im Traum vorgestellt. Dass sie Kinder haben wollten, war ihnen gar keine Frage, und es durften gern einige sein, wenn Gott es denn so lenkte. Dass der himmlische Vater, der nach Jesaja 66,13 durchaus auch mütterliche Züge hat – „Ich will euch trösten, wie einen seine Mutter tröstet“ –, ihnen aber gleich zwei auf einmal ins Haus brachte, das war schon eine überraschende Sache.

Als Rosa Krebs am zweiten Mai-Mittwoch abends aus der „Stunde“ der Hensoltshöher Gemeinschaft nach Hause kam – ihr Mann hatte sich mit geschäftlichen Dingen beschäftigen müssen und deshalb nicht mitgehen können –, brachte sie eine traurige Nachricht mit.

„Stell dir vor, Hans“, begann sie, „am Ende der Stunde wurde abgekündigt, eine Frau Kraus sei ganz plötzlich gestorben.“

Hans Krebs schrak ein wenig zusammen: „Nein! Das darf nicht sein! Die armen Kinder.“

„Kennst du die Familie?“, forschte Rosa.

„Natürlich kenne ich die Familie Kraus. Das sind, das waren treue Christenleute. Frau Kraus war einige Jahre befreundet mit meiner Mutter. Nein, ist das schlimm! Sieben Kinder sind jetzt ohne Eltern. Das Älteste ist gerade zehn. – Was hat sich Gott dabei nur gedacht, denen nach dem Vater auch die Mutter zu nehmen?“

„Sag’s mir genauer, mein Lieber“, forderte Rosa.

Hans seufzte einmal tief auf: „Vor einem halben Jahr ist der Vater gestorben. Irgendeine böse Krankheit! Die Mutter musste sich mit ihren sieben Kindern allein durchschlagen. Die Krausens hatten hier nicht viel Verwandtschaft, die hätte helfen können."

„Dann sind die Kinder jetzt ..."

„... Vollwaisen und ganz auf sich allein gestellt", führte Hans den Gedanken zu Ende. „Auf die wartet jetzt wohl das Waisenhaus oder Kinderheim."

Rosa hakte sofort ein: „Waisenhaus? Kinderheim? Muss das sein? Können die Kinder denn nicht in irgendwelchen Familien unterkommen? Sieben kleine Waisen ins Heim? Das ist schrecklich, Hans. Ich kenne das aus meiner Fürsorge-Arbeit in Augsburg. Gibt es denn nicht Eltern, die zu ihren eigenen Kindern ...?"

„Es gibt ein paar verwandte Familien. Aber die können keine sieben Kinder aufnehmen", meinte Hans und fuhr nachdenklich fort: „Sollten oder müssten wir uns kümmern?"

„Aber nicht um alle sieben! Bitte, Hans! Nicht um alle!" Rosas Erwiderung kam erschrocken und entsprechend heftig.

Hans versuchte zu beschwichtigen: „Nein, nicht um alle sieben, meine Liebe. Aber vielleicht um zwei, Rosa. Eins allein zu nehmen wäre nicht gut, und gleich drei wäre zu viel. Könntest du damit einverstanden sein, dass wir ...?"

„Zwei aus sieben?! Gut, mein lieber Mann. Zwei. Ich kümmere mich gleich morgen früh drum. Für heute Nacht werden die sieben ja wohl schon irgendwo untergekommen sein. Es war in der Stunde nicht die Rede davon, dass heute Abend noch ..."

„Gut, Rosl, kümmere dich morgen früh und schau, wen du uns ins Haus bringen sollst." Sehr nachdenklich hängte Hans nach einem Moment des Schweigens an: „Vielleicht hat die traurige Nachricht ja etwas zu tun mit dem Lehrtext von heute?“

„Sag mir das Wort noch mal“, bat Rosa. „Ich habe den Vers grade nicht im Kopf.“

„Gerne, meine Liebe“, antwortete Hans und griff das kleine Losungs-Buch der Herrnhuter Brüdergemeine vom Regal. „Ich muss aber selbst nachschauen, damit ich’s richtig zitiere.“

Einen Moment später las er: „‚So ziehet nun an als die Auserwählten Gottes, als die Heiligen und Geliebten herzliches Erbarmen, Freundlichkeit, Demut, Sanftmut, Geduld.‘ So steht’s da für heute aus Kolosser 3. – Und, was meinst du, geht’s uns was an?“

Rosa seufzte ein wenig auf und meinte: „Gerade drei Wochen verheiratet und dann schon auf diese Weise Erbarmen leben? Herzliches Erbarmen? ‚Ihr Kinderlein kommet‘ zwischen Auferstehung und Himmelfahrt?“ Die Frau schwieg einen Moment und schloss die Augen wie zu einem Gebet. Dann sagte sie entschlossen: „Gut, leben wir ‚herzliches Erbarmen‘ als Gottes Auserwählte und Geliebte. Freundlichkeit und Geduld und das andere, was nottut, wird der Herr uns wohl schenken, wie wir es brauchen.“

Hans Krebs ließ die Antwort seiner Frau stehen und wechselte plötzlich zu einem anderen Thema: „Jetzt habe ich aber auch noch was, meine Liebe.“ Der Mann schaute seiner Frau tief in die Augen. „Bist du noch zu mehr bereit?“

Die junge Ehefrau erschrak ein wenig: „Wozu sollte ich noch bereit sein, Hans? Ist das nicht genug, aus heiterem Himmel zwei halbwüchsige fremde Kinder zu kriegen?“

„Nun“, begann Hans zögerlich, „ist dir bei unseren letzten Spaziergängen über den Marktplatz nicht aufgefallen, dass dort viele fremde junge Männer herumlungern, die offenbar nichts zu tun haben und wohl auch keinen Ort, wo sie ihre Zeit sinnvoll verbringen? Etliche scheinen ihrer Kluft nach ‚Fremde' zu sein, also Handwerker auf der Walz."

„Willst du dich um die auch noch kümmern?" Rosa erschrak erneut und verzog dabei entsetzt ihr Gesicht.

„Die Kerle sind in dieser wirren Zeit, in der sich die sogenannte Weltwirtschaftskrise breit und breiter macht mit steigender Arbeitslosigkeit und mit großem sozialen Elend im ganzen Reich – diese Kerle sind ohne Einkommen und heimatlos. Sie haben kein Ziel vor Augen und häufig schon alle Hoffnung auf Besserung der Verhältnisse fahren lassen. Sie sitzen rum, pöbeln die Leute an und betteln um Almosen. Womöglich schließen sie sich am Ende den radikalen Kräften an, die vor acht Tagen in Berlin randaliert und sich auf Straßenschlachten mit der Polizei eingelassen haben. Dabei hat es etliche Tote gegeben, wie wir aus der Zeitung wissen. Unsere Stadt hat keine ‚Herberge zur Heimat', wie zum Beispiel Nürnberg oder Augsburg, wo solches fahrendes Volk unterkommen und notdürftig versorgt werden kann. Aber wir, wir haben Platz, Rosa, wir haben vielleicht Arbeit für den einen oder anderen, und wir haben auf den Tisch zu bringen. Wir sind auch in den Bedingungen dieser schlechten Zeiten gesegnet mit irdischen und geistlichen Gütern. Müssen wir uns nicht von daher dieser jungen Männer auch erbarmen? ‚Euer Überfluss diene ihrem Mangel', sagt die Schrift", schloss Hans seinen Gedankengang.

„Paulus im zweiten Korintherbrief", stellte Rosa trocken fest und ergänzte: „In meinem Spurgeon steht für heute aus Matthäus 20,4: ‚Gehet auch ihr hin in den Weinberg; und was recht sein wird, soll euch werden.'[8] – Spurgeon spricht zwar in seinem Text von alten Leuten, die der Herr noch in seinem Weinberg haben will wegen der elften Stunde. Aber was irgendwelchen Alten gilt, gilt uns Jungen erst recht. Also sollen wir uns wohl auch hier kümmern. Doch wie sollen wir das anstellen? Wir wollen doch gerade erst zwei Kinder aufnehmen."

Hans Krebs hatte seine Antwort bereit: „Als ich mit meinen Büchern fertig war, hatte ich heute Abend noch ein wenig Zeit, darüber nachzudenken, wie das gehen könnte mit diesen jungen Wanderburschen, meine Liebe. Der alte Werkstattraum in der Töpferei steht doch leer. Wir könnten den Raum ausräumen und dann ein paar Matratzen hineinlegen oder auch Strohsäcke, so vier, fünf oder sechs, und wenigstens einigen von den armen Kerlen ein Nachtlager bieten."

„Und was ist mit der Verpflegung solcher Männer?", fragte Rosa. „Die können nicht vom Daumenlutschen leben."

„Das wird meine Burgfrau schon hinkriegen", bemerkte Hans dazu, als wäre es das Selbstverständlichste von der Welt. „Wer für vier kochen kann, kann auch für acht kochen. Du schaffst das!"

Die „Burgfrau" besann sich einen Moment und schlug dann vor: „Du könntest solche Männer auswählen, die dir bei der Arbeit helfen – gegen unsere Leistung von Kost und Logis ..."

„... und gegen ein tägliches Gotteswort, meine Liebe. Das darf auf keinen Fall fehlen. – Aber keine schlechte Idee, die

---

8 Dieses und alle weiteren Zitate von C. H. Spurgeon sind entnommen der Ausgabe „Kleinode göttlicher Verheißungen", Verlag J. G. Oncken, Hamburg 1897, die im Internet auffindbar ist. Die Zitate sind im Text dieses Buches jeweils unter dem Datum des entsprechenden Tages angegeben.

du hast!", begeisterte sich Hans für den spontanen Gedanken seiner Frau. „So sollten wir probieren, auch den fahrenden Brüdern ein wenig Erbarmen entgegenzubringen."

„Aber lass uns erst wegen der beiden Kinder schauen, und wenn die Frage geklärt ist …"

„… dann schaue ich nach den jungen Männern. Wanderburschen erkenne ich an ihrer Kleidung. Die Männer tragen ja zumeist ‚Kluft', wie die das nennen, und haben in der Regel und nach den Ordnungen ihrer ‚Schächte' – so nennt man ihre verschiedenen Handwerkervereinigungen – zumeist ein ordentliches Verhalten. – Also einverstanden, mein Schatz? Ich glaube, so machen wir's – und wir falten über beiden Geschichten und zum Ende des Tages darüber die Hände. Danach ab unter die Decke, meine geliebte Burgfrau, und morgen ist ein neuer Tag."

„Wenn wir unter der Decke hervorgekrochen sind, werden wir sehen, was der neue Tag enthält. Beten wir, mein lieber Mann, damit alles gut werden kann und der Ehre Gottes dient."

***

Als Hans Krebs am nächsten Abend von seiner Arbeit ins Haus kam, traf er seine Rosa in der Küche an, wo sie sich am Herd zu schaffen machte. Es sollte bald zu Abend gegessen werden. Auf der Bank hinter dem Tisch saßen zwei Kinder, die mit deutlich verweinten Gesichtern kaum wagten, den Mann anzuschauen, der hereinkam. Der ging gleich auf die beiden zu und begrüßte sie in seiner Familie: „Herzlich willkommen, ihr zwei Kraus-Kinder. Habt ihr auch Vornamen?"

Zaghaft ergriffen die beiden nacheinander die gereichte Hand, und der dunkel-gelockte Junge sagte als Erster: „Ich heiße Fritz Kraus und bin sechs Jahre alt, und ich gehe in den Kindergarten. Und übermorgen begraben sie meine Mama."

Bei diesem Satz fing der Kleine wieder an, heftig zu weinen. Seine blond-bezopfte Schwester versuchte ihn zu beruhigen, was ihr aber nicht gelang.

„Lass ihn nur weinen, Berta, Tränen tun gut", bedeutete Rosa dem Mädchen und bat das Kind, seinen Namen selbst noch einmal zu sagen.

„Ich bin Berta Kraus und ein Jahr älter als der Fritz." Dann hob das Mädchen doch seinen Blick und fragte: „Dürfen wir beide bei euch wohnen, Herr Krebs? Unsere Geschwister sind bei Onkeln und Tanten. Die haben aber keinen Platz mehr für uns beide. Wir sollten eigentlich in das Haus, wo Waisenkinder hinkommen. Wir möchten aber nicht in das Haus. Wir sind doch jetzt Waisen, wo unsere Mama auch gestorben ist und wir schon lange keinen Papa mehr haben." Dabei rollten dem Mädchen jetzt auch ein paar Tränen über die Wangen.

Die Blicke der Kinder und die Worte des Mädchens nahmen den beiden Erwachsenen in der Küche ein wenig die Luft. Rosa musste sogar schlucken. Welch ein Elend und welche Traurigkeit hatten sie hier vor Augen. Wie war das Leben doch so böse und ungerecht! Konnte man da nicht schon einmal an Gottes Erbarmen und Güte irrewerden?, fragte sich Rosa Krebs im Stillen. Dennoch, wenn die Entscheidung für Fritz und Berta Kraus nicht bereits gefallen wäre, dann wäre es wohl jetzt der Moment gewesen, in dem die jungen Eheleute ja gesagt hätten zu diesem Teil des Projekts, ‚herzliches Erbarmen' zu leben.

Rosa gab dann auch die Antwort auf Bertas Frage: „Ihr dürft bei uns wohnen, ihr beiden. Wir wollen gerne eure

Pflegeeltern sein, und ihr sollt uns sein wie eigene Kinder. Der Herr Jesus wird uns allen helfen, dass das gehen kann und dass wir Großen es lernen, euch Kinder lieb zu haben, und dass ihr es lernt, uns lieb zu haben und uns zu gehorchen. Ihr dürft auch gerne Mutter und Vater Krebs zu uns sagen."

Während Fritz immer noch still in sich hineinschluchzte, wischte sich Berta eine Träne von der Wange und kam hinter dem Tisch hervor, um Rosa die Hand zu reichen. „Danke, Mutter Krebs, dass wir jetzt deine Kinder sein dürfen. Wir wollen auch immer recht brav sein, damit es leicht wird zusammen." Das Mädchen wandte sich ihrem Bruder zu: „Gell, Fritz, gell, du wirst auch immer recht brav sein und nicht frech und wild."

Fritz schluchzte noch einmal laut auf und gab die Antwort, die seine Schwester von ihm erwartete: „Ja, Bertl, ich will immer so brav sein, wie ich es kann. Und ich will auch Mutter Krebs und Vater Krebs sagen und keinen Ärger machen."

„Das ist schön, ihr beiden", ließ sich jetzt „Vater Krebs" hören. „Ihr seid also ab heute unsere Pflegekinder, wie das heißt, und jetzt sollten wir zu Abend essen. Ich habe nämlich einen Bärenhunger und Mutter Krebs und ihr sicher auch. Also, Mutter Krebs, was gibt es denn von deinem Herd?"

„Eine gute Kartoffelsuppe mit Brot dazu, mein lieber Mann und frischgebackener Vater. Das wird uns allen schmecken, wenn wir vorher das Tischgebet nicht vergessen. Und nach dem Essen ist für unsere neuen Kinder Schlafenszeit. Die Betten in ihrer Stube sind schon gerichtet."

Später am Abend ging es im Gespräch der jungen Plötzlich-Eltern natürlich um Fritz und Berta, um ihre fünf Geschwister, die in anderen Familien untergekommen waren, und darum, wie sich das Miteinander von Klein und Groß wohl gestalten würde. Dann ging es aber auch noch um den anderen Teil des Projektes ‚herzliches Erbarmen' und dazu um die Frage, ob Mutter Babette wohl mit der Hergabe der Werkstatt-Räume für die Unterbringung von jungen Männern von der Straße einverstanden sein würde. Ohne ihre Zustimmung wollten die jungen Eheleute die Sache nicht angehen, denn die Mutter und Schwiegermutter hing an den Räumen, die sie immer wieder an das Werk ihres bereits im August 1919 verstorbenen Georg erinnerten. Hier galt es also, Überzeugungsarbeit zu leisten und bis zu Mutters Entscheidung eine Übergangslösung zu finden. Denn den Einstieg in diese Aufgabe wollten Hans und Rosa nicht auf die berühmte lange Bank schieben. Die sei doch das liebste Möbelstück des Teufels und keine Sitzgelegenheit für Christenmenschen.

So kam es, dass am übernächsten Wochenende im Haus Krebs ein ganz neues Lied gesungen wurde. Die ersten vier jungen Männer hatten die Bedingungen akzeptiert, die Hans Krebs ihnen vorgetragen hatte: Verzicht auf Nikotin und Alkohol, Verzicht auf kontroverse politische Diskussionen in turbulenter Zeit, Mitarbeit im und ums Haus und auf den Baustellen des Meisters, Besuch des Sonntags-Gottesdienstes in einer der Kirchen der Stadt oder auf der Hensoltshöhe sowie Teilnahme an den Andachten im Haus.

Für die vier sehr unterschiedlichen Burschen waren das keine leichten Bedingungen. Drei von ihnen trugen die schwarzen großkrempigen Hüte, die Schlaghosen, die perlmuttgeknöpften Westen und Jacketts und einen Ring im Ohrläppchen – die Kluft also der wandernden Handwerksburschen, die signalisierte, dass ihre Besitzer sich bestimmten Lebensregeln bereits freiwillig untergeordnet hatten.

Dennoch waren sie mit ihren kunstvoll gedrehten Stenzen, bescheidenen Felleisen und Gepäckbündeln ins Haus eingezogen. Hausmutter Rosa hatte sie freundlich begrüßt und sie noch einmal liebevoll, aber bestimmt auf die notwendige Ordnung des Zusammenlebens in der jetzt achtköpfigen Hausgemeinschaft hingewiesen. Sie hatte ihnen dabei auch angeboten, sich um ihre Wäsche zu kümmern und mögliche Schäden an der Kleidung in Ordnung zu bringen. Sie dürften sich gern melden, wenn ihnen etwas fehlte.

Die Männer hatten das alles dankbar angenommen, und so saß am Vorabend des Sonntags Cantate eine Hausgemeinde zusammen, wie sie so noch nie zusammengesessen hatte. Vater Krebs hielt eine Andacht über Psalm 98,1, den Wochenspruch der kommenden Woche, Mutter Krebs sang mit ihrem Mann ein paar frohe Lieder aus dem Reichsliederbuch, die die vier „fremden" Männer und die beiden aufgenommenen Pflegekinder allerdings nur bedingt mitsingen konnten. Rosa begleitete das Singen aber nicht mehr auf dem Harmonium, sondern auf ihrem Augsburger Klavier, das sie wie einen besonderen Schatz hütete und pflegte, indem sie zum Beispiel immer dafür sorgte, dass durch kleine gefüllte Wasserbehälter im Klavierkasten und durch etliche Grünpflanzen auf den Fensterbänken die Luftfeuchtigkeit im Raum so gestaltet war, dass die empfindliche Technik des wertvollen Instrumentes keinen Schaden nahm.

Aber alles war gut so! Auch wenn Rosa Krebs an eine solche Hausgemeinschaft nach gerade einmal fünf Wochen Ehe selbst in ihren kühnsten Träumen nie gedacht hatte: Der Anfang einer wichtigen Arbeit war gemacht. Die junge Ehefrau, Pflegemutter und „Heimleiterin" fügte sich in die Dinge um der Liebe willen zu ihrem Hans und nach 2. Korinther 5,14a auch um der Liebe Christi willen, der bei ihrer Hochzeit die Zusage seiner Nähe verbunden mit dem Missionsauftrag über ihrer Ehe ausgesprochen hatte. Kleinen und großen Menschen in Not wurde „herzliches Erbarmen“ unter den Augen ihres Herrn und Heilandes entgegengebracht. Der Segen dieser Mühe würde wohl erst in der Ewigkeit so recht deutlich werden.

Dass die damit verbundene Arbeit in Küche, Waschküche und den verschiedenen Wohnräumen immer wieder die persönliche Zeit der Hausfrau einschränkte, nahm Rosa Krebs mit großer Gelassenheit und Hingabe auf sich. Die Zeit zum Lesen guter Bücher oder zum Spiel klassischer Klavierstücke – sie liebte vor allem die Werke von Schubert und Schumann – nahm sie sich vormittags, wenn Fritz und Berta im Kindergarten beziehungsweise in der Schule waren und wenn die Wanderburschen mit Arbeiten draußen im Hof oder auf einer Baustelle ihres Mannes oder anderer Arbeitgeber beschäftigt waren, bei denen Hans die Männer für einen oder mehrere Tage unterbringen konnte.

Rosina Karolina Fratz im Alter von einem Jahr, 1903

Rosina Karolina mit ihren Eltern Hans Fratz und Karolina Fratz, geb. Grandel, ca. 1906

CVJM-Burg Wernfels

Hochzeit von Rosa und Hans Krebs am 14. April 1929
auf Burg Wernfels

Wie die Orgelpfeifen: die 8 Kinder von Rosa und Hans Krebs, ca. 1943. Von links nach rechts: Johannes, Elisabeth, Martin, Walter, Richard, Siegfried, Sieglinde, Kriemhild

Das Gelände des Fallhofs am Heidweiher in Gunzenhausen

Das Wohnhaus der Familie Krebs auf dem Fallhof

Familie Krebs und ihre Pflegekinder Fritz (hintere Reihe, links) und Bertha Kraus (hintere Reihe, 2. von links). Aufgenommen bei der Hochzeit von Bertha und Rudi (hintere Reihe, 3. von links), 17. August 1946

Das „Christliche Freizeitheim Faltenbach“ in den ersten Jahren nach der Übernahme durch die Familie Krebs

Rosa und Hans Krebs inmitten ihrer Kinder, ca. 1956. Hintere Reihe von links nach rechts: Siegfried, Martin, Richard, Walter, Johannes. Mittlere Reihe von links nach rechts: Sieglinde, Kriemhild. Vordere Reihe von links nach rechts: Ria Krebs (Pflegetochter), Rosa Krebs, Hans Krebs, Elisabeth

Blick auf das Himmelhorn

Familienfoto anlässlich des alljährlichen Treffens zum Gedenken
des Todes von Martin, Walter und Richard Krebs
am 2. September am Fuße des Himmelhorn.
Jahr der Aufnahme unbekannt.

Grabstelle der Familie Krebs
mit Erinnerungsinschrift
für Martin, Walter und Richard Krebs

Rosa und Hans Krebs, ca. 1968

Rosa und Hans Krebs inmitten ihrer Kinder, Schwiegerkinder, Pflegekinder und Enkelkinder. Jahr der Aufnahme unbekannt.

Ein Besuch beim Fotografen anlässlich der 80. Geburtstage von Rosa und Hans Krebs im Jahr 1982

Eines der letzten gemeinsamen Bilder von Rosa und Hans Krebs, Januar 1983

Rosa Krebs
beim Blumengießen, 1985

Blick auf das heutige „Christliche
Freizeitheim Gästehaus Krebs“

Der Autor Lothar von Seltmann mit Johannes (links)
und Siegfried Krebs (rechts), 2013

6. Endlich eigene Kinder –

turbulente Zeiten

So ging das Leben im Haus Krebs seinen Gang. Es wurde den Menschen dort nie langweilig. Es gab vor allem für Mutter Rosa immer Arbeit in Hülle und Fülle. Und es gab auch immer wieder Ärger und Aufregung. Mit Pflegetochter Berta kam die Pflegemutter gut zurecht. Das Mädchen war brav, anstellig, in der Schule lernwillig und fleißig und im Haus immer hilfsbereit. Somit war Berta schon eine große Entlastung. Es kam selten vor, dass die Hausfrau das Mädchen rügen oder gar schimpfen musste. Bei ihrem Bruder war das leider ganz anders. Fritz war ein Lümmel und Tunichtgut. Der Junge konnte richtig frech sein, war häufig widerspenstig und aufsässig, war in der Schule faul und schwänzte sogar gelegentlich den Unterricht, um sich in der Stadt und an der Altmühl herumzutreiben und irgendeinen Unsinn zu machen. Genügte bei Berta ein mahnendes Wort, musste die Pflegemutter bei Fritz zuweilen laut und deutlich werden und auch schon einmal zum Holzlöffel greifen – wenn auch unter Seufzen –, wenn der Junge gar nicht gehorchen wollte. Das half für eine Weile, bis der Junge bald wieder in alte Verhaltensweisen zurückfiel.

Schade, Fritz versprach zwar immer wieder Besserung, aber insgesamt dankte er seinen Pflegeeltern ihren Einsatz schlecht. Die brachten es dennoch nicht übers Herz, den Jungen in eine andere Betreuung abzugeben. Sie hielten durch, bis Fritz nach vielen Jahren mit einem mühsam erworbenen Schulabschluss, aber mit abgebrochener Bäckerlehre noch als Jugendlicher das Haus von sich aus verließ.

Der Einsatz des „Burgherrn" und seiner „Burgherrin" für die „Brüder von der Landstraße" machte zwar auch zuweilen Mühe, verlief aber im Wesentlichen doch zufriedenstellend und erfolgreich. Es kam selten vor, dass unter den „Gästen" einer war, der nicht taugte, der sich den Regeln widersetzte oder gar kriminell war. Aber auch mit solchen Männern wussten die „Heimleiter" umzugehen. Wenn einer sich gar nicht zu fügen bereit war, musste er als Folge seines Verhaltens leider das Haus verlassen.

Eines Tages machten allerdings die Behörden der Stadt Gunzenhausen den „sich herzlich Erbarmenden" Schwierigkeiten. Irgendjemand hatte die Krebses wegen „wilden Beherbergens" angezeigt, sodass sie amtlich gezwungen wurden, entweder die Betreuung und Beschäftigung von obdachlosen und arbeitslosen Männern aufzugeben oder eine Übernachtungsstätte einzurichten, die den amtlichen Vorschriften für eine Beherbergungsstätte entsprach. In dieser Situation war Mutter Babette endlich doch bereit, die leer stehenden Räume der früheren Töpferwerkstatt ihres Mannes herzugeben. Das Gebäude im Hof wurde innerhalb weniger Wochen mithilfe von Handwerksburschen und Freunden so hergerichtet, dass es den Auflagen entsprach und schließlich bis zu dreißig Männer gleichzeitig in der „Herberge“ aufgenommen und versorgt werden konnten.

Die leibliche Versorgung der „Gäste“ funktionierte auch in der armen Zeit erstaunlich gut. Was Rosa Krebs aus wenigem für viele machen konnte, war bewundernswert. Hunger leiden musste niemand. Zum Glück gab es in Gunzenhausen und in den Gemeindegruppen der Stadt Leute, die das Anliegen von Hans Krebs und seiner Frau teilten und nach Kräften mit Spenden und Gaben unterstützten. Das taten manche Brüder aus CVJM, Gemeinschaft und Kirche auch in der geistlichen Betreuung der „Gäste“, indem sie Bibelarbeiten und Andachten hielten, wenn der Hausherr einmal verhindert war. Mancher junge Mann mit oder ohne Kluft verließ das Haus als einer, der eine gründliche Bereinigung und Veränderung seines Lebens erfahren hatte. Darunter waren auch solche, die vor dem Gesetz schuldig geworden waren, sich unter den mahnenden und zugleich ermunternden Worten des Evangeliums den Behörden stellten und die Konsequenzen ihres Handelns als innerlich erneuerte Menschen auf sich nahmen. Das Wort des Paulus in 2. Korinther 5,17 bewahrheitete sich immer wieder: „Ist jemand in Christus, so ist er eine neue Kreatur; das Alte ist vergangen, siehe, es ist alles neu geworden!“

Das eher stille Glaubenszeugnis der Hausherrin, ohne die die Versorgung der Männer mit frischer Wäsche, mit intaktem Schuhwerk, mit ordentlicher Oberkleidung nicht funktioniert hätte, hatte daran stets einen hohen Anteil. Mancher junge Mann hatte Tränen in den Augen, wenn er sich manchmal bereits nach wenigen Tagen Aufenthalt im Haus von „der feinen Frau und gütigen Mutter“ verabschiedete.

Von dieser Arbeit an jungen Menschen mussten sich Hans und Rosa Krebs übrigens endgültig verabschieden –

nachdem der Bedarf in den frühen Dreißigerjahren bereits zurückgegangen war – als der Staat 1936 das Wandern auf den Landstraßen verbot, in einer Zeit, in der allerdings auch viele bis dahin arbeitslose Menschen durch Arbeitsbeschaffungsprogramme des Dritten Reiches wieder eine feste Beschäftigung gefunden hatten, die sie ernähren konnte. Bis dahin waren allerdings einige Tausend junge Männer durch die „Herberge" der Eheleute Krebs an der Nürnberger Straße gegangen. Ein insgesamt großer Segen Gottes für alle Beteiligten.

Leider blieben durch das Ende der „Herberge" die von Hans Krebs angelegten großflächigen Beerenplantagen und Maulbeersträucher-Kulturen zur Zucht von Seidenraupen ungenutzt und dem Verfall preisgegeben. Wer hätte die Arbeit auf diesen Flächen denn auch noch leisten sollen? Erhalten blieben freilich Arbeitsbereiche, die Hans Krebs mit jungen Männern begonnen hatte, wie der große Hühnerbestand und die kleine Pelztierzucht mit Silberfüchsen. Für den Hausherrn waren diese Liebhabereien und zugleich Arbeitsbeschaffungsmaßnahmen durch den Handel mit Eiern, Küken und Schlachthühnern und durch die Nutzung der kostbaren Felle eine gute Quelle für Nebeneinkünfte zur Versorgung der vielen Menschen seines großen Anwesens.

***

Kummer bereitete den jungen Eheleuten in diesen Jahren die Tatsache, dass sich zunächst keine eigenen Kinder einstellen wollten. Zwei schwierige Schwangerschaften Rosas endeten zu ihrem und Hans' großem Leidwesen vorzeitig. Die Frage wurde groß und größer, ob Berta und Fritz wohl die Einzigen seien, die sie ihre Kinder nennen konnten, wenn sie auch nur Pflegekinder waren. Die Frage trieb die Eheleute immer wieder auf die Knie, wenn sich erneut herausstellte, dass es wieder nicht „geklappt“ hatte. In solchen Situationen musste Hans Krebs seine Rosa immer wieder besonders trösten.

In dieser Zeit wurde Rosa Krebs ein Lied von Nikolaus Ludwig Graf von Zinsendorf besonders wichtig. Sie stellte sich das Reichsliederbuch immer wieder auf das Notenpult ihres Klaviers, um dieses Lied mit Melodie und Satz von Ludwig van Beethoven vor Augen zu haben und sich selbst zu spielen und zu singen und um sich damit selbst zu trösten und an Gottes Wort und Willen zu binden. Nur zu gern hätte sie gewusst, wie der denn für ihre Zukunft als Frau und Mutter aussah. Also spielte und sang sie:

„Gottes Führung fordert Stille. Wo der Fuß noch selber rauscht, wird des ewgen Vaters Wille mit der eignen Wahl vertauscht.

Wer da leben will, der sterbe; wer nicht stirbt, der lebet nicht. Ehe denn das Fleisch verderbe, scheinet uns kein Gnadenlicht.

Alle menschlichen Geschäfte gehen überhaupt nicht gut, wenn man sie durch eigne Kräfte und nicht aus der Gnade tut.

Göttliche und innre Dinge lassen vollends gar nicht zu, dass man sie mit Sturm erzwinge, sondern weisen uns zur Ruh.

Lass uns aber also handeln in des Lebens künftger Frist, dass wir in dem Lichte wandeln, Herr, wie du im Lichte bist!

Unsern Stand lass mit dem Glanze deiner Kraft umgeben sein und ein jedes Kind zur Pflanze der Gerechtigkeit gedeihn!"[9]

Schließlich hatte der himmlische Vater dann doch ein Einsehen mit Rosas und Hans' Bitte um ein Kind und der Sehnsucht nach eigenem Fleisch und Blut. An Weihnachten 1931 machte Rosa Krebs ihrem Mann ein besonderes Geschenk: Als die Pflegekinder endlich in den Betten lagen und als es auch in der „Herberge" ruhig geworden war, nahm die Frau ihren Mann unter dem Christbaum in der guten Stube noch einmal herzlich in die Arme und flüsterte ihm etwas ins Ohr.

„Sag's mir doch laut, Schatz!", forderte Hans ein wenig unwirsch.

„Gut, sag ich dir's halt laut", sagte Rosa und tat, als schmollte sie ein wenig. Sie schaute ihren Liebsten entsprechend an und verkündete ihm förmlich: „Ich glaube, diesmal klappt's."

„Was klappt?" Hans Krebs war wohl etwas begriffsstutzig.

„Diesmal geht es mir gut, Hans", gab Rosa jetzt voller Begeisterung und mit strahlendem Gesicht zurück. „Richtig gut! Mir war noch nicht einmal elend wie damals während der ganzen Zeit."

„Nicht elend? Richtig gut?" Der Groschen fiel bei dem

9 Zitiert aus „Reichslieder" – Deutsches Gemeinschafts-Liederbuch, Verlag G. Ihloff & Co., Evangelische Buchhandlung Neumünster i. Holst. 1953, Nr. 340. (Ein älteres Exemplar stand nicht zur Verfügung.)

Mann wohl nur pfennigweise. Dann brach es allerdings auch aus ihm heraus: „Was, du bist wieder schwanger!? Herrlich! Und dir geht es gut? Dann wird diesmal alles gut!" Jetzt war es der Mann, der seine Frau herzlich in die Arme nahm. „Wunderbar, mein liebes Rosl. Wir bekommen ein Kind! Ein eigenes Kind! Wenn es dir bisher gut gegangen ist, dann wird am Ende alles gut ausgehen. Gott sei Dank, Rosl! Gott sei Dank! – Lass uns Gott danken, Rosl, und ihn bitten, dass diesmal ..."

„Lass uns erst eine Strophe singen, mein Lieber", bremste die werdende Mutter und schlug auch schon ihr Liederbuch auf dem Klavier auf.

„Aber spiel und sing leise", mahnte Hans, „die Kinder schlafen, und das in dir darf nicht erschreckt werden."

„Und wenn sie wach werden, ist das auch nicht schlimm, und dem in mir wird die Musik guttun", meinte Rosa, griff in die Tasten und begann nach ein paar Vorspiel-Takten zu singen:

> „Welchen Jubel, welche Freude bringt die liebe Weihnachtszeit! Fröhlich sieht man alle Leute in der ganzen Christenheit. ‚Ehr sei Gott', so lasst erschallen, und Fried auf Erden, den Menschen Wohlgefallen. Uns wird bald ein Kindelein geboren, uns in der Altmühlstadt."[10]

„Das war aber wohl nicht der Originaltext, meine liebe Rosa", stellte Hans lachend fest. „Der gute Autor wird sich beschweren über die Text-Verhunzung."

„Soll er doch, der Ernst Gebhard, wer immer das ist, wenn

10 Zitiert nach Lied 72 in den „Reichsliedern" (siehe Anmerkung 8).

er meine Variation überhaupt mitgekriegt hat, was er aber mit Sicherheit nicht hat, weil er wahrscheinlich seine Lieder längst im Himmel singt", gab Rosa fröhlich zurück.

„Soll er sie singen, wo er will", sagte Hans und äußerte einen leisen Zweifel: „Und wenn nun doch wieder ...?"

Seine Frau legte ihm ihre Hand auf den Mund: „Gezweifelt wird nicht, mein Lieber. Es wird geglaubt und vertraut! Die Seele hat sich nicht zu betrüben, denn wir werden Gott noch danken, dass er unseres Angesichts Hilfe und unser Gott ist."

„Frei nach Psalm 42 und 43", schmunzelte Hans nun doch wieder. „Hast ja recht, Rosl. Glauben und vertrauen wir, dass Gott es machen wird. Und jetzt beten wir."

„Noch nicht", bremste Rosa. „Ich les dir erst noch was vor." Damit schlug sie ihren kleinen Spurgeon auf. „Hier steht für heute der Grund meiner Zuversicht. Hör zu, mein Lieber!"

„Mach es nicht so spannend", drängte Hans, und seine Frau las: „‚Wer sich des Armen erbarmet, der leihet dem Herrn; der wird ihm wieder bezahlen, was er gegeben hat' – Sprüche 19,17." Dann fügte sie an: „Ich habe selten so deutlich empfunden, dass eine Verheißung Gottes passt und stimmt, wie heute Morgen, als ich in meinem Büchlein gelesen habe."

„Ich gebe dir recht, Liebes", gestand Hans zu und schlug vor: „Dann wollen wir jetzt unserem Herrn und Gott danken für das Ereignis und für die Verheißung, die er uns dazu gibt."

***

Die Zuversicht der werdenden Eltern wurde bei Rosas dritter Schwangerschaft nicht zuschanden. Nach überstandener Geburt konnte die glückliche Mutter in ihr bereits vor Jahren selbst gebasteltes Kinder-Büchlein eintragen – das Titelbild trägt einen kleinen Engel, der fröhlich einen Korb voller Blumen und Grün aus einem offenen Fenster herausreicht: „Unser Johannes wurde geboren am 5. Juli 1932 nachmittags 2.20 Uhr. Gewicht am 6. Juli 5 Pfund" – „Pfund" notiert freilich in der Form des damals geläufigen Zeichens.

Der kleine neue Mensch bestimmte in der folgenden Zeit natürlich das Arbeitsprogramm im und ums Haus wesentlich mit. Dabei erwies sich Pflegetochter Berta, die inzwischen zehn Jahre alt war, als eine gute Hilfe und Entlastung für die junge Mutter. Es kam sogar vor, dass einer der jungen Männer aus der „Herberge", der gerade nichts anderes zu tun hatte, sich des Kleinen annahm, damit die Mutter die Hände frei bekam für anderes. Es gab ja auch noch die zweiundsechzigjährige, leider ein wenig kränkliche Großmutter Babette, die sich sehr freute, endlich ein echtes Enkelkind im Haus zu haben. Ihre Schwiegertochter entlasten konnte sie aber leider nicht; sie brauchte selbst inzwischen erweiterte Hilfe und Zuwendung.

Die Entwicklung ihres Enkelsohns verfolgen und sich daran freuen konnte sie allerdings nur noch ein gutes halbes Jahr lang. Im Februar 1933 schloss Babette Krebs für immer die Augen und ging heim zu ihrem Herrn.

Die Trauer im Haus war groß, der göttliche Trost freilich auch, wussten doch alle, dass die alte Dame selig gestorben war. Der kleine Johannes tat das Seine dazu, dass die Freude und Leichtigkeit des Christenlebens im Haus erhalten blieb. Rosa trug in ihr Kinder-Büchlein ein: „... Und lachen und jauchzen kann er! Als die liebe Großmutter von uns ging, da war er unser richtiges Sonnenscheinchen."

***

Das nächste Sonnenscheinchen kam zum Herbstanfang 1934. Auch diesmal war die Schwangerschaft weitgehend problemlos verlaufen. Ihr Ende gestaltete sich allerdings ein wenig dramatisch: Das Kind wollte nicht zur Welt kommen. Die Hebamme versetzte die werdende Mutter schon in Sorge, das Kind würde in ihrem Leib zu dick und zu schwer, wenn es nicht bald käme. Sie, Rosa, solle sich nicht davor scheuen, schwere Arbeit zu leisten. Sie solle ruhig auch eine Fahrt mit ihrem Mann auf dem Motorrad riskieren. Der Seitenwagen sei groß genug für sie kleine Person mit ihrem starken Leib, und das Geholper und Gerüttel der Maschine auf den Straßen und Wegen werde helfen, wenigstens die Vorwehen anzuregen.

Gesagt, getan, die Motorradfahrt fand statt und bereitete großen Spaß, aber ihr gewünschter Erfolg stellte sich nicht ein. Der stellte sich erst ein als Antwort Gottes auf das intensive Gebet der Eltern am Abend des 25. September. Am übernächsten Tag – von den Geburts-Strapazen einigermaßen erholt – trug Rosa in ihr Kinder-Büchlein ein: „Am 26. September 1934, vorm. ½ 12 h tat unsere Elisabeth den ersten herzhaften Schrei."

Hinter diesen Text schrieb sie ein paar Verse, die ihr wohl im Kindsbett angesichts der Größe des Schöpfers, aus dessen Hand sie auch dieses Kind nahm, in den Sinn kamen:

„Was ich geboren habe, ist doch nicht mein, ist deiner Liebe Gabe, o Herr, ist dein.
Vom Wiegenbund zum Habe, von Milch zu Wein,
von meinem Schoß zum Grabe, so geht ihr Sein.
Mein Mägdlein und mein Knabe, mein Blut und Bein:
Ihr seid des Meisters Gabe. Bleibt gut und rein!"[11]

Auch die Tagestexte der Herrnhuter Losungen waren ihr so wichtig, dass sie sie festhielt: „Jesaja 2,4: Sie werden ihre Schwerter zu Pflugscharen und ihre Spieße zu Sicheln machen, denn es wird kein Volk wider das andere sein Schwert aufheben. – Lukas 2,14: Friede auf Erden." Diese Bibelverse begründeten wohl den Wunsch der Mutter, die Tochter möge in ihrem späteren Leben einmal eine Friedensstifterin werden ...

***

Nachdem Rosa Krebs im Spätherbst 1935 in ihr Büchlein eingetragen hatte, dass Klein-Elisabeth inzwischen frei und selbstständig laufen könne und gesund und lustig sei, konnte sie etwa vier Wochen später eine neue Seite beginnen: „Am 6. Dezember 1935 erblickte unser Martin das liebe Sonnenlicht." Glückliche Mutter! Zunächst durften zwei Kinder nicht leben, dann waren es in wenigen Jahren schon drei ... Und dieses dritte war zudem noch ein kleiner „St. Nikolaus"! Wunderbar!

Der dritte kleine Krebs hatte es allerdings sehr eilig gehabt und war ein paar Wochen zu früh zur Welt gekommen. Von daher war die Hoffnung der Mutter sehr verständlich

11 Zitiert aus dem „Kinder-Büchlein". Vermutlich stammt der Text von Rosa Krebs selbst.

und ihre Gewissheit anrührend, er werde „... doch so groß und stark werden, als ihm bestimmt ist." Ebenso anrührend waren die Worte des ersten „Briefes", den Rosa ihrem zweiten Sohn schrieb:

> *„Lieber Martin, dein Vorbild sei unser Martin Luther, der deutscheste aller Deutschen, der demütig und kindliche Gottesmann, der unerschütterliche Glaubensheld. Ja, kleiner Martin, der Geist des Herrn mache aus Gnaden dein Herz fest, dass du ein ‚arm mäßig Werkzeug' zu Seiner Ehre sein möchtest."*

Welch ein Wunsch einer Mutter, die ihre Kinder aus den Händen Gottes nahm und die mit keiner Silbe davon sprach, dass die Mühsal der Tage mit der wachsenden Arbeit um drei kleine Kinder neben den beiden Pflegekindern ständig zunahm und einer kleinen und zarten Frau schier über den Kopf zu wachsen drohte!

Dass der Junge Martin hieß, hatte übrigens seinen besonderen Grund. Seinem Vater war wenige Wochen zuvor auf der Hensoltshöhe eine Schrift von Kurt Freitag in die Hände gekommen mit dem Titel „Martin Luther – der Vorkämpfer für deutsche Art". Obwohl Hans Krebs nicht gern längere Texte las – diese Schrift hatte ihn interessiert, war er doch mit der lutherischen Lehre aufgewachsen und hatte sich mit Luthers Kleinem Katechismus vor achtzehn Jahren auf die Konfirmation vorbereitet. In dieser Schrift hatte Hans Krebs ganz neue Gedanken gefunden über den Reformator, zu dessen Kirche er ja seit seiner Taufe gehörte. Solche Aussagen, wie Kurt Freitag sie machte, waren ihm bisher fremd gewesen. Manchen Satz in dem Heft hatte er sich deshalb farbig unterstrichen, zum Beispiel: „... unbeirrbar und willensstark ging er seinen geraden Weg, nur von Gott und seinem deutschen Gewissen geführt." Unterstrichen hatte Hans auch ein Zitat eines Geschichtsschreibers mit Namen Hausrath: „Mit Jauchzen sah die rat- und führerlose Nation plötzlich den Mann vor sich, auf den sie seit Jahren gewartet hatte, so deutsch, so fromm und so tapfer, wie sie ihn brauchte, und in seinen brausenden, donnernden, überwältigenden Schriften hörte jeder das Wort, das ihm so lange auf dem Herzen gelegen hatte und das er nicht hatte finden können."

Sehr gute Aussagen über den Reformator!, war es dem Leser durch den Kopf gegangen, und deshalb hatte Hans Krebs den nachfolgenden Satz wegen der Gedankenverbindung sogar doppelt unterstrichen: „Unwillkürlich müssen wir an den Kampf Adolf Hitlers und sein ‚Deutschland erwache' denken."

Aus den längeren Ausführungen über Luthers Übersetzung der Bibel hatte Hans Krebs sich einiges als wichtig zu wissen unterstrichen: „So ist Luther durch die Bibelübersetzung der gewaltige Sprachmeister und Schöpfer unserer einheitlichen hochdeutschen Sprache geworden. Luthers Bibel wurde ein echtes Volksbuch ... das Sprachbuch und die Hauptquelle der Bildung des deutschen Volkes. ... So schuf Luther die Grundlage für den Volksgemeinschaftsgedanken des nationalsozialistischen Staates."

Auf der letzten Seite der Schrift gab es noch eine Unterstreichung zu Martin Luther: „Ein deutscher Held in Wort und Tat, fromm und frei, der alle Stürme des Lebens zu meistern verstand. Seine Forderungen muten uns so gegenwartsnah an, als stünde er mitten in unserer heutigen nationalsozialistischen Kämpferschar. ... So musste erst Adolf Hitler kommen, um Luther im rechten Licht erscheinen zu lassen."

Als es in einem Gespräch der Eltern im Blick auf den geplanten Tauftermin für Klein-Martin noch einmal um den Namen ging, kam Hans Krebs auf die Schrift von Kurt Freitag über Martin Luther zu sprechen.

„Du musst die Schrift unbedingt auch lesen, Rosl", forderte er seine Frau auf.

Die konnte zu Hans' großem Erstaunen antworten: „Das habe ich bereits getan, mein Lieber. Und ich gebe zu, dass da viel Interessantes über Martin Luther drinsteht. Deswegen habe ich auch kein Problem mit dem Namen für unseren Jungen."

„Aber du hast ein Problem mit dem anderen aus dieser Schrift", hakte Hans ein. „Ich höre das aus deiner Feststellung."

„Habe ich, Hans", gab Rosa zu. „Ich habe als Katholikin Luther zwar nicht gelernt, aber ich habe seit meiner Bekehrung im MBK eine Menge gelernt über die Lehre der lutherischen Kirche, der ich seit meinem Beitritt vor der Hochzeit ja nun auch angehöre."

„Und womit macht Kurt Freitag dir Probleme?"

„Mir ist aufgefallen, dass dieser Mann sehr negativ über das Judentum geschrieben hat. Ich lese dir vor, was ich meine, mein Lieber. Das hast du allerdings nicht unterstrichen." Rosa suchte einen Moment nach dem Text, den sie im Gedächtnis hatte. Dann las sie ihrem Mann vor: „Kurt Freitag schreibt hier: ‚Luther hat durch die Übersetzung des Alten Testaments das erste antisemitische Buch geschaffen ... Vierhundert Jahre lang wurde dem deutschen Volk das Judentum als das auserwählte Volk Gottes geschildert, das über uns zu herrschen habe, und der ewig zürnende und rächende jüdische Nationalgott Jahve als der Gott deutscher Art gepriesen. Das ‚Deutschland erwache' ... hat uns sehend gemacht … Wir lernen aus ihm den großen Abstand zwischen dem jüdischen und deutschen Volke in der seelischen Art und Gottesauffassung.'"

Rosa suchte weiter im Text. „Und jetzt hör dir an, was Kurt Freitag da schreibt: ‚Allein in der Kirche spricht man im Dritten Reich noch immer kein reines Deutsch, sondern glaubt scheinbar, ohne hebräische Vokabeln nicht auskommen zu können. Da lobsingt man mit Abrahams Samen Halleluja und Hosianna von Zion bis zum himmlischen Jerusalem und des Abba-Schreiens ist kein Ende. Als Israel preist man Jehova und Immanuel und wartet auf himmlisch Manna, welches kommt von Davids Sohn aus Jakobs Stamm. Halleluja, Hosianna! – Das geschieht nicht etwa in der Synagoge, wo es nicht verwunderlich wäre, sondern in unserer deutschen evangelischen Kirche und ihren Gemeinden. Als deutsche Jugend evangelischen Glaubens laufen wir hiergegen Sturm gegen dieses Brauchtum unserer Kirche … Darum: reinigt die Gottesdienste! Fort mit den Jüdeleien!'"

Rosa unterbrach ihre Vorlesung und blickte ihren Mann erwartungsvoll an. Der schwieg. Rosa schien es, als sei er betroffen von dem Gehörten. Hatte er diese Passagen überlesen? „Nun sag doch was!", forderte sie.

„Was soll ich sagen?", fragte Hans zurück. „Die Gedanken, die ich unterstrichen habe, werden auch auf der Hensoltshöhe vertreten, und ich halte sie für, na ja, für nachvollziehbar."

„Und was ist mit der Forderung: ‚Reinigt die Gottesdienste! Fort mit allen Jüdeleien'? Fort mit Halleluja und Hosianna? Sollen wir die Lieder aus dem Gesangbuch und dem Reichsliederbuch in den Papierkorb werfen?" Rosa ereiferte sich richtig. Die Sache ging ihr nah. „Sollen wir das Alte Testament wegwerfen und das Neue zerpflücken?

Weihnachten und Ostern finden nicht mehr statt, weil da ein jüdischer Knabe geboren wird und weil ein Jude ans Kreuz genagelt wird für die Sünden der Welt, für dich und für mich? Und welche biblischen Geschichten darf ich den Kindern noch vorlesen, dass der Heiland sie segnet? Und was erzählst du den fahrenden Leuten in der Herberge noch von eigener Sündenerkenntnis und von Sündenvergebung durch den Juden Jesus? Hast du vergessen, dass Jesus der Frau am Jakobsbrunnen sagt, das Heil komme von den Juden?“ Rosa Krebs schwieg jetzt und atmete ein paarmal tief durch.

Jetzt holte auch Hans Krebs tief Luft und gab seiner Frau die Antwort auf ihre Einlassungen, die er glaubte geben zu müssen. „Ich weiß, meine Liebe, dass die geistliche Arbeit des Mutterhauses seit einiger Zeit beeinflusst ist vom Gedankengut der Glaubensbewegung Deutsche Christen. Kurt Freitag gehört zweifellos dazu. Ich habe mich ja schon länger mit dem Gedankengut des Nationalsozialismus auseinandergesetzt, ohne dass ich mich damit identifiziere. Du weißt, dass ich mich aus den politischen Diskussionen, die es in unserer Stadt immer wieder gibt, zumeist fernhalte. Ich will ja nichts gegen den Grundsatz tun, dem unsere Handwerksburschen folgen sollen. Aber manche Gedanken der Nationalsozialisten leuchten mir ein. Einer muss das Sagen haben. Warum sollte es in der Kirche nicht auch so sein?“

„Und was ist mit dem Volk Gottes, Hans?“, gab sich Rosa nicht zufrieden.

„Du hast darin recht, Liebes.“ Hans Krebs wirkte sehr nachdenklich. „Hitlers Rassenideologie kann und will ich nicht nachvollziehen. So darf er mit den Juden nicht umgehen, wie er das tut und wie es viele Nazis tun. In dieses

System passe ich persönlich und mit euch als meiner Familie ja auch gar nicht hinein. Wir haben allesamt nicht die Erscheinungen arischer Vorbilder, wie sie der Staat seit der Machtübernahme von Adolf Hitler ständig und auf allen möglichen Veröffentlichungen zeigt und propagiert. Wir sind alle nicht groß, nicht blond und auch nicht blauäugig. Ich bin sicherlich ein fleißiger deutscher Bauer respektive Handwerker, als meine Frau gehörst du genauso sicher zu den vorbildlichen deutschen Frauen – drei Kinder in wenigen Jahren! – und gemeinsam bilden wir mit unseren Kindern und Pflegekindern sicher auch eine intakte deutsche Großfamilie. Ob ich allerdings einen tapferen deutschen Soldaten abgäbe, wenn es denn zu kriegerischen Auseinandersetzungen kommt, das will ich von mir dann doch nicht behaupten. Die Durchsetzung der Herrenrasse, von der in der NS-Propaganda zunehmend die Rede ist, sei ohne Krieg nicht möglich, heißt es."

„Gott möge verhindern, dass es dazu kommt", hakte Rosa sich an dieser Stelle ein und fragte weiter: „Und was ist mit dem Alten Testament mit seiner jüdischen Lohnmoral und seinen Viehhändler- und Zuhältergeschichten, wie die Deutschen Christen die Bibel verunglimpfen? Du wunderst dich wohl, mein lieber Hans, dass ich mich mit diesem Thema beschäftigt habe, so wie du erstaunt bist, dass ich dieses Freitag-Heft kenne."

„Ich wundere mich wirklich, Frau. Wir haben uns darüber nie unterhalten."

Rosa seufzte ein wenig auf. „Wir haben ja auch kaum noch Zeit, miteinander zu reden. Meine Arbeit im Haus wird nicht weniger. Martin Luther der Kleine vermehrt das Pensum. Ich könnte gut eine Haushaltshilfe gebrauchen. Du könntest bei deinen NS-Freunden versuchen, ein BDM-

Mädchen oder jemanden von der Frauenschaft für mich zu bekommen. Eine Entlastung täte mir gut."

„Halt, Rosa Krebs!", unterbrach Hans seine Frau. „Die Nazis sind nicht meine Freunde, auch wenn ich den einen oder anderen Gedanken von Hitlers Lehre oder seines politischen oder auch weltanschaulichen Konzepts für gut empfinde. Immerhin bringt er die Leute wieder in Arbeit. Unsere Herberge verliert Gäste. Wir werden demnächst diese Maßnahme des ‚herzlichen Erbarmens' beenden müssen oder auch können."

„Dann kannst du dich ja wieder mehr dem CVJM widmen und den Jungen, die den frommen Verein noch besuchen, ein ‚kämpfendes heldisches Christentum' beibringen." Bei diesen Worten lag auf Rosas Gesicht ein durchaus hintergründiges Lächeln.

„Mach dich bitte nicht lustig über die Absichten der Deutschen Christen. Wenn der Gemeinschafts-Diakonieverband, der DGD in Marburg, zu dem die Hensoltshöhe gehört, damit keine Probleme hat, muss ich sie auch nicht haben. Die führenden Leute um den Pfarrer Theophil Krawielitzki sind auch nicht auf den Kopf gefallen. – Aber der CVJM muss nicht mehr meine Aufgabe sein. Die machen inzwischen andere."

„Wie dem auch sei", sagte Rosa und schlug dabei das Heft zu, das mit seinen Aussagen Inhalt des Gesprächs gewesen war. „Ich habe noch eine Bitte an dich, Hans, und dann muss ich wohl nach Martin sehen. Ich höre ihn Stimmchen machen."

„Sag sie mir. Ich tue für dich, was ich kann. Ich liebe dich doch, meine Burgfrau", gab sich der Ehemann versöhnlich.

„Halt dich bitte von NSDAP-Aktionen fern. Ich möchte nicht, dass du in irgendwelche Händel verwickelt wirst und gar in Gewaltaktionen wie die, die im vorigen März die beiden jüdischen Männer das Leben gekostet haben. Es kann einfach nicht richtig sein, dass Juden bis zur Vernichtung bekämpft werden müssen, wie man das hören und lesen kann. Die Juden sind und bleiben das Volk Gottes – Gott selbst nennt sie im Propheten Sacharja ‚meinen Augapfel'. Und Bethlehem und Golgatha, also Krippe und Kreuz Christi und alle alttestamentlichen Verheißungen dazu lasse ich nicht aus der Botschaft des Neuen Testamentes verschwinden. Und du solltest das auch nicht tun! Letzte Bemerkung von deiner Burgfrau dazu: Es reicht, dass zwei Drittel der Bevölkerung von Gunzenhausen Anhänger des großen Führers sind und ihren Hut vor dem Denkmal auf dem Marktplatz lupfen. Du musst das nicht auch noch tun."

„Du bist sehr streng mit mir, meine Liebe", stellte Hans fest, gestand aber dann zu: „Ich gebe mir Mühe, Rosl, mich aus den Nazi-Dingen herauszuhalten, soweit ich das als ein bekannter Herberger und Handwerker unserer Stadt eben kann. Ich versuche zu beachten, was der Apostel Petrus in seinem ersten Brief aus einem Psalm zitiert: ‚Wer leben will und gute Tage sehen, der hüte seine Zunge, dass sie nichts Böses rede, und seine Lippen, dass sie nicht trügen. Er wende sich vom Bösen und tue Gutes; er suche Frieden und jage ihm nach. Denn die Augen des Herrn merken auf die Gerechten und seine Ohren auf ihr Gebet; das Angesicht aber des Herrn steht wider die, die Böses tun.'"

„Geht doch, Hans", bemerkte Rosa, „wobei du daran denkst, dass Petrus ein Jude war und dass der Psalm 34 im Alten Testament steht und von Juden gesungen und gebetet worden ist. – Übrigens: Gott sei denen gnädig, die in den geistlichen Sachen Böses tun."

Hans Krebs ging auf diese Bemerkung nicht ein, sondern

beendete das Gespräch mit einer weiteren Bitte: „Dass ich weiter die Kontakte zur Hensoltshöhe halte, solltest du mir nicht verwehren, solange das Deutsch-Christentum, das die dort oben vertreten, nicht völlig der Bibel widerspricht oder sie gar die Bibel in Teilen abschaffen wollen. – Ansonsten wünsche ich, dass wir uns gut bleiben, auch wenn unsere Meinungen geistlich zurzeit ein wenig auseinandergehen."

Rosa war während dieser Worte bereits von ihrem Stuhl aufgestanden. Sie hauchte ihrem Mann einen Kuss auf die Stirn und verließ dann die Küche. Klein-Martin machte inzwischen deutlich darauf aufmerksam, dass es für die Hausfrau und Mutter noch einiges an Arbeit gab, ehe der Tag endgültig zu Ende ging.

***

Die Arbeit im und ums Haus herum wurde in der kommenden Zeit noch heftiger, als es bisher gewesen war. Die Mühe und die mütterliche Sorge um das Werden und Wachsen und Gedeihen der Krebs-Kinder wuchsen weiter, nicht weil die Fragen der Zeit stärker belastet hätten – nein, die Auseinandersetzungen um den richtigen Weg in geistlich wirren Tagen hielten sich in Grenzen – sondern weil weitere Krebs-Kinder dazukamen. Und mit jedem Kind kamen auch die Kinderkrankheiten wie Masern, Röteln, Windpocken wieder, die die Frau und Mutter des Hauses natürlich ganz anders beanspruchten als den Vater dieser Kinderschar. Der hatte tagsüber zumeist außerhalb des Hauses zu tun, und seine Rosa musste sich ohne ihn um ihr kleines Volk kümmern.

Das Kümmern bekam natürlicherweise immer dann eine neue Dimension, wenn sich der Nachwuchs auf die eigenen Füßchen stellte und seinen Bewegungsrahmen selbsttätig ausweitete. So erfreulich das jedes Mal war, wenn die ersten eigenen Schrittchen bestaunt und bejubelt werden konnten, so bedeutete das doch auch immer ein Anwachsen der notwendigen Aufsicht über die Kleinen und die Organisation ihrer Beschäftigung. Irgendwann reichten die kleinen Händchen nämlich auch an die Türklinken im Haus und an die Türklinke des Gartentürchens ...

Am Vater blieb zunehmend die Aufgabe hängen, sich am Abend von seiner Frau erzählen zu lassen, was sich am Tage ereignet hatte. Und es blieb ihm die Aufgabe, seine überaus geforderte „Burgherrin" zu beraten, zu trösten und aufzubauen für die Pflichten des nächsten Tages, ohne sie mit kirchenpolitischen oder anderen Fragen der Zeit zu beschäftigen.

Wohl wegen der Fülle der Arbeit hatte die Mutter dann auch nur noch die Zeit, ihrem vierten Kind Walter, der am 23. Februar 1937 geboren wurde, eine Kurzbotschaft ins Kinder-Büchlein zu notieren: „Herzlieber Walter, Gott sei Dank, der dich geschaffen u. uns gegeben hat. Groß, tief, innig, das soll dein Wesen sein."

Dass Walter, der „Herrscher des Heeres", gerade diesen althochdeutschen Namen bekam, konnte er dem bedeutendsten deutschsprachigen Lyriker des Mittelalters danken, Walther von der Vogelweide (ca. 1170–1230), der bei den Nazis ein gutes Ansehen besaß.

Über den nächsten kleinen Krebs, der in der Nürnberger Straße geboren wurde, gibt es gar keinen Eintrag mehr im Kinder-Büchlein. Der Mutter blieb vor Arbeit wohl keine Zeit mehr dazu. Richard – „der starke Herrscher" oder auch „der nach Macht strebende" , u. a. benannt nach dem englischen König Richard Löwenherz (1157–1199) – gesellte sich am 1. März 1938 einfach zu seinen Geschwistern dazu, und die Arbeit um den fünften kleinen Krebs wurde eingereiht in die Fülle, die es ohnehin gab.

Die machte inzwischen nicht nur der viel beschäftigten Mutter bei allen kleinen Freuden während langer Tage eine Menge Mühe. Auch der Vater bekam seine Last mit der Arbeitsfülle auf seinen Baustellen und in der Nürnberger Straße. Er bekam gesundheitliche Probleme, die ihm mehr und mehr zu schaffen machten. Er hatte häufig unerklärliche Kopfschmerzen und immer wieder einmal Schwindelanfälle, die völlig unvermittelt auftraten. Wenn ihn solche Attacken trafen, war er zur Arbeit kaum fähig. Vor diesem Hintergrund beschäftigte die Eltern Krebs immer häufiger die Frage, ob das Ofensetzen und Fliesenlegen noch lange die hauptsächliche Berufsarbeit für den Hafnermeister sein sollte, zumal das Geschäft nicht mehr das Einkommen erbrachte, das eine so große Familie zum Leben brauchte.

Rosa Krebs bemerkte natürlich, dass ihr Mann unter dieser Situation zu leiden begonnen hatte, auch wenn er nicht darüber sprach. Sie nutzte aber die Gelegenheit, ihren Mann darauf aufmerksam zu machen, dass es einen Gott im Himmel gibt, der seine Leute auf Erden im Blick hat. Dieser Gott hieße zwar Jahve und sei nach NS-Terminologie der jüdische Nationalgott und eines deutschen Christen nicht würdig. Er sei aber nun einmal Gott, und zwar ein lebendiger Gott, der als der Schöpfer aller Dinge und Geber aller guten Gaben nicht schlafe und schlummere, sondern stets hellwach sei und nach Psalm 121 der Ausgang und Garant aller Hilfe und allen Segens. Diesen Gott dürfe man mit seinen Anliegen bedrängen. Ob er, Hans, der ehemals so glühende Verehrer des Gottessohnes Jesus, es nicht wieder einmal mit dem Gebet versuchen wolle? Sie selbst, Rosa, bete schon seit einiger Zeit um den richtigen Weg für die Familie, und sie sei sicher, dass Gott seinen Weg zur rechten Zeit weisen würde.

Begeistert schien Hans Krebs von den Worten seiner Frau nicht zu sein.

„Bete du weiter, Rosl", sagte er, „ich muss mit diesem Gott erst wieder ins Reine kommen."

„Das wäre wohl gut", stimmte sie der Äußerung ihres Mannes zu. „Du solltest dafür zurückkehren zum Lesen des Gotteswortes. Du bist darin in den letzten Jahren immer nachlässiger geworden."

Hans reagierte nicht auf Rosas leisen Vorwurf, hielt sich nur den Kopf, weil ihn gerade jetzt seine Kopfschmerzen wieder plagten.

Deshalb sprach Rosa weiter: „Vielleicht bleibst du heute Abend zu Hause und wir lesen mal wieder gemeinsam die Bibel und beten zusammen. Die oben auf der ‚Höhe' können sich auch ohne dich mit deinem verehrten Frankenführer, dem Julius Streicher, unterhalten. Der bejammert doch wieder nur die Tatsache, dass sich die Bewegung der Deutschen Christen ein wenig totgelaufen hat und dass sich zu viele Gemeinden und viele einzelne christusgläubige Menschen der Gegenbewegung der Bekennenden Kirche zugewandt haben. Julius Streicher hetzt doch gegen die Barmer Erklärung von 1934, wo er nur kann. Wie kann sich ein guter deutscher Christ auch darauf einlassen, dass der Jude Jesus Christus das eine Wort Gottes und dass nur er allein der Herr der Kirche sei?"

Hans Krebs hob seinen Kopf und schaute seine Frau gequält und bittend an: „Sei doch nicht so ironisch, Rosa. Dass du mit diesen Dingen keine Probleme hast, freut mich für dich. Ich habe sie aber nun einmal, und ich bin nicht bereit, über meinen Schatten zu springen. – Noch nicht." Das Letzte war leise angehängt, vielleicht, dass es Rosa es nicht verstehen sollte.

Sie hatte die beiden Wörter aber wohl gehört: „Dein ‚noch nicht' gibt mir Hoffnung, Hans, dass wir eines Tages in geistlichen Fragen wieder eins sind. – Also, was ist jetzt mit meinem Vorschlag? Bleibst du hier oder gehst du?"

„Ich gehe auf die Hensoltshöhe. Ich möchte dem Julius Streicher begegnen und ihn hören", antwortete der Mann trocken, erhob sich von seinem Stuhl und verließ den Raum. Beim Hinausgehen sagte er noch: „Du magst ja deinen Gott und deinen Jesus um die rechte Wegweisung für uns bitten. Vielleicht gibt er tatsächlich Antwort."

Rosa ließ ihren Mann gehen, und mit feuchten Augen wandte sie sich wieder der Arbeit zu, die in der Küche und in den Kinderzimmern auf sie wartete und mit der sich in den vergangenen Minuten Berta befasst hatte.

Die inzwischen sechzehnjährige Pflegetochter Berta Kraus würde übrigens demnächst als Hilfe in der Familie weitgehend ausfallen. Sie hatte nach ihrem guten Schulabschluss in der Stadt eine Lehrstelle bei einem Geldinstitut bekommen. Das zwang sie natürlich dazu, den Tag über nicht im Haus zu sein. Für die hübsche Berta, fest eingebunden in die Strukturen des Bundes Deutscher Mädel und trotzdem in geistlichen Fragen für die Pflegemutter zugänglich, war das sicher ein guter Weg; für Rosa Krebs mit ihren fünf Kindern zwischen sechs Jahren und wenigen Monaten wohl eher nicht.

Bertas Bruder Fritz, zum „langen Fritz" herangewachsen, hatte sich bereits aus der Familie verabschiedet, seitdem er seine Bäckerlehre begonnen und wegen der frühen Aufstehzeiten zur halben Nacht ein Zimmer bei seinem Ausbildungsmeister bezogen hatte. Der Junge war ausgezogen, ohne sich besonders bei seinen Pflegeeltern für deren langjährigen Einsatz für ihn und für ihre Sorge um ihn bedankt zu haben. Ein schmerzhafter Abschied besonders für die Pflegemutter, die sich über acht lange Jahre alle Mühe gegeben hatte, dem Jungen ein gutes Zuhause zu bieten und ihn auf einen guten Weg zu weisen.

7. Fallhofjahre I:

Alles wird anders

„Stell dir vor, Hans, dein Bruder Gottfried ist daran interessiert, unser Anwesen hier an der Nürnberger Straße zu kaufen." Mit dieser Nachricht überraschte Rosa Krebs eines schönen Tages im späten Frühling 1938 ihren Mann, als der von einem Treffen auf der Hensoltshöhe spätabends nach Hause kam.

„War Gottfried denn hier?", wunderte sich Hans.

Rosa gab auf die kurze Frage eine lange Antwort: „Er war hier, und wir haben uns darüber unterhalten, dass unsere Zeit an diesem Platz hier irgendwie zu Ende geht. Du schaffst deine Arbeit kaum noch, hast Probleme mit dem Rücken, den Knien, dem Kreislauf. Dein Sitzen zwischen allen Stühlen in den Fragen deiner politischen Orientierung und in den Fragen deiner religiösen Anbindung bereitet dir Mühe. Das alles macht dich unzufrieden und nimmt dir die Lebensfreude und schlägt sich nieder auf unser Familienleben. Wir brauchen Abstand. Irgendetwas Neues muss her."

„Und Gottfried ist wirklich bereit ...? Ich hatte irgendwann mit ihm darüber nachgedacht." Hans Krebs strich sich selbst über die Haare und stützte nachdenklich sein Kinn in die Hand.

„Er hat gesagt, dass er deine Arbeit zu seiner dazunehmen könne. Er habe noch Kapazitäten frei. Und außerdem habe er die Möglichkeit, sein Haus in der Stadt zu verkaufen. Es gebe da einen Interessenten."

„Dann sollten wir auf sein Angebot eingehen, Rosa", schlug Hans vor. „Das wäre eine interessante Kette: Er verkauft dort und kauft hier. Wir verkaufen hier und kaufen an einem anderen Ort. Ich hätte da was, was zum Verkauf steht, wo ich ganz anderes tun könnte, wo wir viel Platz hätten drinnen und draußen. Wir wären von den Ereignissen der Stadt verhältnismäßig weit entfernt. Wir hätten einen fast paradiesischen Erdfleck zum Wohnen und zum Arbeiten und zum Kinder großziehen."

„Dann sag mir doch bitte, wo und was das ist", forderte Rosa, „und mach es nicht so spannend. Vielleicht kenne ich den paradiesischen Erdfleck ja bereits."

„Mag sein, dass du ihn kennst. Ich glaub's aber eher nicht. Wir waren bisher nicht dort, sind höchstens mal vorbeigefahren", antwortete Hans, fragte dann aber ganz anders weiter: „Ist Berta morgen im Haus?"

„Das sollte sie sein", vermutete Rosa. „Sie hat wohl morgen einen freien Tag. Dann ist sie doch hier."

„Gut, dann kann sich Berta für ein paar Stunden um die Kinder kümmern, und wir nutzen die Zeit und fahren mit dem Motorrad hinüber."

„Hinüber? Wohin hinüber?" Rosa wurde ein wenig ungeduldig.

„Lass dich doch überraschen, meine Liebe", gab Hans nur

zurück. „Ich bin sicher, du wirst staunen. Kläre bitte mit Berta, dass wir von 10 bis 12 Uhr, längstens bis 1 Uhr unterwegs sind und sie bitte wirklich hier sein möchte."

„Ich bin morgen zu Hause und kümmere mich", kam es in diesem Moment von der Tür her. Berta hatte beim Hereinkommen die letzten Gesprächsfetzen mitbekommen und konnte so ihre Zustimmung zum Plan der Pflegeeltern bereits geben. Das Mädchen hatte dann aber eine Frage: „Wenn ihr hier wegzieht, muss ich dann mit? Ich hab doch eben erst meine Lehrstelle angetreten. Und von woanders her ..."

Rosa versuchte sofort, Bertas Sorge zu zerstreuen. „Wenn Gottfried das Haus hier übernimmt, wird es für dich sicher weiterhin Platz geben. Seine Familie ist kleiner als unsere. Ich gehe davon aus, dass du hier wohnen bleiben kannst."

„Sprecht ihr mit Onkel Gottfried darüber?", fragte Berta.

„Ich werde mich für dich einsetzen, Berta", versprach Rosa, „und ich bin sicher, dass das klappt. Aber noch sind wir ja nicht weg."

„Das kann schneller gehen, als wir uns das denken, ihr beiden. Vielleicht wissen wir morgen Abend schon mehr und sind in ein, zwei Monaten schon am neuen Ort", meinte Hans Krebs ein wenig geheimnisvoll, als hätte er tatsächlich bereits einen wichtigen Trumpf in der Tasche.

„Das hört sich gut an", bemerkte Rosa und fuhr fort: „Ich bin gespannt, ob Gott mir oder uns morgen Antwort gibt auf meine Gebetsanfragen. Ich habe da so eine Ahnung. Ich hoffe nur, es ist die richtige." Rosas Bemerkung war ähnlich geheimnisvoll wie zuvor die ihres Mannes.

Der ging allerdings nicht darauf ein, sondern stellte nur noch einmal fest: „Also, morgen Vormittag 10 Uhr Abfahrt. Zum Mittag sind wir wieder zurück. – Und jetzt wünsche ich eine gute Nacht." Der Hausherr sprach's und war auch schon draußen. Berta begab sich auch in ihre Stube.

Wie gern hätte Rosa sich mit ihrem Hans jetzt hingesetzt, um diese wichtige Sache noch einmal mit Gott zu besprechen. Aber die Bereitschaft zum gemeinsamen Gebet war ihrem Mann durch die Einflüsse der Deutschen Christen und ihrer Lehre inzwischen völlig abhanden gekommen. Den Heiland, den gab es für ihn nicht mehr. Der passte nicht in richtiges deutsches Denken. Schade, schade! Ob es irgendwann einmal eine Umkehr gab und einen Neuanfang? Auch dieses Anliegen nahm die Hausfrau mit in ihr Abendgebet, vor dem sie noch einen Blick in ihren Spurgeon warf. Die „Kleinode göttlicher Verheißungen" gehörten immer noch zu ihrer gelegentlichen geistlichen Quelle, und sie freute sich über den Zuspruch aus Psalm 128,5: „Der Herr wird dich segnen aus Zion, dass du sehest das Glück Jerusalems dein Leben lang."

Ob dieser Psalm-Vers wohl eine Verheißung enthielt für ihre eigene Zukunft, für die Zukunft ihrer Familie, für die Zukunft des deutschen Volkes, das dem Führer in einer Weise anhing, den sie, Rosa, innerlich als starken Götzendienst empfand? Es tat ihr weh, dass sie mit Hans über solche Dinge und ihre Auswirkungen nicht sprechen konnte. Sie hatte schon ein wenig Angst vor dem, was sich zunehmend am politischen Himmel abzeichnete, seitdem die großdeutschen Fantasien des Führers Gestalt annahmen durch den Anschluss Österreichs an das Reich. Zudem wurde auch die Frage immer heftiger diskutiert, auch das Sudetenland dem Reich anzugliedern. Was an politischen Nachrichten aus dem Lautsprecher des Volksempfängers herausrauschte, klang gar nicht gut. Schlimme Propaganda! – Gott mochte sich gründlich erbarmen über das Unheil, das sich ihrem

Empfinden nach am deutschen und europäischen Himmel zusammenbraute. Und dieses Unheil hieß Krieg, hieß Blut und Tränen, Witwen und Waisen wie damals von 1914 bis 1918 …

***

Wie vereinbart fuhr Hans Krebs am nächsten Tag auf seinem Motorrad mit seiner Rosa im Seitenwagen in wenigen Minuten hinüber an den Heidweiher, ein Gewässer, das sich nördlich der Stadt Gunzenhausen an der als „Sommerstraße", das heißt als unbefestigte Landstraße, weitergeführten Nürnberger Straße befand. Am Nordufer des Weihers stellte er die Maschine auf dem Gelände des Heidhofes ab, der bei der Bevölkerung auch „Fallhof" genannt wurde.

Durch das Motorengeräusch aufmerksam gemacht, kam den beiden ein älterer Herr entgegen, der sie freundlich per Handschlag begrüßte und sich dabei als Herr Falkhoff-Dörsch, Besitzer des Areals am Nordufer des Weihers, vorstellte, wobei er in der Regel nur mit seinem ersten Nachnamen, also Falkhoff, angeredet würde. Nachdem sich die beiden Krebses ebenfalls vorgestellt hatten, fragte Rosa: „Gibt es eine Verbindung von Ihrem ersten Namen zu der Bezeichnung ‚Fallhof' für Ihr Anwesen?"

Der alte Herr musste grinsen. „Danach bin ich schon tausendmal gefragt worden. Falkhoff und Fallhof ist wohl nur eine Namensähnlichkeit. Mehr sicher nicht. Woher der Begriff Fallhof kommt, erzähle ich Ihnen später. Schauen Sie sich erst einmal an, was Sie hier kaufen wollen. Übrigens, Ihr Name ist mir nicht fremd, Herr Krebs, wenn ich auch Ihr Geschäft und Ihre Arbeit als Hafnermeister nie in Anspruch genommen habe."

Rosa entschuldigte sich für ihre Frage, bedankte sich für die Auskunft und stellte gleich ihre nächste Frage: „Wohnen Sie hier ganz allein?“

„Ich habe dieses Anwesen schon länger aufgegeben, Frau Krebs“, antwortete der alte Herr. „Ich bin seit einiger Zeit allein und des Schaffens müde. Ich war lange genug Bauer und Fallmeister.“

„... und wollen deshalb den Hof verkaufen?“, klinkte sich Hans Krebs jetzt ein.

„Mit allem, was Sie hier sehen, Herr Krebs.“ Bei diesen Worten machte Herr Falkhoff-Dörsch eine Rundum-Bewegung. „Das Wohnhaus ist einigermaßen in Ordnung. Die Ställe und die Scheune sind es auch. An den Leitungen da oben sehen Sie, dass das Haus hier draußen elektrischen Strom hat. Und ...“, der alte Herr machte eine Pause, um die Wichtigkeit dieser Aussage zu unterstreichen, „... es hat einen Telefonanschluss. Abheben, einmal an der Kurbel drehen, und Sie haben das Fräulein vom Amt in der Leitung. Telefonieren spart Zeit und Geld, sagt die Werbung. Sie werden das begrüßen und bestätigen. Zudem müssen Sie erreichbar sein, wenn einem Bauern eine Sau stirbt oder ein Pferd eingeht. Sie müssen das Tier dann ja abholen.“

„Gibt es auch noch irgendwelche lebenden Tiere?“, wollte Rosa wissen.

„Nein, Frau Krebs, keine lebenden. Wer sollte sie auch versorgen? Die letzten toten liegen alle seit drei Jahren vergraben. Und Ratten, Mäuse und Regenwürmer im Boden und Schwäne und Enten auf dem Weiher versorgen sich selbst“, antwortete der Mann ein wenig schmunzelnd.

Merkwürdige Aussage, schoss es Rosa durch den Kopf, während der alte Herr weitersprach: „Ich wohne nicht mehr hier. Ich bin ja nur hergekommen, um Sie hier zu treffen und Ihnen mein Anwesen zu verkaufen. Kommen Sie, ich zeige Ihnen, was dazugehört."

In der folgenden Stunde führte Herr Falkhoff-Dörsch seine Gäste durch die Gebäude des Anwesens, zeigte ihnen den geräumigen Hof, die zugehörige große Gartenfläche, das Stück Wald und zum Schluss noch ein kleines Gebäude, das sich einige Steinwurf weit entfernt vom Wohnhaus befand.

„Jetzt erzähle ich Ihnen, warum mein Hof, der Heidhof, bei den Leuten ‚Fallhof' heißt, Frau Krebs, und warum ich von mir als Fallmeister gesprochen habe", sagte der Hofbesitzer schließlich.

„Ich ahne es inzwischen", gab die Frau ein wenig erschrocken zurück und zog dabei ein paarmal deutlich die Atemluft durch die Nase.

„Sie riechen es wohl noch", meinte Herr Falkhoff-Dörsch. „Der Geruch wird hier hinten immer in der Luft hängen, mal mehr und mal weniger, je nach Wetterlage. Vorne am Seeufer ist die Luft zumeist wesentlich besser. Wir haben hier meistens Westwind. Der hält den Geruch vom Wohnhaus fern. – Aber zurück zum ‚Fallhof'. Mein Hof war jahrelang zugleich die Abdeckerei für Gunzenhausen und Umgebung. Jedes tote Tier, das eine Haut hat oder Haare oder Wolle trägt, musste hier abgeliefert werden, oder ich musste es abholen, also Pferde, Rinder, Schafe, Ziegen, Schweine usw. Die Kadaver wurden dann von mir und von meiner Frau entsorgt, wie es die Ordnung bestimmt. Sie wurden also enthäutet und auf dem sogenannten Scharrplatz hinten vorschriftsmäßig unter die Erde gebracht, verscharrt, wenn Sie wollen, oder auch vergraben, beerdigt sozusagen."

Rosa Krebs war blass geworden, und mit etwas zitternder

Stimme fragte sie: „Wenn wir das Anwesen kaufen, kriegen wir dann zu tun mit der Abdeckerei?"

„Kriegen Sie, Frau Krebs, kriegen Sie", bestätigte der Mann. „Ich darf nur an einen Interessenten verkaufen, der die Abdeckerei wieder aufnimmt. Die ist hier nur vorübergehend stillgelegt und an den Kappelweiher bei Sinderlach verlegt worden, etwa anderthalb Kilometer von hier drüben im Wald."

Die beiden Krebses schauten sich vielsagend oder auch fragend an, Rosa eher mit einem Ausdruck, der zu sagen schien: *Bitte nicht!* Den Hof ja, aber die Abdeckerei bitte nicht! In ihr baute sich Widerstand auf: Nicht den Hof als Fallhof! Ihr Mann schien solche Empfindungen weniger zu haben. Er zeigte sich weiter sehr interessiert.

Herr Falkhoff-Dörsch war auch noch nicht fertig mit seiner Rede: „Wer hier kauft, muss wissen, dass die Stadt und der Bezirk Gunzenhausen in Zusammenarbeit mit einigen Nachbarbezirken aus der Abdeckerei eine Tierkörper-Verwertungsanstalt machen wollen. Die Behörden wollen auf diesem Grundstück die notwendigen Gebäude erstellen, und der Nachbesitzer soll sie zur Tierkörper-Verwertung nutzen. – Möchten Sie Frau Fallmeister werden, Frau Krebs? Eine interessante und lohnende und für das Gemeinwesen ungemein wichtige Aufgabe."

Rosa zögerte keinen Moment mit ihrer Antwort: „Nein, das möchte ich nicht, Herr Falkhoff!" Das klang deutlich, das Weitere klang dann etwas gemäßigter – Rosa hatte wohl den erstaunten Blick ihres Mannes gesehen: „Ich weiß nicht, Hans. Du als Fallmeister? Immer tote Tiere verarbeiten und zu Seife machen? Und unsere Kinder dabei mittendrin? Ständig Aasgeruch in der Nase, von der ständigen Infektionsgefahr ganz abgesehen."

Hans Krebs schien durch die Reaktion seiner Frau etwas irritiert. Er hatte wohl eher Begeisterung für diesen doch wirklich paradiesischen Erdfleck am Heidweiher erwartet. Er zuckte ein wenig mit den Schultern und wiegte fragend den Kopf. „Müssen wir uns hier und jetzt entscheiden, Herr Falkhoff?"

Der antwortete: „Müssen Sie nicht, Herr Krebs. Nehmen Sie alle Eindrücke mit und besprechen Sie sie zu Hause in Ruhe. Ihre Frau scheint Ihre Begeisterung nicht zu teilen. Beraten Sie sich, und dann melden Sie sich wieder bei mir. Sie sollten aber nicht zu lange warten, auch wenn es bisher keinen zweiten Kaufinteressenten gibt. Ich möchte die Sache zu Ende bringen. – Gehen wir kurz noch einmal ins Haus, Herr Krebs. Ich gebe Ihnen noch ein paar Unterlagen mit, Zeichnungen, Listen, Kalkulationen. Wenn Sie die studiert haben, kennen Sie auch die Kosten – und die Gewinnmöglichkeiten, die auf Sie zukommen. Das überzeugt vielleicht auch Ihre Frau, und Ihnen fällt die Entscheidung leichter."

Wenig später waren Hans und Rosa Krebs mit ihrem Gefährt auf dem Rückweg, beide wohl mit dem Gedanken beschäftigt, ob dieses Anwesen mit seinen Begleitbedingungen die Antwort auf ihre Überlegungen war, einen neuen Lebensabschnitt zu beginnen. Ihr Mann, so vermutete Rosa, wohl mit durchaus positiven Gedanken, sie selbst aber eher mit negativen. Nein, das war es eigentlich nicht, was sie von Gott erbeten hatte. Der Fallhof würde doch nur noch mehr Arbeit bedeuten in einem größeren Haus, auf einem viel größeren Grundstück mit einer Fabrik darauf, in der mit totem Getier gearbeitet werden musste, mit ständig üblen Gerüchen in der Luft ... Und dann die Gefahren für die Kinder am Wasser und im Wald ... Nein,

Rosas Begeisterung für den Heidhof beziehungsweise Fallhof hielt sich sehr in Grenzen. Die Gespräche darum würden wohl nicht einfach …

***

Nein, sie wurden tatsächlich nicht einfach. Die Ansichten der Eheleute Krebs zur Sache gingen weit auseinander, und der Ton war zuweilen recht scharf. Der Einbezug von Gottfried Krebs in die Überlegungen brachte sie nicht wirklich weiter. Der Schwager und Bruder wollte doch die Nürnberger Straße 33 kaufen. Wohin sich sein Bruder wandte, war ihm dabei nicht die vornehmste Frage. Dass sich der Fallhof und sein weitläufiges Gelände sehr gut eignete, um die Hühnerhaltung zu erweitern und die Pelztierzucht zu vergrößern, leuchtete Gottfried ein, und er unterstützte von daher die Gedanken seines Bruders. Die Bedenken seiner Schwägerin verstand er nur als die Bedenken einer viel beschäftigten Frau und Mutter, die auch künftig noch ab und zu ein gutes Buch lesen und eine Runde Klavier spielen wollte, anstatt sich ausschließlich um Haushalt, Kinder, Geschäft des Mannes und alles Mögliche drum herum zu kümmern.

Rosa Krebs musste mehr und mehr erkennen, dass ihre Argumente gegen die Übernahme des Fallhofs kein Gewicht hatten und ihr Mann das Anwesen am Heidweiher auch gegen ihre Bedenken kaufen würde. Hans beteiligte seine Frau dann auch gar nicht mehr an den weiteren Vorbereitungen des Kaufs. Der war für ihn längst beschlossene Sache.

Während Hans Krebs den Verkauf des alten Anwesens und den Kauf des neuen am 28. Juli 1938 notariell zum Abschluss brachte, saß Rosa daheim und suchte Trost in der

Stille vor Gott. Für sie war dieser Tag so traurig wie das Wetter draußen, wo der Himmel heftig weinte. Auch Rosas Seele weinte. Aber sie fand Trost in dem Vers aus dem 1. Petrusbrief, der für diesen Donnerstag in ihren „Kleinoden göttlicher Verheißungen" stand: „So demütiget euch nun unter die gewaltige Hand Gottes, dass Er euch erhöhe zu seiner Zeit." Beim betenden Lesen wurde Rosa klar, dass sie die Entscheidung ihres Mannes nicht nur hinnehmen, sondern auch mittragen musste. Das war wohl darunter zu verstehen, sich unter die gewaltige Hand Gottes zu demütigen. Der Frau wurde auch deutlich, dass Gott auf den neuen Ort und alles, was damit verbunden war, seinen Segen legen konnte und es gemäß der Verheißung aus dem Petrusbrief auch tun würde – aber eben zu seiner Zeit. Rosa beschloss für sich, den Rat Spurgeons zu befolgen und „mit ruhiger Unterwerfung [zu] warten".

***

Die folgenden Wochen wurden für alle Mitglieder der Familie Krebs turbulent und hektisch. Zunächst musste das Wohnhaus am Heidweiher hergerichtet werden. Das gelang dem neuen Hausherrn mithilfe von Freunden in wenigen Wochen. Dann musste umgezogen werden mit allem toten und lebenden Inventar. Keine einfache Maßnahme, mussten doch Johannes, Elisabeth, Martin, Walter und Richard je nach ihrem Alter und nach ihren Fähig- und Fertigkeiten in die Umzugsarbeiten mit einbezogen oder aus ihnen herausgehalten werden. Ein zuweilen schwieriges Unterfangen für die Mutter! Sie hätte ein paar mehr Hände gebraucht in diesen letzten Augusttagen. Für sie erschwerend kam dazu, dass es ihr schon eine Weile gar nicht gut ging; vor allem machte ihr morgendliche Übelkeit zu schaffen. Ob sich da nicht wieder ein neuer kleiner Krebs anmeldete ...?

Gut, dass die Haushaltshilfe ein paar weitere Frauen der NS-Frauenschaft zur Mitarbeit und Hilfe organsierte; gut, dass Schwägerin Emma Preuß für ein paar Tage ins Haus kam und auch Gottfrieds Frau Babette sich einbrachte.

Die letzten, die dann im September aus der Nürnberger Straße an den Heidweg umzogen, waren Hühner und Füchse, für die zunächst die nötigen „Wohnräume" gebaut werden mussten. Gut, dass das Motorrad einen Beiwagen hatte, noch besser, dass Hans Krebs sich einen kleinen gebrauchten Lastwagen der Marke Magirus zulegte. Den brauchte er ohnehin, wenn demnächst die Arbeit in der Abdeckerei wieder losging, und erst recht, wenn später die Tierkörper-Verwertung in Betrieb genommen würde.

Nachdem alle Arbeit um den Umzug schließlich beendet war, feierte die Familie Krebs dieses Ereignis am Erntedankfest, am Sonntag, 2. Oktober. Es gab nach langer Zeit wieder einmal einen gemeinsamen Gottesdienstbesuch auf der Hensoltshöhe, in dem allerdings mehr die Leistung der deutschen Landwirte und Gartenbauer gerühmt wurde als die des Schöpfers aller Dinge und Geber aller guten Gaben. Später gab es zu Hause ein besonderes Festessen mit all denen, die beim Umzug geholfen hatten. Das war eine große Runde von Männern, Frauen und Kindern, die wegen ihrer Zahl in zwei benachbarten Räumen um die Tische saßen und es sich gutgehen ließen.

Gern wollte Rosa Krebs zu diesem besonderen Tag und bei dieser Gelegenheit Psalm 67 lesen und dazu ein Loblied singen. Ob Hans damit wohl einverstanden war, wo doch am Essen ein paar Frauen und Männer teilnahmen, die zur NSDAP gehörten und die selbst mit der Bewegung der Deutschen Christen nichts zu tun haben wollten, weil ihnen nordische Gottheiten wichtig geworden waren?

Rosa hatte es riskiert, ihren Hans zu fragen, ob er ihren Wunsch teilen könne. Und welch Wunder: Hans hatte ihm zugestimmt, wusste er doch, dass der Psalm keine ausdrücklichen „Jüdeleien" enthielt und dass das gewünschte Lied „Großer Gott, wir loben dich" seit einiger Zeit in einer deutsch-christlichen Version vorlag. Er war sogar bereit gewesen, den Text zu besorgen, damit ihn auch jeder Anwesende mitsingen könnte.

Wie Rosa Krebs es sich gewünscht hatte, so wurde es dann auch gemacht. Am Ende des guten Festtagsessens, das von allen am Tisch gelobt wurde, erhob sich Hans Krebs und kündigte die Psalm-Lesung als eine Lesung aus einem alten Liederbuch an, ohne die Begriffe Altes Testament, Bibel und Psalm zu verwenden, und lud dazu ein, das anschließende Loblied aus dem aktuellen Liederbuch der Kirche mitzusingen. Die Melodie sei wohl jedem bekannt. Daraufhin erhob sich seine Frau und las Psalm 67. Sie las ihn freilich an einer Stelle geringfügig verändert. Nein, auch sie wollte keinen Ärger provozieren dadurch, dass die Nazi-Leute am Tisch das Wort „Heiden" missverstehen könnten. Mit dieser Text-Veränderung konnte sie aber gut leben. Also las sie und bemerkte zuvor, dass sie eine Luther-Fassung dieses alten Liedes lese. Martin Luther war bekanntlich im Denken der Zeit unverdächtig:

> „Gott sei uns gnädig und segne uns, er lasse sein Angesicht leuchten, dass man auf Erden erkenne seinen Weg, auf dem ganzen Erdkreis sein Heil. Es danken dir, Gott, die Völker, es danken dir alle Völ-

ker. Die Völker freuen sich und jauchzen, dass du die Menschen recht richtest und regierst die Völker auf Erden. Es danken dir, Gott, die Völker, es danken dir alle Völker. Das Land gibt sein Gewächs; es segne uns Gott, unser Gott! Es segne uns Gott und alle Welt fürchte ihn."

Dann setzte sie sich ans Klavier und intonierte die als Volksweise angegebene Melodie:

„Großer Gott, wir loben dich, Herr, wir preisen deine Stärke. Vor dir neigt die Erde sich und bewundert deine Werke. Wie du warst vor aller Zeit, so bleibst du in Ewigkeit.

Heilig, heilig, Herre Gott, heilig, Herr der Kriegesheere, starker Helfer in der Not, Himmel, Erde, Luft und Meere sind erfüllt von deinem Ruhm, alles ist dein Eigentum.

Sieh dein Volk in Gnaden an, hilf uns, segne, Herr, dein Erbe; leit es auf der rechten Bahn, dass der Feind es nicht verderbe. Wart und pfleg es in der Zeit, heb es hoch in Ewigkeit.

Alle Wege wollen wir dich und deinen Namen preisen und zu allen Zeiten dir Ehre, Lob und Dank erweisen. Rett aus Sünde, rett aus Tod, sei uns gnädig, Herre Gott.

Herr, erbarm, erbarme dich, auf uns komme, Herr, dein Segen; leit und schütz uns väterlich, bleib bei

> uns auf allen Wegen. Auf dich hoffen wir allein, lass uns nicht verloren sein."[12]

Nach dem Lied erhob sich Hans Krebs und lud tatsächlich noch zu einem Schluss- und Dankgebet ein. Und er betete zur großen Freude seiner Frau Worte aus dem Psalm 145:

> „Aller Augen warten auf dich, Herr, und du gibst ihnen ihre Speise zur rechten Zeit. Du tust deine Hand auf und sättigst alles, was lebt, nach deinem Wohlgefallen. Amen."

Na also, völlig abgehakt hatte Hans seinen Glauben wohl doch noch nicht. Rosa schöpfte Hoffnung, dass eines Tages alles wieder sein würde wie in den ersten Jahren ihrer Ehe. Gott mochte es in seiner Güte schenken: „... dass er euch erhöhe zu seiner Zeit ..."!?

***

In den folgenden Wochen und Monaten normalisierte sich das Leben auf dem „paradiesischen Erdfleck". Die Erwachsenen hatten ihre Arbeitsbereiche, die Kinder lernten das Gelände kennen und sich neuen Anweisungen fügen: „Nicht zu weit in den Wald!" – „Nicht zu nah ans Wasser!" – „Nicht auf die Baustelle der neuen Fabrik!" – „Nicht auf die vorbeiführende Straße!"

Dass die Kinder sich nicht immer an die Regeln hielten,

---

12 Umdichtung des altkirchlichen Te deum; Ignaz Franz 1719–1790. Zitiert aus dem nationalsozialistischen Gesangbuch „Großer Gott, wir loben dich", Weimar 1941.

lag in der Natur ihres Älterwerdens. Es versetzte freilich zuweilen die Erwachsenen in große Aufregung, die Mutter mehr als den Vater, denn der war auch am neuen Wohnort zumeist draußen mit seinen zahlreichen Tieren befasst und in der wiedereröffneten Abdeckerei beschäftigt oder auch mit dem Lastwagen unterwegs, um irgendwo einen Tierkadaver abzuholen.

So zog einmal der Vorbesitzer des Fallhofs, der zufällig auf das Gelände kam, den zweijährigen Walter aus der offenen Jauchegrube. Zur Erleichterung und zum Erstaunen der Menschen drum herum und zum großen Dank an Gott lebte der Kleine noch. Wäre Herr Falkhoff-Dörsch nicht gerade in diesem besonderen Moment an der offenen Grube vorbeigekommen, als das kleine Kinderhändchen aus der braunen stinkenden Brühe herausschaute, wäre Walter wohl in der Jauche versunken und ertrunken. Wer weiß, ob, wann und wie man ihn dann gefunden hätte?

Ein anderes Mal rannte Martin, dreieinhalb Jahre alt, auf die Straße, ohne dabei auf den Verkehr zu achten. Ein junger Motorradfahrer konnte nicht mehr bremsen und fuhr den kleinen Kerl über den Haufen. Dass der Junge dabei nicht zu Tode gekommen war, durften seine Eltern – und auch der Kradlenker – zu den Wundern zählen, die es durch Gottes gnädiges Eingreifen immer wieder gab. Martins Verletzungen heilten rasch. Auf seine Verbände an Kopf, Armen und Beinen war er sogar noch stolz. Dass die dann nach und nach wieder abgenommen werden konnten, war dem kleinen Kerl nicht immer sofort recht.

Dass der sechste kleine Krebs nach seiner Geburt am Leben blieb, durften seine Eltern ebenso aufnehmen als ein Wunder Gottes. Siegfried sollte er heißen, der Säugling, der am 17. April 1939 im Haus am Heidweiher das Licht der Welt erblickte. Aus unbekannten Gründen vergaß der Neugeborene in der Nacht das Atmen. Rosa alarmierte den Arzt – und bestellte ihn dann doch wieder ab. Sie hatte den Eindruck, Klein-Siegfried sei schon gestorben, ehe er richtig leben konnte. Der Arzt kam trotzdem und – konnte den Jungen ins Leben zurückholen.

***

Am Abend des 1. Januar 1940, einem Montagabend, saßen Rosa und Hans Krebs noch eine Weile an ihrem Küchentisch, neben sich die Schaukel-Wiege mit dem kleinen Siegfried darin, und sprachen über dieses und jenes Ereignis im vergangenen Jahr und über mögliche Ereignisse im gerade begonnenen Jahr. Sie kamen dabei auch zu sprechen auf die vielfältige Bewahrung ihrer Kinder bei Walters „Bad" in der Jauchegrube, bei Martins Motorradunfall und bei Siegfrieds Atemaussetzer nach seiner Geburt. Zu diesen Dingen fragte Rosa ihren Hans, ob ihm diese Fügungen nicht ein Hinweis darauf seien, dass der Gott des Alten und Neuen Testamentes ein lebendiger Gott sei; ob der Jude Jesus nicht der lebendige Christus sei und ob Vater und Sohn sich vom Himmel aus nicht um die Geschöpfe auf der Erde kümmerten, wenn man immer wieder darum bitte und wenn man ernsten und doch fröhlichen Glauben lebe und Vertrauen in Gottes Zusagen und Verheißungen hätte.

Hans antwortete auf diese Fragen zunächst nicht. Ob er keine Antwort auf die Fragen parat hatte? Ob diese Dinge für ihn gar keine Rolle mehr spielten? In Rosas Herz machte sich tiefe Traurigkeit breit, und sie hätte am liebsten laut losgeschimpft auf alles, was ihren Mann auf die falsche Fährte gebracht hatte. Schließlich antwortete er, einen dumpfen Blick irgendwo in den Raum gerichtet: „Ich halte es mit dem Führer. Der spricht von Vorsehung einer göttlichen Macht, Rosa."

„Andere Nazi-Größen und solche, die sich dafür halten, sprechen von Schicksal, Hans. Schicksal ist aber – so habe ich das einmal gelernt – eine unausweichliche Bestimmung oder auch der Inbegriff unpersönlicher Mächte. – Hans Krebs, mein lieber Mann", Rosas Stimme wurde bittend und werbend, „werde wach und fang mal wieder an, vernünftig zu denken! Ist der Krieg, den Adolf Hitler angezettelt hat, im Sinne der Vorsehung? Dass er Polen überrannt hat, ist das Schicksal? Dass dabei mehr als zehntausend deutsche Soldaten ihr Leben gelassen haben, hat das die Vorsehung so vorgesehen? Dass Russland inzwischen Krieg führt mit Finnland, ist das schicksalhaft vorbestimmt? Es dauert nicht lange, dann brennt die ganze Welt, Hans. Ist das Vorsehung oder ist das Schicksal? Niemals, Hans, niemals! Das ist das Werk eines Wahnsinnigen, das sich ausbreitet wie eine Feuersbrunst!"

„Stopp, meine Liebe", unterbrach Hans Krebs seine Frau sehr bestimmt. Er befürchtete wohl, sie werde sich noch mehr ereifern. „Lass deine Gedanken niemanden hören! Du bringst dich und uns alle um Kopf und Kragen, wenn falsche Ohren mithören."

„Und wäre das dann mein Schicksal? Wäre das für mich Vorsehung, als Mutter von sechs Kindern mit dem siebten unter dem Herzen und als Trägerin des Mutterkreuzes zweiter Stufe eingelocht zu werden oder in irgendeinem Straflager zu verschwinden? – Und ist das Vorsehung, wenn du demnächst einen Stellungsbefehl bekommst und dich an der Front im Osten oder im Westen melden darfst und für Volk und Vaterland als Kanonenfutter dein Leben opferst und deine Frau zur Witwe und deine Kinder zu Waisen machst?“

„Bitte, Rosl, beruhige dich“, bemühte sich Hans weiter um die innere und äußere Beherrschung seiner Frau. Er setzte sich zu ihr auf die Bank hinter den Tisch und legte seinen Arm um ihre Schulter, was er lange nicht gemacht hatte. „Ich sag dir was, Rosl. Ob du das dann Vorsehung oder Schicksal nennst, ist mir egal. Aber du brauchst keine Angst zu haben, dass ich mich stellen müsste. Ich brauche nicht in einen Kriegseinsatz. Die Wehrmacht will mich nicht und darf mich nicht.“

„Wer sagt das?“ Rosa löste sich mit einer ruckartigen Bewegung von Hans, blickte ihm geradeaus in die Augen und wiederholte ihre Frage: „Du willst nur, dass ich still bin. Also, wer sagt das?“

„Ich hab doch als Neujahrsgeschenk meine Freistellung bekommen. Ich hätte es dir gleich gesagt. Aber du hast mich ja nicht zu Wort kommen lassen“, antwortete Hans.

Rosa beruhigte sich ein wenig und fragte nach: „Was ist mit der Freistellung? Erklär's mir bitte.“

„Gerne, wenn du mir endlich zuhörst“, begann Hans ein wenig spitz, wurde dann beim Reden aber sachlich: „Ich bin Abdecker und Tierkörper-Verwerter, Fallmeister oder auch Wasenmeister. Mein Betrieb, das heißt, unser Betrieb ist als ‚kriegswichtiger Betrieb Nummer 1‘ eingestuft. Ich muss demnächst die tierischen Fette, die ich bei der Verarbeitung der Tierkadaver gewinne, so aufbereiten, dass man daraus Glyzerin abspalten kann, wie das heißt. Glyzerin ist ein Grundbaustein von Fett und ein kriegswichtiges alkoholisches Material zur Herstellung von Sprengstoff. Ich weiß noch nicht genau, wohin ich das Material liefern muss. Aber ich bin schon einmal zu einem wichtigen Mann für die Waffenindustrie geworden. Und deshalb bin ich uk gestellt, unabkömmlich ..."

Zwischen den Eheleuten auf der Küchenbank war es für einige Momente still. Rosa musste diese plötzliche Nachricht erst schlucken und verarbeiten. Dann murmelte sie plötzlich vor sich hin: „So demütigt euch nun unter die gewaltige Hand Gottes, dass er euch erhöhe zu seiner Zeit."

„Was redest du da?", fragte Hans ganz erstaunt. „Hast du gerade die Bibel zitiert? Petrusbrief oder so was?"

„Habe ich, mein Lieber", bestätigte die Frau, „und ich habe soeben erkannt, dass ich mich bei dir entschuldigen muss."

„Du dich entschuldigen? Bei mir? Wofür?", wunderte sich Hans.

Rosa schloss für einen Moment die Augen wie zu einem Stoßgebet. Dann antwortete sie: „Ich war damals nicht mit dem Kauf des Heidhofs oder auch Fallhofs einverstanden. Du weißt das. Ich habe es dich immer wieder einmal spüren lassen, indem ich dir meine Hilfe in den kaufmännischen Dingen versagt habe. Auch das weißt du. Ich habe auch mit Gott deswegen gehadert. Ich hatte mir für unseren Orts- und Arbeitswechsel einfach eine andere Lösung vorgestellt. Welche, wusste ich selber nicht. Alles, aber nicht den Fallhof mit Abdeckerei! – Jetzt muss ich erkennen, dass die Entscheidung, die du mit deinem Dickkopf gegen mich durchgesetzt hast, die richtige war. – Verzeih mir, Hans, bitte! Ich muss unsere gegenwärtige Lage jetzt anders sehen, auch wenn du jetzt in die Produktionskette von Explosionswaffen eingebunden bist, was auch kein sehr erfreulicher Gedanke ist. Aber der Fallhof sollte wohl der Ort unserer Bewahrung sein. Gott wollte das offenbar so. Ohne den Fallhof wärst du wahrscheinlich ... Nein, ich muss und will es mir nicht vorstellen."

Die Frau schmiegte sich mit diesem Satz an ihren Mann und ließ es sich gefallen, dass der ihr den schon wieder leicht gewölbten Bauch hielt und mit der anderen Hand über die Haare strich. Wann hatte sich eine solche Nähe zuletzt ereignet?

Nach einem Moment der Stille zwischen den beiden nahm Rosa noch einmal das Wort: „Wenn du unser Ergehen in den letzten Monaten auch weiterhin ‚Vorsehung' nennst, dann will ich das künftig ertragen und dich zu verstehen versuchen. Dabei will ich hoffen und darum beten, dass du eines Tages wieder sagst: So ist Gott! So führt uns der Herr! Er wird uns erhöhen zu seiner Zeit."

Hans ging auf diese Bemerkung nicht ein, holte einmal tief Atem und sagte dann: „Danke, Rosa, für das, was du mir gesagt hast. Ich muss dich sicher auch um Verzeihung bitten. Ich war manchmal hart zu dir, wenn du wieder meinen Büro-Kram vernachlässigt oder einfach vergessen hattest, weil du an einem Buch hängen geblieben warst oder ... Ach, was weiß ich. Spielt jetzt keine Rolle." Der Mann unterbrach sich für einen Moment und sprach dann weiter: „Wir müssen einfach mehr aufeinander achthaben und künftig die wenige Zeit, die uns am Tag füreinander bleibt, besser gestalten. Glaubst du, dass wir das hinkriegen?"

„Wenn wir beide das wirklich wollen, kriegen wir das hin – mit Gottes Hilfe", antwortete Rosa.

„Mit Gottes Hilfe", wiederholte Hans nachdenklich und fuhr fort: „Ich muss mich wohl ganz neu auf die Suche machen, den Gott wiederzufinden, dem ich einmal gedient habe." Und dann ging es plötzlich wie ein Ruck durch ihn: „Ob es uns gelingt, im Frühjahr, wenn der Schnee weg ist, wenn alles wieder grün wird und die Bäume blühen, einmal nach Wernfels zu fahren, dahin, wo es mit uns angefangen hat? Die ganze Familie auf dem LKW? Ich glaube, das würde uns beiden guttun. Das würde uns allen guttun. Lass uns rechtzeitig nach einem Termin ausschauen, Rosl, und uns dann auf den Weg machen. Nur für einen Tag, Rosl. Wenigstens für ein paar Stunden dort zu sein, wo für uns alles angefangen hat. Vielleicht hilft das."

Doch dann schien der ehemalige CVJMler vor seinem eigenen Vorschlag zu erschrecken. Mit deutlicher Trauer in der Stimme sprach er weiter: „Das geht ja gar nicht, Rosa. Auf Wernfels herrscht doch Totenruhe, seitdem der bayerische CVJM wie der CVJM überhaupt verboten wurde. Es ist schon ein Wunder, dass die Burg nicht längst vom Hitler-Staat in Beschlag genommen ist. Die Anlage wird nur notdürftig am Leben gehalten. Das ist alles ein Jammer ..."

„... und liegt an diesem nationalsozialistischen Staat, der das Christliche nicht will und nicht duldet und einem Führer nachläuft, der sich anmaßt, selbst die Vorsehung zu sein", antwortete Rosa.

„Das wird sich sicher alles bald wieder ändern, wenn der Krieg gewonnen ist", gab Hans sich wieder zuversichtlich und stark. „Du hast doch in Hitlers Neujahrsansprache heute Abend im Radio gehört: 1941 herrscht wieder Ruhe und Frieden. Dann sind die Engländer vernichtend geschlagen. Dann kann Europa neu gestaltet werden mit den Menschen, die wahre Menschen sind, und das sind nur die von der rechten deutschen Art. – Also, warten wir das Jahr und die andere Zeit doch ab."

„Mein lieber Hans, nicht schon wieder. Du bist einfach unbelehrbar und blind. Ich habe in diese Dinge nicht das geringste Vertrauen, mein lieber Mann", widersprach Rosa mit Nachdruck. „Ich halte mich lieber an das, was Spurgeon für den Jahresanfang geschrieben hat. Darf ich es dir vorlesen?"

„Wenn du es denn nicht lassen kannst, lies es mir vor", war Hans einverstanden.

Gern kam Rosa diesem Einverständnis nach, griff das kleine Büchlein, schlug es auf und las: „Der biblische Bezug lautet: ‚Er führt uns wie die Jugend. Psalm 48,15' – Aus dem Text dazu zitiere ich drei Sätze, die ich mir unterstrichen habe. Pass auf: ‚Der Herr, unser Gott, … kennt den Weg und will uns hindurchsteuern, bis wir das Ende unserer Reise in Frieden erreichen.' Ein paar Zeilen weiter steht: ‚Unser Trost ist, dass Er, da Er unser Gott immer und ewiglich ist, niemals aufhören wird, als unser Leiter bei uns zu sein.' Und noch ein Satz: ‚Diese Verheißung göttlicher Führung schließt lebenslange Sicherheit ein: Errettung sogleich, Führung bis zu unsrer letzten Stunde und dann endlose Seligkeit.'" Rosa wartete einen Moment und fügte dann an: „Mit dieser Zuversicht möchte ich in das neue Jahr gehen, Hans. Und ich bete darum, dass diese Zuversicht auch deine sein könnte."

In diesem Moment machte sich der kleine Mensch in seiner Wiege spontan lautstark bemerkbar. Sofort löste die Mutter sich aus dem Arm ihres Mannes, den er wieder um sie gelegt hatte, und sprang auf, um an den Herd zu eilen. Sie musste einen Brei zubereiten, um den Hunger des Kindes zu stillen.

Schade, dass das Gespräch der Eltern damit abrupt zu Ende ging. Rosa hätte schon gern noch eine Reaktion ihres Mannes auf ihre Lesung und ihren Kommentar dazu gehört. Schade, Hans' Reaktion blieb somit aus.

***

Leider kam es in den ersten Jahren der Familie Krebs auf dem Fallhof nicht zu einer gemeinsamen Fahrt nach Wernfels und zu einem Erinnerungsaufenthalt auf der alten Burg. Sie wären schon hingefahren, selbst wenn sie dort niemanden angetroffen hätten. So stark war der aufgekommene Wunsch. Aber die Kriegszeiten ließen es nicht zu und auch nicht die Arbeit auf dem inzwischen wesentlich erweiterten Fallhof. Es gab einfach keinen freien Tag für eine Überlandfahrt. Schade! Zudem musste Hans Krebs sein Fahrzeug sehr überlegt einsetzen, denn auch er bekam trotz seiner beruflichen Sonderstellung wegen der kriegsbedingten Zwangsbewirtschaftung des Treibstoffmarktes seit vergangenem September Benzin nur noch auf besonderen Bezugsschein.

Allerdings veränderte sich auch die Familiensituation mit der großen Schar heranwachsender Kinder in den Folgejahren noch zweimal: Am 14. Juni 1940 vergrößerte Sieglinde die Kinderschar, ein Mädchen, quirlig und quicklebendig und stets Zuwendung einfordernd, die den anderen Kindern natürlich abgezogen werden musste. Aber die Selbstständigkeit der Großen wuchs ja auch mit jedem Jahr, und sie konnten bereits in die Betreuung ihrer kleinen Geschwister mit einbezogen werden.

Schließlich kam am Vortag zum Heiligen Abend 1941 Kriemhild noch dazu. Diese dritte Tochter der Eltern Krebs vervollständigte die Familie und sorgte dafür, dass die achtfache Mutter Rosina Karolina Krebs, geborene Fratz, am Muttertag 1942 in einer besonderen ‚Morgenfeier' im Rathaus der Stadt Gunzenhausen „als sichtbares Zeichen des Dankes des Deutschen Volkes" … „die 3. Stufe des Ehrenkreuzes der Deutschen Mütter" verliehen bekam. Welch eine Würdigung dieser Frau, klein, zäh, stark, mutig, gütig und mit noch vielen anderen ähnlichen Adjektiven zu beschreiben!

Rosa hätte sich dieser nationalsozialistisch-feierlichen Veranstaltung mit HJ-Chor-Auftritt, mit Reden und Lesungen gern entzogen, was aber leider nicht ging. Die Urkunde der Reichspropagandaleitung des Staates und seiner tragenden Partei, die sie als „Wochenspruch der NSDAP / Folge 17. – 23. Mai 1942“ zum Mutterkreuz in blauer Schmuck-Schachtel dazubekam, legte sie zu Hause bald in einer Schublade ab. Sie vermochte dem kalligrafisch nett gestalteten Ausspruch des österreichischen Dichters Adalbert Stifter nicht viel abzugewinnen, war doch ihr achtes Kind auch eine Tochter und kein Sohn:

> „Das Mutterherz ist der schönste und unverlierbarste Platz des Sohnes, selbst wenn er schon graue Haare trägt, und jeder hat im ganzen Weltall nur ein einziges solches.“

Dieses Mutterherz musste nach dieser Ehrung allerdings noch eine Lebenserfahrung machen, die es sich lieber erspart hätte. Schon bei und nach der Geburt von Kriemhild hatte Rosa Krebs mehr Blut verloren, als ihre ansonsten verhältnismäßig robuste Konstitution das vertragen konnte. Alles ärztliche Bemühen konnte aber die immer wieder auftretenden Blutungen nicht stoppen. Die Blutungen hörten auch nicht auf, nachdem die inzwischen Vierzigjährige wieder schwanger wurde, insgesamt zum elften Mal. Zunächst blieb Rosa in ambulanter Behandlung, bekam auch mehrere Bluttransfusionen, aber die medizinischen Möglichkeiten in diesen Kriegsjahren waren sehr begrenzt.

– Das Jahr 1941 war übrigens nicht das Jahr der Entscheidung gewesen. Ganz anders als vom Führer propagiert, hatte sich das Blatt inzwischen an vielen Fronten gegen das Deutsche Reich gewendet, und auch das Jahr 1942 hatte den Sieg nicht gebracht. Im Gegenteil: Die Erfolge, die es zu Anfang des Krieges zu feiern gab, blieben mehr und mehr aus, und die militärischen Gegner in der Luft, zur See und auf dem Land schlugen immer häufiger empfindlich zurück und brachten die politische und militärische Führung des Reiches in wachsende Schwierigkeiten, die Truppen aller Waffengattungen in immer größere Bedrängnis und die Zivilbevölkerung in zunehmende Not. –

Als Rosa Krebs im November 1942 erneut mit heftigen Blutungen zu kämpfen hatte, blieb ihrem Mann nichts anderes übrig, als die Kranke nach dem etwa zwanzig Kilometer entfernten Weißenburg zu bringen zur stationären Behandlung im dortigen Krankenhaus. Der dort praktizierende Frauenarzt erkannte die notvolle Situation sofort und verschwieg auch nicht die große Gefahr, in der sich die Patientin befand. Er informierte Hans Krebs ganz offen, dass die dringend erforderliche Operation lebensgefährlich sei und er, der Arzt, für nichts garantieren könne. Das Erschrecken des Mannes bei dieser Mitteilung war groß, und er suchte nach Worten, die er seiner Rosa mit in die Operation geben konnte. Es fielen ihm keine besonderen ein als nur der Wunsch und die Hoffnung, es werde schon alles gut werden.

Rosa Krebs selbst überfiel freilich auch die Angst, aber sie gab sich mit dieser Angst ganz in die Hände ihres Gottes und versuchte aus dieser Haltung, ihrem Mann Trost zu geben: „Ich bin in Gottes Hand und Hut, Hans. Und er macht es recht!“

Noch unter dem Einfluss der Beruhigungsspritze erinnerte sie sich daran, dass sie am Vormittag dieses 29. Novembers – es war der erste Adventsonntag 1942 – in ihren „Kleinoden" gelesen hatte. Das Leitwort dieses Tages hieß: „Wer glaubt, der soll nicht eilen." In ihrer Luther-Bibel hieß dieser Vers aus Jesaja 28,16: „Wer glaubt, der flieht nicht." Den letzten Satz aus der Erläuterung des englischen Predigers hatte Rosa noch im Kopf, als sie zur Operation abgeholt wurde: „Stille, du unruhige Seele! O, ruhe in dem Herrn und harre geduldig auf Ihn! Herz, siehe zu, dass du dieses sogleich tust!"

„Das will ich tun", ging ihr noch durch den Kopf, und dann nahm die Wirkung der Spritze sie aus der Realität.

Später, nachdem sie aus der Narkose aufgewacht war, erfuhr sie, dass man das ungeborene Kind hatte entfernen müssen, um ihr, der Mutter, das Leben zu retten. Medizinisch tue man jetzt alles, was möglich sei, sie ihrem Mann und den Kindern zu erhalten. Ihr Zustand sei aber weiterhin lebensbedrohend, eine Garantie für eine baldige Besserung oder Genesung könne man auch jetzt noch nicht geben. Was sie brauche, sei Ruhe und nochmals Ruhe.

Die hatte Rosa in den kommenden Tagen zumindest äußerlich. Es tat ihr gut, ihre körperliche Schwäche einfach annehmen zu können. Sie war ja nicht ständig gefordert von ihren Kindern, von ihrem Mann, von diesem und jenem. Sie fühlte sich zwar schwach und elend, dennoch genoss sie es, sich einmal gründlich ausruhen und ausschlafen zu können. Dass ihr Zustand immer noch lebensbedrohend sein sollte, empfand sie selbst nicht. Aber weil das aus ärztlicher Sicht immer noch so war, kam Hans täglich von Gunzenhausen herübergefahren, um einige Minuten an ihrem Bett zu sitzen, ihr die Hand zu halten und zu versichern, dass er sie liebe und brauche und dass zu Hause alles in Ordnung sei. Die Kinder seien gesund und die Tiere und das Haus seien bestens versorgt. Sie brauche sich um nichts Gedanken zu machen. Sie solle nur wieder richtig gesund werden.

Rosa Krebs wurde wieder gesund. Am 22. Dezember, gerade rechtzeitig vor dem ersten Geburtstag ihrer Jüngsten und vor den anschließenden Weihnachtstagen, konnte Hans seine Frau in Weißenburg abholen. Ihre Freude und Dankbarkeit für die Hilfe Gottes für sie selbst und für ihre Familie in der Zeit ihrer Abwesenheit fasste sie beim Abendbrot für ihren Mann und für die Kinder, die mit am Tisch saßen, zusammen mit dem Hinweis auf Spurgeons Leitwort für diesen Dienstag und mit einigen Gedanken aus dem Text, den der Mann dazu geschrieben hatte. Und so las sie:

> „Gott ist unsere Zuflucht und Stärke, eine sehr gegenwärtige Hilfe in der Not. Psalm 46,2.
> Eine Hilfe, die nicht da ist, wenn wir sie brauchen, ist von geringem Wert … Der Herr, unser Gott, aber ist gegenwärtig, wenn wir Ihn suchen, gegenwärtig, wenn wir Ihn brauchen, und gegenwärtig, wenn wir uns schon Seines Beistandes erfreut haben … Er ist mehr als ‚gegenwärtig', Er ist … gegenwärtiger, als der nächste Freund sein kann, denn Er ist in uns in unsrer Not … Er ist immer gegenwärtig … ganz und gar gegenwärtig. Er ist jetzt gegenwärtig, wenn dies eine trübe Zeit ist. Lasst uns auf Ihn bauen. Er ist unsre Zuflucht … Er ist unsre Stärke … Er ist unsre Hilfe … Er ist unsre sehr gegenwärtige Hilfe, lasst uns jetzt in Ihm ruhen. Wir brauchen keinen Augenblick Sorge haben und keine Minute Furcht. ‚Der Herr Zebaoth ist mit uns, der Gott Jakobs ist unser Schutz.'"

Den letzten Satz zu lesen war mutig, enthielt er doch ein paar „Jüdeleien". Hans reagierte allerdings nicht darauf. Er ließ es auch zu, dass Johannes, inzwischen zehn Jahre alt, die Mutter bat, heute Abend, wenn sie in den Betten lägen, vom Flur aus für alle Kinder wieder eine Geschichte vorzulesen und jetzt in der Küche noch ein Lied auf dem Klavier zu spielen, wo sie doch wieder gesund zu Hause sei. Das alte Klavier sei soooo lange still gewesen.

Rosa tat ihrem Ältesten den Gefallen, setzte sich im Nebenraum an das Instrument, schlug ihr Reichsliederbuch auf und spielte und sang dazu die zweite Strophe des Liedes 318:

> „Wenn des Feindes Macht uns drohet und manch Sturm rings um uns weht, brauchen wir uns nicht zu fürchten, stehn wir gläubig im Gebet. Da erweist sich Jesu Treue, wie er uns zur Seite steht als ein mächtiger Erretter, der erhört ein ernst Gebet."

Nachdem die Mutter an den Tisch zurückgekehrt war, nahm der Vater für einen Moment das Wort: „Kinder, so, wie es die Mutter gesungen hat, hat sie es in den vergangenen Wochen erlebt. So ähnlich haben wir es hier auch erlebt. Gott ist immer da, und er hilft in der Not und er hilft aus der Not. Und darum beten wir noch gemeinsam das Dankgebet der Bibel: Danket dem Herrn, denn er ist freundlich und seine Güte währet ewiglich. Amen! – Und jetzt weiß jeder, was er zu tun hat. Unsere Mutter muss als Erste ins Bett. Sie braucht immer noch viel Ruhe, damit sie morgen für Kriemhilds Geburtstag und dann für die Weihnachtstage gut erholt ist und wirklich ganz gesund wird.

Wenn sie euch vorher aber noch eine Geschichte vorliest, mag sie es auch tun."

8. Fallhofjahre II:

Alles wird neu

Rosa Krebs kam dieser Bitte ihres Johannes nach, die der Junge sicher nicht nur für sich selbst ausgesprochen hatte, und sie las an ihrem ersten Abend zu Hause wieder einmal aus dem Buch von Jörg Erb aus dem Bärenreiter Verlag, Kassel, das sie sich bald nach seinem Erscheinen 1935 gekauft hatte: „Unser Heiland – Sein Leben nach den vier Evangelien". Jörg Erb war ein Meister der Erzählkunst. Seine Geschichten verstanden auch schon kleinere Kinder, und die, die sie noch nicht verstehen konnten, gewöhnten sich nach und nach an ein gutes Ritual, das Rosa leider in den letzten Jahren wegen der geistlichen Differenzen mit ihrem Hans vernachlässigt hatte. Die Tatsache, dass Gott sie in ihrer schweren Krankheit so wunderbar bewahrt hatte – und die mutterlose Familie ebenso –, war ihr ein Zeichen, keine Rücksicht mehr zu nehmen auf die unterschiedlichen Sichten des Glaubens, die sie und ihr Hans zurzeit innerlich voneinander trennten. Nein, sie hatte Jesus als Heiland erfahren, und sie wollte den Kindern diesen Heiland lieb machen. Ihre acht Kinder sollten ihr nicht eines Tages vorhalten, niemand habe ihnen etwas von Jesus, dem Heiland, gesagt. Den Glauben an diesen Jesus eines Tages bewusst zu leben, dazu mussten sie sich irgendwann freilich selbst entscheiden.

Auch um diese Entscheidung vorzubereiten, gab es ab diesem Abend endlich wieder die achte und neunte Strophe des auch in der NS-Zeit bekannten Abendliedes „Nun ruhen alle Wälder …“:

> „Breit aus die Flügel beide, o Jesu, meine Freude, und nimm dein Küchlein ein! Will Satan mich verschlingen, so lass die Englein singen: Dies Kind soll unverletzet sein.
>
> Auch euch, ihr meine Lieben, soll heute nicht betrüben kein Unfall noch Gefahr. Gott lass euch selig schlafen, stell euch die güldnen Waffen ums Bett und seiner Engel Schar.“

Ebenso gab es heute und künftig wieder, wenn es nur eben möglich war, das Abendgebet, das sich wie der Paul-Gerhardt-Text des Abendliedes im Laufe der folgenden Jahre in alle Herzen der Krebs-Kinder einbrannte, und je älter die Kinder wurden, desto lauter und textsicherer konnten sie es in ihren Stuben mitsprechen:

> „Ich bin klein, mein Herz mach rein, soll niemand drin wohnen als Jesus allein. Jesus im Herzen, Jesus im Sein, in Gottes Namen schlafe ich ein.“[13]

* * *

13 beides zitiert aus schriftlichen Erinnerungen von Siegfried Krebs.

Nachdem die Frau und Mutter des Hauses wieder bei normalen Kräften war und ihre Arbeit im und ums Haus tun konnte, wie sie es gern wollte, konnte das Leben auf dem Fallhof wieder seinen guten Gang gehen. Über Arbeitsmangel für die Erwachsenen gab es zu keiner Jahreszeit irgendetwas zu klagen. Zu tun gab es immer in Hülle und Fülle, und es war gut, dass es stets auch Hilfskräfte gab, die die Mutter – inzwischen ja eine Frau über vierzig – in ihrem vielfältigen Tun entlasteten oder auch dem Fallmeister – inzwischen auch über vierzig – bei den unterschiedlichen Arbeiten seiner Tierkörper-Verwertung zur Hand gingen: Felle und Häute bereitstellen für die Pelz- und Lederverarbeitung, tierische Fette vorbereiten für die Abspaltung von Glyzerin, was allerdings die Aufgabe eines auswärtigen Betriebes war, Fette auskochen für die Herstellung von Seifen und technischen Ölen, verschiedene Tiermehle produzieren zur Verwendung als Futtermittel auch für die eigenen zahlreichen Tiere, das waren die wichtigsten Tätigkeitsbereiche des Mannes. Die brachten Hans Krebs das Einkommen, das für den Unterhalt seiner großen Familie, für die Bezahlung der Mitarbeiter und für die Ausrüstung und Instandhaltung seines großen Areals mit zahlreichen Wohnungen, Fabrikationsräumen, Arbeits- und Lagerflächen gebraucht wurde.

Rosa Krebs, die Frau des Hauses, kümmerte sich in der Hauptsache natürlich um ihre heranwachsenden acht Kinder und war dabei vieles zugleich: Mutter und Organisatorin des Tagesablaufs, Erzieherin, Trösterin, Notfall-Ärztin und Krankenschwester – diesen Beruf hatte sie ja einmal gelernt –, Schneiderin, Wasch- und Bügelfrau, Hilfskraft auf der Tierfarm und im Hühnerhof und bei allem und vor allem Vorbild in gelebtem Glauben. Ach ja, Bürokraft ihres Mannes war sie auch noch, wobei ihr diese Tätigkeit die wenigste Freude machte und sie sie deshalb zum Ärger des „Betriebsleiters" auch immer wieder vernachlässigte, vor sich herschob oder auch ihrem Mann selbst überließ. Solange es den NS-Staat gab, wurde sie tagsüber in den „weltlichen" Feldern ihrer Aufgaben von Frauen der NS-Frauenschaft unterstützt, denen sie allerdings ihren Glauben nur still vorleben konnte. Dass sie sich immer wieder einmal mit ihren Hilfen über Inhalte der „NS-Frauen-Warte", der „einzigen parteiamtlichen Frauenzeitschrift", unterhalten musste, nahm sie geduldig hin. Es war nicht alles nationalsozialistisch verseucht, was in den Artikeln dieser Zeitschrift stand, und mancher praktische Hinweis war durchaus umsetzbar …

Die meisten Tätigkeiten im Geschäft ihres Mannes waren harte Knochenarbeit, die ein Mann allein ohne technische Hilfsmittel gar nicht bewältigen konnte. Da leistete der Flaschenzug an der Laufschiene unter der Raumdecke gute Hilfe oder auch der dritte und vierte Mann, der zur Mitarbeit eingestellt wurde. Gegen Ende des Krieges waren diese Mitarbeiter häufig russische Männer, Kriegsgefangene, die Hans Krebs zur Arbeit zugewiesen wurden, weil bis auf seinen Maschinenmeister Braun und ihn selbst alle deutschen Männer noch ihre Gestellungsbefehle bekommen hatten. Der sogenannte „Volkssturm", dessen Einheiten es seit Oktober 1944 gab und zu dem alle wehrfähigen Männer zwischen 16 und 60 Jahren nach und nach eingezogen wurden, sollte doch noch retten, was längst nicht mehr zu retten war, sollte den deutschen „Heimatboden" verteidigen, „bis ein in die Zukunft Deutschlands und seiner Verbündeten und damit Europas sichernder Frieden gewährleistet" sei.

Nur gab es bald nichts mehr zu verteidigen, auch nicht in der Region Mittelfranken. Die Amerikaner waren längst da, überzogen ab Februar 1945 das Land immer wieder mit heftigen Luftangriffen und nahmen mit ihren Bodentruppen im April einen Ort nach dem anderen ein.

Am 23. Februar 1945 traf es auch den Fallhof. Bei ihren Angriffen überflogen Jagdflugzeuge der Alliierten das Gelände um den Heidweiher. Alle großen und kleinen Bewohner des Fallhofs – fast alle – suchten bei den ersten Geräuschen der herannahenden Maschinen Schutz in den Kellern der Gebäude oder im nahe gelegenen Wald, wie sie das schon mehrfach hatten tun müssen. Dadurch wurden sie bewahrt, als unter dem Beschuss aus der Luft unweit des Fallhofes mit einer Kette ungeheurer Explosionen ein Munitionszug in die Luft flog, der auf einem Bahngleis der Strecke in Richtung Ansbach abgestellt gewesen war. Der Zug war dort ein offenes und willkommenes Ziel für die Kampfflugzeuge gewesen.

Die Druckwelle der gewaltigen Explosionskette war so heftig, dass ein großer Teil der Dächer der Fallhof-Gebäude durch den Sog angehoben und beim Absturz zerschmettert wurde. Die meisten Außenfenster der Häuser wurden eingedrückt und zerbarsten in unzählige Scherben. Innen in den Gebäuden wurden die Türen aus ihren Angeln gerissen und das Mobiliar durch die Räume gewirbelt.

Es brauchte nur dieses eine Ereignis, um auf diesem „paradiesischen Erdfleck“ ein riesiges Chaos anzurichten. Dass dabei kein Mensch zu Schaden kam, konnten und mussten alle Betroffenen als Wunder empfinden, auch der Maschinist Braun, der seinen Arbeitsraum nicht rechtzeitig hatte verlassen können und dem ein Hagel von Glassplittern ins Gesicht geflogen war. Seine Verletzungen hielten sich in Grenzen und konnten von der „Haus-und-Hof-Krankenschwester“ Rosa Krebs versorgt werden. Das größte Wunder war aber wohl, dass Richard – er sollte in einer Woche sieben werden – unversehrt blieb. Der Junge hatte auf einem Holzdach gelegen, als die Flugzeuge kamen, und hatte von seinem erhöhten Platz aus interessiert zugeschaut, wie die kleinen Jagdflugzeuge ihre Runde über dem Gelände drehten und nach dem zweiten oder dritten Überflug den Munitionszug, von dem er nichts ahnte, unter Feuer nahmen. Die Druckwelle der Explosionen hob sein Dach nur leicht an und setzte es wieder ab. Richard wurde lediglich ein wenig durchgeschüttelt. Für ihn war dieses Abenteuer im Nachhinein eine begeisterte Beschreibung wert.

Johannes war freilich nicht so begeistert von dem Ereignis. Er war im Haus geblieben, während die anderen sich in Sicherheit gebracht hatten, und hatte sich weiter mit seiner Briefmarkensammlung beschäftigt. Zu Schaden gekommen war auch er nicht, als die Druckwelle durch sein Zimmer fuhr. Aber seine Briefmarken hatte es gründlich verwirbelt und durch die Räume gefegt. Seine wunderschöne Ordnung war dahin, und ob er die überhaupt jemals wieder herstellen konnte …?

Dass die Mutter dieser beiden Knaben vor Erleichterung Tränen vergoss, als sie ihre Jungen in die Arme schließen konnte, weil sie Schlimmes für sie geahnt hatte, konnte Richard nicht verstehen. „Warum weinst du denn, Mama, es ist doch nichts passiert."

Nein, es war nichts passiert, zumindest vergleichsweise wenig. Der Sachschaden war zwar groß, aber Leben war nicht zu Schaden gekommen, auch unter den Tieren nicht, die sich ja zu Dutzenden in ihren Käfigen oder in ihren Freilaufgehegen auf dem Gelände befanden. Und auch Rosas geliebtes altes Klavier war unversehrt geblieben. Alles das war Anlass für einen herzlichen Dank an den bewahrenden Gott, als sich die großen und kleinen Menschen des Fallhofs in der verwüsteten Stube zusammenfanden, um gemeinsam aufzuatmen und sich über ihre Bewahrung zu freuen. Rosa Krebs konnte nicht anders: Sie blies den Staub vom Klavierdeckel, klappte ihn hoch, griff in die Tasten und spielte und sang das alte Lied von Martin Rinckard nach der Melodie von Johann Krüger:

> „Nun danket alle Gott mit Herzen, Mund und Händen, der große Dinge tut an uns und allen Enden! Der uns von Mutterleib und Kindesbeinen an unzählig viel zu gut und noch jetzund getan.
>
> Der ewig reiche Gott woll uns bei unserm Leben ein immer fröhlich Herz und edlen Frieden geben und uns in seiner Gnad erhalten fort und fort und uns aus aller Not erlösen hier und dort.
>
> Lob Ehr und Preis sei Gott, dem Vater und dem Sohne und dem, der beiden gleich im höchsten Himmelsthrone, dem dreimaleinen Gott, als er ursprünglich war und ist und bleiben wird jetzund und immerdar!“[14]

Beim Singen dieser drei Strophen kamen einigen der umstehenden Flüchtlingsleute und Landser, die zurzeit auf dem Hofgelände aufgenommen waren und aus Gründen ihres herzlichen Erbarmens beherbergt wurden, die Tränen. – Seit einiger Zeit wohnten auf dem Fallhof-Gelände ein paar Flüchtlingsfamilien, die sonst keine Bleibe hatten. Auch einige durchziehende Landser, die sich von ih-

---

14 Zitiert nach „Reichslieder“ Nr. 35.

ren Verbänden abgesetzt hatten und die sich auf eigene Faust in ihre Heimat durchzuschlagen versuchten, hatten für ein paar Tage Aufnahme auf dem Gelände am Heidweiher gefunden. Eine durchaus riskante Sache, auf die sich die Krebses da eingelassen hatten. – Auch Hans Krebs war offenkundig innerlich sehr bewegt und nicht weit von Tränen entfernt. Auch er kam nicht umhin zuzugeben, dass hier die Vorsehung sehr gnädig mit ihnen allen umgegangen sei. Oder hatte er sich von dieser Sichtweise bereits getrennt ...?

Nach diesen feierlichen Minuten im Chaos der Stube wurde schon einmal beraten, wer denn jetzt wo anfangen sollte aufzuräumen. Durch die zusätzlichen Bewohner gab es viele Hände, die noch am selben Tag und an den folgenden Tagen anfassen konnten, um den Wirrwarr zunächst zu verringern und dann ganz zu beseitigen und die nötigsten Reparaturen vorzubereiten und auszuführen, wenn es die Mittel und die Materialien dazu gab. Die älteren Krebs-Kinder mussten natürlich auch mit ran, und selbst Richard und Siegfried halfen schon mit, Ordnung zu schaffen und Wohn- und Arbeitsplätze wieder einigermaßen herzurichten. Gelebt und geschlafen werden musste freilich eine ganze Weile im „Freien“. Zum Glück war es relativ mild draußen und von oben her auch trocken. Es ließ sich aushalten in Kleidung, die nach Zwiebelmanier in mehreren Schichten übereinander getragen wurde. Mutter Rosa achtete sehr darauf, dass niemand das Risiko einer Erkältung einging, weil er sich nicht richtig kleidete.

Hans Krebs kam es zustatten, dass er seit einiger Zeit für seinen LKW einen „unbegrenzten Fahrausweis“ besaß und sich folglich auf den Straßen der Gegend frei bewegen konnte. Weil er zudem ein mutiger Mann war und viele Leute im Land kannte, war er immer wieder unterwegs, um Materialien zu beschaffen, die auf dem Fallhof selbst nicht vorhanden waren, aber für die Reparaturen gebraucht wurden, vor allem Glasscheiben. Hans kam immer wieder heil zu Hause an und kaum einmal mit leerer Pritsche, wohl auch deshalb, weil seine Rosa während ihrer Arbeit ihren Mann im intensiven Gebet begleitete.

„Ich muss zum Beten nicht still in der Ecke sitzen“, pflegte sie zu sagen. „Betet ohne Unterlass, wie es Paulus in 1. Thessalonicher 5,17 schreibt, heißt, ich kann zu jeder Tageszeit und an jedem Ort und in jeder Lage und bei jeder Arbeit Gott bitten, ihm danken und ihn loben. Beten ist eine christliche Lebenshaltung.“

* * *

Am 16. April 1945 bombardierten alliierte Verbände Gunzenhausen, wobei es mehrere folgenreiche Einschläge gab, die weit zu hören waren, die schwere Zerstörungen anrichteten und die etliche Menschenleben kosteten. Dass eine der vielen Bomben, die auf die Stadt niedergingen, genau den Luftschacht des Felsenkellers unweit vom Mutterhaus auf der Hensoltshöhe im Berg unter dem Burgstallwald traf, war eine äußerst tragische Geschichte, die den 180 Menschen in ihrem Bunker, der eigentlich ihr Schutzraum hätte sein sollen, das Leben kostete. Oberirdisch auf der „Höhe“ hatte nur die Zionshalle Schaden genommen, dieser große, 1926 errichtete Konferenz- und Versammlungsraum.

Das Fallhof-Gelände blieb von Einschlägen verschont, nicht aber von der vorübergehenden Einrichtung einer behelfsmäßigen Verteidigungsstellung der deutschen Wehrmacht, die den Durchzug von US-Truppen aufhalten sollte

– eine Aktion, die bei den „kleinen“ Bewohnern, besonders bei den Jungen, Neugier und Begeisterung auslöste, bei den Erwachsenen aber eher Kopfschütteln über die Unsinnigkeit einer solchen Aktion. Als ob dieser mickrige Trupp Soldaten mit seinem kleinen Infanterie-Geschütz und seinen Maschinengewehren amerikanische Panzer und Begleitfahrzeuge, die auf dem Weg nach Merkendorf waren, aufhalten konnte! Dennoch: Für Rosa Krebs war die Anwesenheit der deutschen Soldaten auf ihrem Grund und Boden Anlass genug, den Männern Gutes zu tun, indem sie ihnen Suppe, Brot, Kaffee und Kuchen an den Waldrand brachte. Das waren für sie Zeichen herzlichen Erbarmens für Männer unterschiedlichen Alters, die sich wohl in den seltensten Fällen freiwillig in ihre Uniformen gekleidet hatten ...

Für das alt-ehrwürdige spätmittelalterliche Merkendorf im östlichen Altmühltal war als einzige Stadt der weiteren Region seitens des NS-Staates die Weisung ausgegeben worden, die Stadt zu verteidigen bis zum letzten Mann. Dass in der Krautstadt ein SS-Bataillon, verstärkt durch Volkssturmtruppen, sich den Verbänden der US-Armee entgegenstellte, geschah gegen den ausgesprochenen Willen der Bevölkerung und war vergleichbar mit der Situation „David gegen Goliath“, mit dem Unterschied, dass dieser „David“ nicht einmal brauchbare Kieselsteine zur Verfügung hatte. Aber da gab es ja seit dem 19. März Adolf Hitlers sogenannten „Nero-Befehl“, der besagte, dass dem Feind im Falle der Niederlage „verbrannte Erde“ zu hinterlassen sei. Dieser Befehl war für die deutschen Kämpfer unbedingt verbindlich. Welch ein Irrwitz! Die Folgen dieser unsinnigen staatlichen Anweisung waren für Merkendorf bitter: Es gab durch den Beschuss und durch Straßenkämpfe viel Zerstörung und viele Opfer auch unter der Zivilbevölkerung.

Das alles wäre vermeidbar gewesen, wenn es nicht Leute gegeben hätte, die in striktem Kadavergehorsam den „Nero-Befehl" konsequent durchzusetzen sich vorgenommen hatten.

Gunzenhausen machte es da „besser". Die Stadt ließ sich am 21./22. April von US-Einheiten fast kampflos einnehmen. Im Umfeld dieser Operation ließen sich in den letzten Kriegstagen amerikanische Truppen für mehrere Wochen in wechselnder Besetzung auf dem Fallhof-Gelände nieder. Für die Krebskinder war das wieder eine interessante Zeit. Allerdings auch eine gefährliche, denn immer wieder lag Munition herum, die von den Kindern in ihrem Sammler- und Entdeckerdrang auch zum Spielen verwandt wurde. Aber es kam niemand zu Schaden. Die Soldaten waren in der Regel sehr freundlich zu den Bewohnern dieses Anwesens, die hier zum ersten Mal in ihren Leben über farbige Menschen staunten. Die Kleinen nahmen gern ein Täfelchen Schokolade von den Männern mit der fremden Sprache und ließen sich ebenso gern von ihnen auf einen Panzer oder einen Lastwagen heben ...

Übrigens waren auch die feindlichen Soldaten Ziel des von Rosa Krebs gelebten herzlichen Erbarmens. Hatte nicht ihr Herr und Heiland Jesus in seiner Bergpredigt geboten: „Liebet eure Feinde ..."? Ihrem Mann gefiel diese Offenheit seiner Frau nicht unbedingt, aber er ließ sie gewähren.

* * *

Am Vormittag des 2. Mai 1945 suchte Rosa Krebs ihren Mann draußen bei den Silberfüchsen. „Hast du die Nachricht auch schon gehört, Hans?" Die Frau schaute ihren Mann mit einem fragenden Blick an.

Der atmete einmal schwer und antwortete: „Sie wird seit dem frühen Morgen ja alle paar Minuten wiederholt: ‚... gestern in seinem Befehlsstand in der Reichskanzlei ... für Deutschland gefallen.'"

Rosa ergänzte: „Ich hab's eben auch gehört: ‚... bis zum letzten Atemzug gegen den Bolschewismus kämpfend ...'"

„Das ist wohl die amtliche Formulierung, Rosa. Aber ‚... in der Reichskanzlei ... für Deutschland gefallen ...' erscheint mir sehr unwahrscheinlich. Dann müsste die ja von feindlichen Leuten gestürmt worden sein", meldete Hans Zweifel an.

„Ich denke", mutmaßte Rosa, „Hitler sah keinen Weg mehr, den Endsieg zu erreichen, und hat nachgeholfen. Berlin dürfte gefallen sein. Ein Führer ohne Hauptstadt ...?"

„Wenn das eine so war und das andere so ist, werden wir es erfahren, wenn die Nachrichten des Rundfunks wieder glaubhaft sind", war Hans sich sicher. „Die Nachricht von heute wird stimmen, und sie scheint mir darauf hinzudeuten, dass in den nächsten Tagen Schluss ist mit diesem grausamen Krieg, dass endlich Ruhe einkehrt im Deutschen Reich."

„Friedhofsruhe, Hans, millionenfache Friedhofsruhe in allen Ländern dieser Welt und auch vor unserer Haustür", meinte seine Frau und wischte sich dabei eine Träne aus dem Augenwinkel.

„Du weinst doch wohl nicht wegen Hitler?", fragte Hans erstaunt.

„Nein, mein Lieber, nicht wegen dieses gottlosen Tyrannen", wehrte Rosa den Gedanken entschieden ab. „Ich weine wegen uns und unseren Kindern und der Frage, wie es wohl weitergehen wird in einem Land, in dem alles kaputt ist."

Hans seufzte wieder auf. „Das wird sich zeigen, Rosa. Zunächst wird Großadmiral Dönitz die Regierungsgeschäfte führen …"

„… und hoffentlich darauf dringen, dass Deutschland seine Kapitulation erklärt gegenüber den Amerikanern, den Franzosen, den Engländern, den Russen und all den anderen Staaten, gegen die das Land gekämpft hat. Und dann sollen die neuen Führer möglichst bald darüber nachdenken, welche Wege der Wiedergutmachung sie beschreiten wollen und was sie zu ihrer Entschuldigung vorzubringen haben dafür, dass sie diesen irren Menschen so lange haben machen lassen."

„Das ist sicher alles leichter gesagt als getan, meine liebe Frau." Hans schüttelte nachdenklich seinen Kopf, während er sich an einem Drahtgitter zu schaffen machte. „Es wird sicher schwierig werden zwischen den Staaten und den Staatsmännern, falls es in unserem Volk und Land überhaupt noch solche Männer gibt, denen irgendjemand Vertrauen entgegenbringt. Wir sind an unseren kleinen Plätzen gefordert wiedergutzumachen, wenn wir das überhaupt können."

„Wir können, mein Lieber", meinte Rosa, „indem wir vor Gott und Menschen zugeben, dass wir den Wahnsinn der NSDAP von uns aus zwar nicht gefördert haben, ihm aber auch nicht widerstanden haben – keiner von uns war in dieser Partei – und dass wir uns allezeit bemüht haben, Menschen zu helfen, die der Krieg in Not gebracht hat, wie zum Beispiel den baltischen Flüchtlingsfamilien und den Landsern auf ihren geheimen Wegen, wie zum Beispiel den ausgebombten Familien aus Nürnberg, die wir aufgenommen haben und deren Hausrat du mit dem LKW hierher geholt hast. Das hätte dich um ein Haar Kopf und Kragen gekostet."

„Hör bitte auf aufzuzählen, Rosa. Lorbeeren haben wir uns damit nicht verdient, und schuldig geworden sind wir allemal wie viele andere, die dem Treiben der Nazis zugeschaut haben und nicht dagegen aufgestanden sind."

„Hätten wir denn nach außen dagegen aufstehen können? Wir kleinen Leute?", fragte Rosa ein wenig bitter. „Ich weiß nur, dass ich gegen die Nazis und gegen ihre Politik und gegen ihren Judenhass und gegen den Krieg angebetet habe, wie das andere aus dem Glauben heraus auch getan haben, denke ich."

„Vielleicht hat Gott ja um derentwillen dem Spiel endlich ein Ende gemacht, quasi in einer denkwürdigen Art herzlichen Erbarmens?"

„Dass dir gerade jetzt dieser Begriff einfällt, unter dem wir einmal unseren Fritz und unsere Berta aufgenommen hatten", wunderte sich Rosa.

„Er beschäftigt mich schon länger, Rosa, dieser Begriff von dem herzlichen Erbarmen. Ich gebe zu, dass du davon mehr weißt als ich. Ich werde es für mich brauchen, dieses herzliche Erbarmen. Die Idee des Deutschchristentums ist gescheitert, schon lange gescheitert. Und ich habe ihr angehangen und mich mit ihr identifiziert. Hierin fühle ich mich schon lange schuldig, Rosa. Auch deshalb, weil ich deinen biblischen Glauben und das Festhalten an der ganzen Bibel lange und oft belächelt habe. Ich habe Christus arisiert, Rosa, und damit habe ich ihn kräftig verleugnet."

Mit diesem Bekenntnis von Hans Krebs waren die Eheleute plötzlich bei einem Thema mit einer ganz anderen existenziellen Bedeutung, als die Frage um das weitere Überleben der Menschen auf dem Fallhof haben konnte. Die Frage nach dem herzlichen Erbarmen für ihr geistliches Leben sollte die Eheleute Krebs und auch ihre Kinder noch eine ganze Weile beschäftigen, bis sie im Folgejahr 1946 eine neue grundsätzliche Antwort fand ...

***

Nach dem offiziellem Ende des Krieges, also nach dem 8. Mai 1945, ging die Arbeit auf dem Fallhof zunächst mehr schlecht als recht weiter – seit dem Bombenangriff auf Gunzenhausen gab es hier draußen keinen elektrischen Strom, und es sollte bis zum 1. September dauern, bis dieses Problem endlich gelöst war. In diesen Monaten musste die Arbeit der Tierkörper-Verwertung auf nahezu null zurückgefahren werden, weil alle strombetriebenen Maschinen stillstanden. Dann drohte die Kohle für die Heizkessel auszugehen und es bedurfte einer dringenden Anfrage an die Stadt Gunzenhausen, damit das Problem gelöst wurde. Dann gab es Schwierigkeiten mit den „zuliefernden" Bauern, denen sich der Fallmeister stellen musste und zu deren Lösung Hans Krebs sich amtlicher Hilfe bedienen musste. Wirre Wochen und Monate!

Nun, diese Dinge regulierten und normalisierten sich alle im Laufe der Zeit. Arbeit gab es immer genug, die unter den Augen der friedlichen amerikanischen „Besatzer" des Geländes am Heidweiher getan werden musste. – Die „Waldrand-Amis" zogen irgendwann ab und fanden andere Standorte für ihren weiteren Verbleib in der Region. Hans Krebs vergrößerte derweil seine Hühnerhaltung und weitete seine Pelztierzucht erheblich aus. Es gab künftig wesentlich mehr Silberfüchse, Nerze und Nutria, deren Felle in der Damenmode auch in der Nachkriegszeit sehr gefragt waren. Mit der Vergrößerung des Tierbestandes wurde zugleich die Technik der Tierhaltung modernisiert, indem die Käfige den Erfordernissen der Zucht angepasst wurden. Mehr Tiere in den Gehegen und Käfigen bedeuteten für Rosa Krebs dann natürlich auch einen entsprechend erhöhten Aufwand bei der Bereitstellung der erforderlichen Futtermengen.

Freilich: Die Fallhof-Kinder wurden auch älter und wuchsen in manche Aufgabe hinein, die auf dem Hof ihrer Eltern zu leisten war. Jedes Mädchen und jeder Junge bekam nach wachsendem Vermögen Aufgaben im Haus, im Garten, im Hof, bei den Zweifüßern und Vierfüßern. Dabei entwickelten einige von ihnen auch eigene Initiativen wie die Zucht und Abrichtung von Schäferhunden, die Pflege von Eulen und die Abrichtung von Greifvögeln. Vor allem Siegfried ging gern mit diesen gefiederten Zeitgenossen um.

Dabei blieb für die Kinder immer noch genügend Zeit zum persönlichen Spiel und Vergnügen. Es gab ja den Wald zum Stromern und Hütten- und Baumhäuser-Bauen, es gab den Heidweiher im Sommer zum Bootfahren und Baden – alle Krebs-Kinder lernten ohne besondere Anleitung das Schwimmen – und im Winter zum Schlittschuhlaufen und „Hockey"-Spielen; es gab die Schulwege in die Stadt per Fahrrad oder zu Fuß. Auch zwischen den Häusern oder an der Altmühl konnte man dieses und jenes veranstalten. Sorgen machen mussten sich die Eltern selten um ihre Kinder. Die wurden zwar alle körperlich nicht sehr groß – sie hatten ja auch „kleine" Eltern –, waren aber von zumeist robuster Gesundheit. Sie kamen in der Schule gut zurecht, wo es um Lesen, Schreiben und Rechnen und anderes notwendige Wissen und Können ging. Sie waren aber auch fleißige Schüler in den Fächern des praktischen Lebens und des Umgangs mit der Natur und der für ihre Belange erforderlichen Techniken: Lernen fürs Leben durch die Anleitung der Schule.

Da an Mutters Küchentisch immer wieder fremde Leute Platz nahmen, die Zuwendung und eine gute Mahlzeit und häufig auch Quartier brauchten, lernten die Mädchen und Jungen eine ganze Menge über die Verschiedenheit der Menschen und den Umgang mit ihnen: Lernen fürs Leben durch die Anleitung von Vater und Mutter!

Die hatte freilich noch ein ganz anderes Interesse für ihre Kinder. Sie wollte sie liebend gern auf ein geistlich tragfähiges Fundament gestellt wissen, und sie wünschte nichts mehr, als dass auch ihr Mann endlich dieses Interesse für sich selbst wiederentdeckte. Es galt doch nach wie vor, was Paulus im 1. Korintherbrief 3,11 ein für alle Mal festgeschrieben hatte: „Einen andern Grund kann niemand legen außer dem, der gelegt ist, welcher ist Jesus Christus."

Rosa Krebs ließ nicht locker darin, darum zu beten und zu werben, ihr Mann möge die Dinge um die geistliche Ausrichtung der Hensoltshöhe nach dem Zusammenbruch des NS-gesteuerten Deutschen Christentums mit den Verantwortlichen dort oben auf der „Höhe" klären und sein eigenes Leben geistlich ganz neu ausrichten.

Hans Krebs kam dieser Bitte nach, soweit ihm das möglich war, und es gab im Hintergrund manch harte Diskussionsrunden um dieses Thema. Aber es dauerte noch fast ein Jahr, bis die leitenden Männer und Frauen des DGD und des Mutterhauses zu einer deutlichen Kurskorrektur bereit und in der Lage waren. Zu tief hatten sie sich in deutschchristliches Gedankengut verstrickt, zu weit hatten sie sich von der auf Christus zentrierten Position der Bekennenden Kirche und der Leitung des Gnadauer Verbandes entfernt. Zu diesem Dachverband der deutschen Gemeinschaftsbewegung hatten die Hensoltshöher als Teil des DGD auch einmal gehört, bis der DGD im Januar 1935 aus diesem Verband ausgetreten war, weil er dessen staatskritische Haltung nicht teilen wollte. Und das jetzt als schuldhaftes Verhalten zu erkennen und diese Schuld auch zu bekennen und reumütig zum ursprünglichen Wurzelgrund des christlichen Glaubens zurückzukehren, war offenbar eine sehr schwierige Angelegenheit.

Dann machte die Hensoltshöhe 1946 endlich eine Erklärung öffentlich, die am 20. März Arno Haun, der Direktor des DGD, abgegeben hatte. Diese Erklärung enthielt den Satz: „Wir bitten um Vergebung wegen des Ärgernisses, das wir in der Gemeinde Gottes durch unsere politische und kirchenpolitische Haltung gegeben haben."[15] Aus dem Zusammenhang dieser Erklärung stammte auch der andere Satz: „Der leitende Gesichtspunkt in Fragen der verschiedenen Reichsgottesarbeiten ist nicht Seelenrettung um jeden Preis, sondern der Wille Gottes um jeden Preis."

Das waren doch schon einmal richtungsweisende Äußerungen, mit denen Hans Krebs etwas anfangen konnte auf dem Weg seiner Neuorientierung: eine Entschuldigung für die mangelhafte Prüfung der nationalsozialistischen Lehre im Blick auf den missionarischen Auftrag der Kinder Gottes und eine solche für die tragische Fehleinschätzung und Fehldeutung des Willens Gottes.

Beim intensiven betenden Nachdenken über diese beiden wichtigen Aussagen platzte bei Hans Krebs endlich der Knoten. Er sah es für sich selbst und vor seiner Rosa ein, dass er sich hatte blenden lassen von der angeblichen Frömmigkeit des Führers, von dessen Aussagen zur Mis-

15 Zitiert nach Frank Lüdke, Das Brüderhaus Tabor zur Zeit des Nationalsozialismus, www.eh-tabor.de/720, Abruf: 11.03.2014.

sionierung des Volkes, von den Deutungen des göttlichen Heilsweges durch vermeintlich geistlich orientierte NS-Größen und so weiter. Er setzte zur Rückgewinnung eines gesunden geistlichen Standpunktes an zu der notwendigen 180-Grad-Wende.

Am Mittwoch, dem 17. April 1946, wurde auf dem Fallhof der siebte Geburtstag von Siegfried gefeiert, wie in der Regel alle Kindergeburtstage im Familienkreis bedacht wurden. Zum Essen am Abend gab es Knödel, Kraut und fränkische Bratwurst. Siegfried bekam allerdings zur Feier des Tages ein Schnitzel, das für ihn eigens bei einem Metzger aus der Stadt geholt worden war. Zu verdanken hatte er diesen besonderen Vorzug nicht etwa seinem Geburtstag, sondern seiner Tante Frieda, einer Schwester seines Vaters. Die machte als Hensoltshöher Diakonisse zurzeit ein paar Tage Urlaub auf dem Fallhof und nahm deshalb selbstverständlich an Siegfrieds Geburtstagsfeier teil.

Tante Frieda war eine resolute Frau mit Grundsätzen. Einer davon war: „Was der Körper braucht, muss er bekommen!“ Auf ihre Frage an Siegfried, der an den vergangenen Tagen mit einer Grippe im Bett gelegen hatte, was sein Körper denn jetzt brauche, damit er ganz gesund würde, hatte der Junge geantwortet: „Ein Schnitzel, Tante Frieda!“

Mutter Rosa hatte zwar deutliche Bedenken angemeldet, Siegfried an seinem Geburtstag diese Sonderbehandlung zu gewähren – das sei nicht gerecht den anderen Kindern gegenüber –, aber Tante Frieda hatte den Einspruch ihrer Schwägerin energisch abgewiesen. Am Geburtstag sei eine Sonderbehandlung durchaus gerechtfertigt; die Geschwister hätten auch ihre Geburtstage, an denen sie sonderbehandelt werden könnten. Mutter Rosa hatte Schwägerin Frieda nachgegeben, und Siegfried bekam sein Schnitzel anstelle der Bratwurst. Seine Geschwister wagten keinen Protest.

Nachdem in der großen Tischrunde der letzte Teller ausgekratzt war, nutzte Vater Krebs die Gelegenheit zu einer kurzen Ansprache. Es wurde dabei sogar ein wenig feierlich. Zunächst gratulierte er seinem Sohn noch einmal „offiziell" zu seinem Ehrentag. Dann bat er besonders die Kinder darum, noch eine Weile Geduld zu haben und ihm zuzuhören. Er wolle es auch kurz machen.

Dann begann er: „Mein liebes Rosl, ihr lieben Jungen und Mädchen und auch meine liebe Schwester Frieda, ich muss euch jetzt etwas sagen, was für euch alle, auch die jüngeren von euch, sehr wichtig ist." Nach dieser Anrede seiner Lieben am Tisch sprach Hans Krebs davon, dass er früher einmal sein Leben an Jesus, den Herrn und Heiland, abgegeben habe und mit großer Freude für Jesus unterwegs gewesen sei im CVJM, dem Christlichen Verein junger Männer, und im EC, dem Jugendbund für entschiedenes Christentum. Zunächst sei er an der Gründung des CVJM beteiligt gewesen, dann habe er den EC für junge Männer selbst gegründet. Das alles für Jesus! Dann habe er allerdings im sogenannten Dritten Reich den Kontakt zu dem Sohn Gottes und Heiland verloren, weil er den religiösen Lehren der Deutschen Christen gefolgt sei. Inzwischen habe er deutlich erkannt, dass das ein böser Irrweg und sehr großer Fehler gewesen sei. Diesen Fehler bedauere er zutiefst. Vor ein paar Tagen nun sei er zurückgekehrt zu Jesus. Jesus habe ihn quasi persönlich eingeladen durch das Wort aus Johannes 6,37: „Wer zu mir kommt, den werde ich nicht hinausstoßen." Dieser Einladung sei er gefolgt, denn Jesus allein sei der Herr, der Schuld vergebe und den Weg in den Himmel weise. Er, Hans Krebs, Ehemann seiner lieben

Frau und Vater seiner großen Kinderschar, wolle in Zukunft wieder glauben, wie die Mutter immer geglaubt und ihren Glauben auch immer vorgelebt habe. Er freue sich endlich wieder auf Karfreitag und Ostern in zwei beziehungsweise vier Tagen. Der Glaube an Jesus solle künftig wieder sein eigenes Leben bestimmen und auch das der ganzen Familie mit Andachten, Gebeten und Liedern.

Hans Krebs machte eine kleine Pause und fuhr dann fort: „Ich möchte, dass wir heute gemeinsam wieder damit anfangen. Ich lese euch zwei Sätze vor aus Mutters Lieblings-Andachtsbuch. Hört gut zu! Da steht für heute: ‚Ich muss sehen, dass meine Wege dem Herrn wohlgefallen.' Und später im Text steht da etwas Ähnliches: ‚Lasst meine große Sorge die sein, dem Herrn in allen Dingen zu gefallen. O dass ich Glauben und Heiligkeit hätte, denn daran hat der Höchste Wohlgefallen!' – So steht es hier und so soll es sein. Bevor wir beten und für Siegfrieds Geburtstag und für das Festessen danken, singen wir noch ein neues Lied, das euch sicher so gefällt, wie es mir vom ersten Hören an gefallen hat. Die Mutter spielt euch die Melodie vor und ich sage euch den Text, und dann sehen wir, wie das klappt."

Nach diesen Worten blickte Hans Krebs einmal streng in die Runde, weil da doch die jüngeren seiner Kinder auf ihren Stühlen unruhig wurden und tuschelten und kicherten. Mit deutlicher Schärfe in der Stimme sagte er: „Bitte, Kinder, während der Andacht tuschelt und kichert niemand!"

Dann setzte sich Mutter Rosa ans Klavier im Nebenzimmer – die Tür blieb natürlich offen – und spielte die Melodie eines unbekannten Komponisten für das Lied der Herrnhuter Dichterin Luise von Hayn zweimal vor. Danach las Vater Hans jeweils eine Strophe und alle zusammen sprachen und sangen den gehörten Text. So ging das mit allen drei Strophen – für kluge und musikalische Kinder, wie die Krebs-Kinder es waren, war das kein Problem:

> „Weil ich Jesu Schäflein bin, freu ich mich nur immerhin über meinen guten Hirten, der mich wohl weiß zu bewirten, der mich liebet, der mich kennt und bei meinem Namen nennt.
>
> Unter seinem sanften Stab geh ich ein und aus und hab unaussprechlich süße Weide, dass ich keinen Mangel leide; und so oft ich durstig bin, führt er mich zum Brunnquell hin.
>
> Sollt ich denn nicht fröhlich sein, ich beglücktes Schäfelein? Denn nach diesen schönen Tagen werd ich endlich heimgetragen in des Hirten Arm und Schoß; Amen! Ja, mein Glück ist groß!“ [16]

Danach lud der Vater seine Kinder ein, mit Tante Frieda, der Mutter und mit ihm den 23. Psalm zu beten. Den kannten sie bereits alle auswendig, weil Rosa ihnen den Text beigebracht hatte:

> „Der Herr ist mein Hirte, mir wird nichts mangeln. Er weidet mich auf einer grünen Aue und führet mich zum frischen Wasser. Er erquicket meine Seele. Er führet mich auf rechter Straße um seines Namens willen. Und ob ich schon wanderte im finstern Tal, fürchte ich kein Unglück; dein Stecken und Stab trösten mich. Du bereitest vor mir einen Tisch im An-

---

16 Zitiert aus „Reichslieder“ [s. o.], Nr. 623.

gesicht meiner Feinde. Du salbest mein Haupt mit Öl und schenkest mir voll ein. Gutes und Barmherzigkeit werden mir folgen mein Leben lang, und ich werde bleiben im Hause des Herrn immerdar."

Danach schloss Hans Krebs ein freies Gebet an und entließ die acht Jungen und Mädchen in den Rest des Abends, bis es Zeit war, in die Zimmer oder auch schon in die Betten zu gehen.

Als später am Abend die Kinder alle unter ihren Decken lagen und Frieda Krebs sich auch zurückgezogen hatte, blieben die Eltern Krebs noch für ein paar Momente in der Küche, um für ein paar Minuten das Alleinsein zu genießen.

Rosa Krebs nahm ihren Mann in die Arme: „Danke, mein Lieber, das war mutig und gut von dir, vor den Kindern zuzugeben, was bei uns in den Jahren der Nazi-Zeit falsch gelaufen ist. Dafür bekommst du einen besonderen Kuss."

Hans ließ sich diese Geste gern gefallen. Dann hielt er seine Frau noch einen Moment in den Armen und sagte: „Es tut mir leid, Rosa, dass ich in den bösen Jahren so verblendet war. Du musst schon darunter gelitten haben. Ob es mir gelingt, mehr Liebe und Verständnis in unser Miteinander zu bringen, will ich gerne versuchen. – Und jetzt wieder gemeinsam für Jesus!"

„Jetzt wieder gemeinsam für Jesus", wiederholte Rosa und gab ihrem Mann noch einen Kuss. Dann zitierte sie als weitere Antwort die Liedstrophe von Moritz Görcke, mit der Hans damals auf Wernfels sein Zeugnis beendet hatte und die die beiden später gern miteinander gesungen hatten:

„Auf, lasst uns Zion bauen mit fröhlichem Vertrauen im Namen Jesu Christ! Zion muss größer werden, so groß, dass hier auf Erden kein Mensch mehr außer Zion ist."

„Dass ich dieses Lied wieder singen kann, ist ein Wunder Gottes, Rosa", meinte Hans Krebs ein wenig nachdenklich. „‚Zion', diese Jüdelei habe ich eine Zeit lang gehasst. Dass die Zionshalle, das ‚Konferenzhaus Zion' oben auf der Hensoltshöhe, diesen Namen hat behalten dürfen, hat mich immer geärgert und zugleich gewundert. Ich hab diese Inkonsequenz nie begriffen. Und dass Julius Streicher, der Franken-Führer, in der Halle mit dem jüdischen Namen Propaganda-Reden gehalten hat, habe ich auch nie begriffen. Aber, das ist, Gott sei Dank, alles vorbei. Und jetzt wird ‚Zion' mir wieder zu einem lieben Wort und zu einem schönen Bild. Ich bin gespannt, meine Liebe, was Gott aus unserer neuen Glaubenslage macht."

„Großartiges, Hans, Großartiges; ich bin da ganz sicher", gab Rosa ihrem Mann zurück. „Ich bin selbst gespannt, was noch alles werden wird. Hören wir gut hin auf den Willen Gottes und achten wir auf die Zeichen, die Gott uns setzt."

***

Nachdem Hans Krebs in seine frühere Glaubensspur zurückgefunden hatte und sich in den Fragen des biblischen Auftrags für diese Welt mit seiner Rosa wieder einig war, schien es, als wehe im Haus und auf dem Gelände des Fallhofs ein ganz neuer Wind. Es war, als ginge von dem Trauspruch der beiden vom 14. April 1929 nach Matthäus 28,20, den sie sich erneut ins Bewusstsein riefen, ein ganz neuer Ansporn zum Handeln aus. Wann immer es ging, besuchten die Eltern – gemeinsam oder auch allein – die sonntäglichen Gottesdienste und die wöchentlichen Bibelstunden und Gebetsversammlungen der Hensoltshöher Gemeinschaft im Haus „Silo“ in der Nürnberger Straße 1. Dort herrschten inzwischen ebenfalls ein spürbar veränderter Geist und eine neue missionarische Ausrichtung der geistlichen Arbeit nach innen und außen. Da hatte das Alte Testament in allen seinen Teilen wieder die Bedeutung des Offenbarungsbuches des allmächtigen Gottes. Da war das Neue Testament in allen seinen Büchern wieder der Liebesbrief Gottes an die Welt. Die ganze Bibel wurde wieder gesehen als einzige Grundlage für ein gelingendes Leben. Und der Auftrag „Gehet hin ...!“ wurde ganz neu gesehen und von vielen Leuten der „Silo“-Gemeinde wahrgenommen und umgesetzt.

Die Krebs-Kinder besuchten im selben Haus fortan je nach Alter die Sonntagsschule und die Jungscharen des EC, dessen pietistisch-erweckliche Arbeitsweise ihnen entgegenkam. Später schlossen sie sich den Jugendkreisen für Mädchen und Jungen an. Sie lernten im Posaunenchor das Blasen auf Flügelhorn, Trompete und Posaune. Zusätzlich erlernten sie das Spiel auf der Mundharmonika; sie begannen, Gitarre zu spielen oder Geige oder Klavier, je nach Begabung und Interesse. Im großen Haus am Heidweiher hörte man seitdem immer wieder unterschiedlichstes Instrumentalspiel und vielfältigen Gesang. Es gab künftig keine Familienfeier mehr ohne musikalische Beiträge in wechselnder Besetzung.

Mutter Rosa hatte ihre besondere Freude daran, wenn sie eins der Kinder oder auch mehrere zugleich auf dem Klavier begleiten konnte. Noch größere Freude hatte sie, wenn sie beobachtete, dass wieder einmal eins über seiner Bibel saß, um das Wort Gottes zu lesen und zu lernen. Jeder und jede wollten mitreden können, wenn irgendwo die Bekenntnisfrage gestellt wurde – „Wie hältst du es mit dem Glauben?" – oder wenn es in der Schule, im Konfirmandenunterricht oder bei anderen Gelegenheiten, zum Beispiel später in der Berufsschule und am Arbeitsplatz, um Erkenntnisfragen des Glaubens ging: „Was darf ein Christ? Was darf er nicht? Wie ist diese oder jene biblische Weisung heute zu verstehen und umzusetzen?"

Rosa Krebs registrierte das alles mit großer innerer Freude, als besonderes Geschenk des herzlichen Erbarmens Gottes. Das freilich war ihr auch immer wieder Anstoß, dieses herzliche Erbarmen weiterhin selbst zu praktizieren und sich hilfreich irgendwo einzubringen oder sich auch einzumischen, wo sie die Notwendigkeit erkannte. Der Fallhof hatte zu beinahe allen Zeiten irgendwelche Leute in Herberge, die Zuwendung brauchten und versorgt werden mussten und die dann auch immer, wenn es eben möglich war, einen geistlichen Zuspruch bekamen oder eine mahnende Einladung, Jesus zu suchen und sich für ein Leben mit ihm zu entscheiden.

***

Irgendwann Anfang der Fünfzigerjahre tauchte Ria auf, Ria Krebs, eine junge Frau mit demselben Nachnamen wie die Leute vom Fallhof. Sie sei eine Katholikin aus Frankfurt, geboren im Jahr 1928. Sie sei eine große Tierliebhaberin und wage die Frage, ob sie auf dieser Pelztierfarm die Tierpflege erlernen könne. Sie habe erfahren, dass es hier eine große Population von Füchsen, Nerzen und Nutria gäbe und dass

Herr Krebs die Ausbildungsberechtigung besäße für den Beruf der Tierpflegerin oder der Pelztierzüchterin. Wenn das alles so richtig sei und sie hier als Lehrling anfangen könne, würde sie gern aus dem Hessischen ins Bayerische kommen. Sie würde sich dann in Gunzenhausen eine Wohnung suchen.

Es brauchte nur ein kurzes Gespräch der jungen Frau mit Rosa Krebs und später eins auch mit ihrem Mann, und Ria Krebs war angestellt. Eine Wohnung in der Stadt brauchte sie sich nicht zu suchen. Sie bekam ihr Zimmer mit Familienanschluss im Haus Krebs. Damit war der Grundstein gelegt für eine tiefe freundschaftliche Verbindung, die nach und nach auch zu einem guten geistlichen Miteinander wurde und die viele Jahrzehnte lang halten sollte.

9. „Freu dich deines Auszugs!"

In der zweiten Passionswoche 1952 fand in der Zionshalle des Diakonissen-Mutterhauses auf der Hensoltshöhe gemäß dessen zurückgewonnenem Motto „Seelengewinnung und Seelenpflege" eine Evangelisation statt, an der die Mitglieder der Familie Krebs selbstverständlich teilnahmen, wenn es die Arbeit auf dem Fallhof eben erlaubte. Sie holten mit ihrem zum Personen-Transportmittel umgebauten LKW interessierte Menschen aus der Gunzenhauser Umgebung herbei und brachten sie später wieder nach Hause; sie sangen mit im Chor; sie bliesen mit im Posaunenchor; sie arbeiteten mit am Büchertisch; sie halfen in der Seelsorge, und unter den Leuten vom Ordnungsdienst waren ebenfalls Krebs-Kinder zu finden. Manche Aufgaben waren ja auch nacheinander zu erledigen.

Am Mittwoch, 12. März, blieb Rosa Krebs allerdings zu Hause. Irgendwie war ihr innerlich nicht wohl, und sie hielt es für besser, nicht mit auf die „Höhe" zu fahren. Dafür setzte sie sich für eine Weile ans Klavier, um sich ihren Kopf mit einigen Liedern freizuspielen. Dann legte sie sich auf ihre Ottomane – dieses alte Möbelstück aus Augsburger Jugendzeiten gab es immer noch – und griff sich ein Buch, um ihre Gedanken anders auszurichten. Das gab ihr allerdings auch nichts. Seit dem Vormittag schon tauchte in ihren Gedanken immer wieder das Wort „Auszug“ auf, das sie in ihrer Stillen Zeit in Spurgeons Kleinoden gelesen hatte. „Auszug“ – das Wort ging ihr einfach nicht aus dem Kopf, und sie musste dem noch einmal nachgehen.

Rosa griff also nach dem Büchlein, schlug die Seite des Tages noch einmal auf und las aus 5. Mose 33,18: „Und zu Sebulon sprach Er: Sebulon, freue dich deines Auszuges!“ Warum nur hatte sich dieses Wort „Auszug“ so fest in ihr verhakt? Sebulon bekam hier eine bestimmte Platzanweisung. Aber was hatte sie zu tun mit Sebulon, diesem einen Stamm aus den zwölf Stämmen Israels, dem dieses Segenswort des alten Moses gegolten hatte? Oder wirkte dieses Uralt-Wort über die Jahrtausende bis in ihre Zeit, bis in den heutigen Abend? Wenn ja, was bedeutete „Auszug“ für sie als die Frau und Mutter des Hauses oder auch für die ganze Familie Krebs?

Rosa las den Begleittext Spurgeons ebenfalls noch einmal, um festzustellen, ob er vielleicht einen erkennbaren Hinweis auf seine Bedeutung für sie enthielt. Beim genaueren Lesen fiel der Frau auf der Ottomane etwas auf, was sie wohl am Morgen überlesen hatte: Der Schreiber zitierte ihren Trauspruch aus Matthäus 28! Das erschien Rosa Krebs nun doch bedeutsam. Da musste sich hinter dem damaligen Segenswort an Sebulon etwas verbergen, was für sie, die heutige Leserin, Bedeutung gewinnen sollte.

Dieser Erkenntnis konnte die Frau dann aber nicht weiter nachgehen, denn sie hörte ihre Leute kommen, die sich lebhaft über den Verlauf des Abends in der Zionshalle unterhielten. In der Stube gab es noch eine Weile fröhliches Berichten und Erzählen bei Tee und Salzgebäck, wobei nur am Rande die Bemerkung fiel, der Vater käme nach. Der sei noch im Gespräch mit dem Evangelisten und ein paar Brüdern gewesen.

Als Hans Krebs dann schließlich auch zurückkam, waren die jungen Leute bereits in ihren Zimmern verschwunden, und so waren die Eheleute noch für ein paar Momente allein in der Stube. Rosa hatte den Eindruck, ihren Hans beschäftige etwas, was ihn nicht so fröhlich sein ließ, wie seine Kinder es nach diesem Abend gewesen waren.

Rosa stellte ihrem Mann auch eine Tasse Tee hin und fragte dann sehr direkt: „Was ist, Hans? Was beschäftigt dich oder bedrückt dich gar?"

„Mich beschäftigt das Wort des Abends, Rosa", gab ihr Mann nachdenklich zurück. „Es lässt mich einfach nicht los. Als hätte der Mann nur zu mir gesprochen, für mich ganz allein."

„Dann sag mir, um welches Wort es geht", bat Rosa.

Hans Krebs schaute seine Frau an, zog die Stirn ein wenig kraus und holte tief Luft: „Du kennst die Geschichte von dem reichen Jüngling?!"

„Natürlich kenne ich die", antwortete Rosa.

„Dann weißt du auch, was Jesus diesem jungen Mann mit auf den Weg gegeben hat auf seine Frage, wie er denn in den Himmel käme."

Rosa brauchte nicht lange zu überlegen: „Er solle die Gebote halten, wenn er das ewige Leben haben wolle."

„Die hatte er seinen Worten nach doch alle gehalten", gab Hans zurück.

Rosa erschrak ein wenig bei dem Gedanken, der ihr jetzt in den Kopf kam. Jesus hatte dem jungen Mann noch etwas ganz anderes gesagt. Ein wenig zögerlich zitierte sie aus dem Gedächtnis die Stelle aus Matthäus 19: „Willst du vollkommen sein, so gehe hin, verkaufe, was du hast, und gib's den Armen, so wirst du einen Schatz im Himmel haben; und komm und folge mir nach!"

„Genau so steht es da, Rosa", bestätigte Hans. „Und genau so hat mich dieses Wort heute getroffen. ‚Verkaufe, was du hast, gib's den Armen, so wirst du einen Schatz im Himmel haben; und komm und folge mir nach!'" Nach einem Moment des Schweigens fragte er: „Weißt du, was das bedeutet, Rosa, wenn das Wort mir gilt? Wenn es mir und dir gilt? Wenn es uns allen gilt, Rosa?"

Rosa zögerte mit ihrer Antwort, stand ihr doch in diesen Momenten der Spurgeon-Text riesig groß vor Augen: „Freue dich deines Auszugs!" Schließlich antwortete sie: „Dann heißt das, Fallhof ade mit allem, was uns hier bis jetzt bindet, und irgendwo irgendetwas ganz Neues anfangen, Hans. Das heißt es!"

Hans Krebs holte wieder sehr tief Luft: „Kannst du dir vorstellen, dass das Wort an den reichen Jüngling uns gelten kann? Uns, die wir beide die Fünfzig hinter uns haben?"

Rosa zögerte wieder mit ihrer Antwort. Dann griff sie den kleinen Spurgeon, schlug ihn an der Stelle des Tages auf und sagte: „Hör, was hier für heute steht: ‚Und zu Sebulon sprach Er: Sebulon, freue dich deines Auszuges! 5. Mose 33,18.'"

Weil Hans nicht sofort reagierte, wiederholte sie den letzten Teil des Textes: „‚Sebulon, freue dich deines Auszuges!' Hans, so steht's hier." Dann fragte sie weiter: „Kann das möglicherweise heißen: ‚Fallmeister Hans Krebs, freu dich deines Auszugs?' – ‚Familie Krebs, freu dich deines Auszugs?'"

Ihr Mann griff nach dem Büchlein und las sich den Spurgeon-Text selbst laut vor:

„Und zu Sebulon sprach Er: Sebulon, freue dich deines Auszuges! 5. Mose 33,18.
Die Segen der zwölf Stämme sind unser, denn wir sind das wahre Israel, das Gott im Geiste anbetet und kein Vertrauen auf das Fleisch setzet. Sebulon soll sich freuen, weil Jahwe seinen ‚Auszug' segnen will; wir sehen auch für uns selber eine Verheißung in diesem Segen verborgen. Wenn wir ausziehen, so wollen wir Anlass zur Freude erwarten.
Wir ziehen aus, um zu reisen, und die Vorsehung Gottes ist unser Geleit. Wir ziehen aus, um auszuwandern, und der Herr ist mit uns, beides, auf dem Land und auf der See. Wir ziehen aus als Missionare, und Jesus spricht: ‚Siehe, ich bin bei euch alle Tage bis an der Welt Ende.' Wir ziehen aus Tag für Tag an unsre Arbeit, und wir können das fröhlich tun, denn Gott wird vom Morgen bis zum Abend mit uns sein.
Zuweilen überschleicht uns eine Furcht beim Ausziehen, denn wir wissen nicht, was uns begegnen wird; aber dieser Segen kann uns sehr wohl als ein Mittel der Ermutigung dienen.
Wenn wir zum Weiterziehen einpacken, so lasst uns diesen Spruch in unsren Reisekoffer legen; lasst uns ihn in unsre Herzen senken und ihn dabehalten; ja, lasst uns ihn auf unsre Zunge legen, dass er uns singen mache. Lasst uns den Anker mit Gesang aufheben und in den Wagen mit einem Psalm steigen. Lasst uns zu dem fröhlichen Stamme gehören und auf all unsren Gängen den Herrn mit freudigem Herzen preisen!"

Hans Krebs legte das Büchlein aus der Hand, ließ es dabei aber aufgeschlagen, und ergriff die Hände seiner Frau. „Wenn uns das wirklich gilt, meine liebe Rosa, dann ist es uns heute gleich dreifach gesagt worden: Erstens mir durch den Evangelisten in der Predigt: ‚Verkaufe, was du hast!', zweitens dir durch den Text in den Kleinoden: ‚Wir ziehen aus, um auszuwandern, und der Herr ist mit uns, beides, auf dem Land und auf der See. Wir ziehen aus als Missionare, und Jesus spricht: Siehe, ich bin bei euch alle Tage bis an der Welt Ende.' Und das ist das Dritte; es gilt uns beiden, weil wir beide an unseren Trauspruch erinnert werden." Hans holte tief Atem: „Rosa, mir wird ein wenig bange vor dem, was diese Worte uns vielleicht sagen sollen. Wir müssen beten, Rosa, damit wir erfahren, was Gott von uns will. Der Wille Gottes geht vor allem anderen, Rosa."

„Also fangen wir heute noch damit an, Hans", schlug Rosa vor und entzog ihrem Mann ihre Hände. „Komm, lass uns auf die Knie gehen. Ein Gebet um diese Sache lässt sich nicht so nebenbei sprechen."

***

In den folgenden Wochen und Monaten wurde viel gebetet auf dem Fallhof, und immer wieder ging es um die Frage: „Herr, was willst du, das wir tun sollen?" Bald wurden die Kinder mit in die Überlegungen einbezogen, damit auch sie die Hände falteten und um den klaren Blick beteten. Auch Freunde und Verwandte wurden informiert und Geschwister der Gemeinschaft, die mit der Sache vertrauensvoll umzugehen wussten. Und immer wieder wurden die Argumente ausgetauscht und abgewogen, die für eine Aufgabe des Fallhofs und die gegen eine solche Entscheidung sprachen.

Auf der Liste der Dinge, die aus den Händen zu geben waren und losgelassen werden mussten, standen bald eine Menge Einzelpunkte: die Leitung der Tierkörper-Verwertungsanstalt zum Beispiel. Aber hier würde es wohl keine Probleme geben, denn Hans Krebs war seit einiger Zeit ohnehin nicht mehr der Eigentümer dieser besonderen Einrichtung, sondern nur noch ihr Besitzer und angestellter Geschäftsführer. Da gab es nämlich seit einigen Jahren den Zweckverband mehrerer Landkreise der Region Mittelfranken, der als Eigentümer und Betreiber der Tierkörperverwertung firmierte. Diesem Zweckverband gehörten die Gebäude ohnehin, und den Grund, auf dem sie standen, hatte der Verband inzwischen von Hans Krebs erworben. Einen neuen Geschäftsführer zu finden würde wohl kein Problem werden.

Dann waren da das Wohnhaus und die Nebengebäude. Für diese Immobilien Nachbesitzer zu finden, sollte in der seit der Währungsreform von 1948 aufstrebenden Zeit des deutschen Wirtschaftswunders auch keine Frage sein.

Da waren aber auch die Pelztierfarm und der Geflügelhof. Da war die erfolgreiche Zucht von Schäferhunden. Und da waren die Greifvögel. Ob sich für die Fortführung dieser Arbeiten Interessenten finden ließen? Oder musste das alles aufhören? Hier loszulassen war etwas ganz anderes. Hier ging es um lebendiges Getier. Dem war man anders zugetan als Mauerwerk und Grund und Boden. Und wenn der ganze Tierbestand getötet werden müsste? Nein, an so etwas wollte doch noch niemand denken.

Freilich standen den alten und jungen Krebses auch ihre persönlichen Bindungen vor Augen, die zumindest teilweise ein Ende finden würden, wenn es denn den Verkauf aller Dinge und einen „Auszug" gäbe. Persönliche Beziehungen konnte man auch über Entfernungen hinweg pflegen, wenngleich nicht so intensiv, als wäre man fußläufig oder auch mit einem Fahrzeug in Reichweite.

Wo aber blieb die Antwort Gottes auf die vielen Gebete? Woher kam die himmlische Weisung, wie man mit den Dingen umzugehen habe? Wo blieb der „Brief vom Himmel"?

Eines Tages kamen per Post Anfragen zweier Missionare der Rheinischen und der Hermannsburger Mission aus der Nähe von Windhuk im südwestafrikanischen Namibia: Ob Hans und Rosa Krebs sich vorstellen könnten, nach Südwestafrika zu kommen, um dort in der Nähe der Landeshauptstadt Windhuk ein Begegnungszentrum für Christen deutscher Abstammung aufzubauen und einzurichten? Eine Farm stünde günstig zum Kauf, die ein hervorragender Ausgangsort für regionale und überregionale Aktivitäten sein könne. – Das war doch was! Die Jugend der Familie Krebs war sofort begeistert. Namibia, wildes Land mit wilden Tieren, die Namib-Wüste entlang der Atlantikküste und dahinter das Naukluft-Gebirge, Ebenen, so weit das Auge reicht mit exotischer Vegetation, Naturparks in ungeahnt vielfältiger Schönheit ... Das war es doch! Namibia war ein gutes Land für einen Neuanfang! Da lebte zudem Onkel Georg Krebs mit seiner Familie. Da gab es also bereits Menschen, die einem vertraut waren ...

Rosa und Hans Krebs mussten ihre Kinder in deren spontaner Begeisterung zunächst einmal bremsen. Nein, sie hatten nicht den Eindruck, dass diese Briefe vom Himmel gekommen seien und ihre Anfrage zugleich göttliche Weisung zum „Auszug" sei. Nein, ins Ausland fühlten sie sich nicht gerufen oder geschickt. Ihr Ziel, wenn es das bereits gab, lag irgendwo in Deutschland. Dass es dort um Menschen gehen sollte und um christliches Leben und um missionarische Arbeit, das war den beiden allerdings klar. War die Erinnerung von C. H. Spurgeon an den Trauspruch nicht verbunden mit dem Satz „Wir ziehen aus als Missionare …“? Also weiterbeten, weiterhören, weiterschauen, was Gott mit ihnen vorhatte. Die Kinder schluckten die Absage an das Angebot aus Südwestafrika zwar nur ungern, aber auch sie wollten das Ziel in den Blick nehmen, das Gott zeigen würde.

Übrig geblieben von dem Afrika-Gedanken war allerdings das Stichwort „Begegnungsstätte“, das nach und nach durch den Begriff „Freizeitheim“ ersetzt wurde. Ja, die Übernahme oder die Gründung eines Freizeitheims sollte es sein! Mit dieser sicheren Erkenntnis kamen Rosa und Hans Krebs von einigen stillen Tagen auf dem Missionsberg im Schwarzwald-Städtchen Bad Liebenzell auf den Fallhof zurück. Sie hatten sich diese Auszeit gegönnt – die Kinder hatten sie ihnen ermöglicht –, um einmal Abstand von allen Tagesgeschäften zu gewinnen und aus der Ruhe heraus ihre Fragen vor Gott bringen zu können und mit „neutralen“ Geschwistern zu überlegen, wohin es gehen könnte. Die Tage hatten sich gelohnt. Sie hatten den beiden nach außen und innen gutgetan und zumindest die Teilantwort gebracht, mit der sie weiter auf der Suche sein konnten.

In den folgenden Wochen und Monaten hielten sie natürlich die Augen und Ohren offen, ob von irgendwoher ein Hinweis auf einen Ort oder ein Haus käme. Der Hinweis, den sie von Hans’ Schwester Emma und ihrem Mann Hannes Preuß bekamen und der sie an den Rand der Bayerischen Alpen an den Kochelsee führen sollte, zerschlug sich, ehe er ernsthaft aufgegriffen werden konnte. Das Haus, das zum Verkauf stand, erwies sich als ungeeignet für ein Freizeitheim. Also war es das auch nicht.

Hans Krebs wurde zunehmend ungeduldig. Seine Rosa musste ihn immer häufiger ermahnen, zu warten und nicht von sich aus Gott in die Speichen zu greifen. Ihr Vertrauen in die Führung Gottes und in seine Zusagen war offenkundig stärker als seins. Zumindest zeigte sie sich erheblich gelassener als ihr Mann und blieb dennoch im ständigen Gebet um Antwort auf die Ziel-Fragen, die alle Mitglieder der großen Familie beschäftigten, wenngleich jede und jeder seinen Tagesaufgaben nachging, als gäbe es nichts anderes.

* * *

Dann feierten sie alle wie in der Familie üblich in großer Runde wieder einmal Geburtstag. Am Sonntag, 6. Dezember 1953, wurde Martin, der hübsche Autoschlosser, achtzehn. Nach dem Gottesdienst saß die ganze Familie zum Festessen fröhlich um den Tisch, als das Telefon klingelte. Natürlich sprang Martin sofort auf, ging er doch davon aus, dass der Anruf ihm galt. Irgendjemand am Tisch meinte, da rufe wohl der Nikolaus an, um seinen Besuch anzumelden.

Sichtbar enttäuscht kam Martin schon nach wenigen Momenten zurück. „War nicht der Nikolaus und war überhaupt nicht für mich. Doppel-Pech! Ist für dich, Vater. CVJM Nürnberg, wer auch immer."

Hans Krebs stand natürlich sofort auf und eilte in sein Büro. CVJM Nürnberg? Wer mochte das wohl sein zur Mittagszeit?

Als der Vater nach einer guten Weile an den Familientisch zurückkam, konnte jeder ihm ansehen, dass er eine besondere Botschaft mitbrachte.

„Wer war das, Vater?" – „Was gibt es Neues, Vater?" – „Wer

stört dich beim Essen?" – „Was bringst du für eine Nachricht?" – „War es doch der Nikolaus?"

So und ähnlich schwirrten die Fragen um den Tisch durcheinander. Was nur verbarg sich hinter dem hintergründigen Lächeln des Vaters? Was würde er jetzt mitteilen? Er zögerte die Antwort aber offensichtlich hinaus. Es musste demnach um etwas sehr Bedeutsames gehen.

„Nun mach es doch nicht so spannend, Hans!", drängte ihn dann auch seine Frau. „Wir platzen doch schon vor Neugier. "

Jetzt holte das Familienoberhaupt tief Luft, streckte seinen Körper, schaute einmal wichtig in die Runde, wandte sich dann seinem Sohn zu und sagte: „Herzlichen Glückwunsch zu deinem Geburtstag, Martin. Der Landesjugendwart lässt dich grüßen."

„Aber deswegen hat der nicht angerufen", stellte Martin fest. „Der kennt mich doch wahrscheinlich überhaupt nicht."

„Und trotzdem gratuliert er dir", gab sich Hans Krebs immer noch gelassen, um sich dann eine deutliche Ermahnung seiner Rosa einzuhandeln: „Bitte, Hans. Nun sag schon, was du zu sagen hast."

„Na gut, ihr Lieben", begann der Vater immer noch sehr umständlich, „sag ich's euch halt: Mutter und ich fahren übermorgen ins Allgäu nach Oberstdorf."

„Was machen wir denn da?", fragte Rosa ganz erstaunt.

„Vater macht mit dir Urlaub, Mutter", mutmaßte Elisabeth, und ihre Geschwister meldeten sich mit ähnlichen Kommentaren.

„Nein, ihr Lieben", wurde der Vater nun endlich ernst und sachlich: „Ich fahre am Dienstag frühmorgens mit Mutter an den Faltenbach in Oberstdorf, damit wir uns dort das Touristenheim Vogel anschauen. Das Haus steht zum sofortigen Verkauf und kann schon morgen wieder belegt werden."

„Von wem hast du die Information?", hakte Rosa ein wenig ungläubig nach.

„Vom CVJM-Landesjugendwart Karl Schmid aus Nürnberg", antwortete Hans. „Ich kenne den Mann seit Langem. Seine Auskunft ist zuverlässig. Er hat in dem Haus bereits Freizeiten mit jungen Männern abgehalten und möchte gerne ..."

„... demnächst wieder eine veranstalten", unterbrach Rosa ihren Mann mit ihrer Vermutung. „Und wir sollen das Haus dafür herrichten und dann auch weiter versorgen, weil diese Leute namens Vogel das nicht mehr können oder nicht mehr wollen."

„So ist es, liebe Frau", bestätigte ihr Mann. „Sie wollen vielleicht noch, aber sie können wohl nicht mehr. Ihnen ist das Geld ausgegangen. Karl Schmid ist deshalb der Ansicht, wir hätten den Willen, Neues zu wagen, wir hätten das Geld, und das sei das Haus, das wir seit Langem suchen."

„Und was machen wir dann am Dienstag?", wollte Richard wissen. „Können wir nicht alle mitfahren und dieses Objekt auch begutachten?"

„Das wird wohl an einem normalen Wochentag nicht gehen", wies der Vater diesen Gedanken zurück und ordnete an: „Ihr geht wie üblich zur Schule und zur Arbeit und haltet den Betrieb aufrecht, jeder in seiner Weise und nach seiner Pflicht. Um die Küche kümmert sich Elisabeth, damit niemand verhungert. Noch Fragen?"

Der Vater schaute in die Runde, wohl um deutlich zu machen, dass er keine weiteren Fragen erwartete. Seine Rosa hatte dann noch einen Hinweis zu geben: „Wer einmal nichts zu tun hat, faltet die Hände und betet mit großem

Einsatz darum – einsam und gemeinsam –, dass wir bei unserer Rückkehr am Abend die Auflösung des Familienrätsels mitbringen: Wohin geht unser Auszug, dessen wir uns freuen sollen?" Dann hängte sie noch an: „Wartet nicht mit dem Essen auf uns. Wir versorgen uns für unterwegs und sind fertig, wenn wir nach Hause kommen."

***

Ein vielfältiges, mehrstimmiges und variantenreiches „Na, was ist mit dem Vogelhaus?" schlug den Eltern entgegen, als sie am späten Dienstagabend von ihrer insgesamt 500-Kilometer-Reise nach Oberstdorf zurückgekehrt waren und sich am großen Küchentisch bei ihren sieben Kindern plus Ria Krebs einfanden. – Die Tierpflegerin Ria Krebs war inzwischen zur „Tochter des Hauses" aufgestiegen, und Johannes, der älteste Sohn der Familie, befand sich zur Ausbildung in München. – Die vielen Fragen wirbelten nur so durcheinander: „Ist das Vogelhaus eine hübsche Voliere?" – „Ist es eher ein rostiger Käfig oder gar ein Zwinger?" – „Oder ist es ein schlichter Bauer?"

„Langsam, langsam, ihr Lieben", bremste Vater Krebs zunächst einmal den Fragenschwall aus. „Habt Geduld! Ihr werdet alles erfahren, was ihr wissen wollt und sollt."

Weil Hans Krebs zunächst noch einmal schwieg und seine Frau auch nichts sagte, versuchten die Kinder an ihren Gesichtern abzulesen, ob die Reise denn den Erfolg gebracht hatte, um den sie alle gebetet hatten. Aber den Gesichtern der Eltern war nichts Eindeutiges zu entnehmen.

Kriemhild, die Jüngste und demnächst zwölf Jahre alt, sagte schließlich: „Nun erzählt doch endlich mal von dem Vogelhaus für Touristen, ihr Eltern."

Jetzt holte der Vater endlich Luft für seine längere Rede: „Also, das Touristenheim der Familie Vogel sieht von außen aus wie ein Rohbau mit Fenstern und zwei Außentüren. Es ist alles andere als fertig und ansehnlich."

„Von innen sieht es nicht besser aus", hakte die Mutter sich ein. „Da fehlt auch überall der Putz an den Wänden. Da gibt es grob gedielte Fußböden und Gardinen an den Fenstern, die man eher als Hänge-Lappen bezeichnen müsste."

„Wie viele Räume hat das Haus?", wollte jemand wissen.

Die Eltern schienen noch einmal zu überlegen, dabei hatte es der Vater auf einem Zettel schriftlich: „Im Kellergeschoss gibt es einen größeren Raum, im Erdgeschoss sind es neben der Küche zwei größere Räume, im Obergeschoss sind es sechs Räume. Zwei große, vier kleinere, alle mit Stockbetten bestückt."

„Und unter dem Dach gibt es einen Raum über die ganze Fläche", ergänzte die Mutter.

„Also Matratzenlager", kommentierte Walter, ohne dass die Eltern seine Vermutung bestätigten.

„Wo wäscht man sich?", fragte Sieglinde. „Etwa an diesem Faltenbach oder wie der heißt?"

„Nein, so schlimm ist es nicht", wehrte Rosa Krebs diese Bedenken ab. „Im Kellergeschoss sind zwei große Waschräume mit fließendem Kaltwasser und einige Toiletten."

„Gibt es auch Warmwasser zum Waschen?", wollte eins der Mädchen wissen.

„Es gibt nicht einmal eine Heizung im Haus. Die haben die Vogels nicht eingebaut." Das Bedauern des Vaters über diesen Mangel war deutlich seiner Stimme zu entnehmen, bedeutete diese Tatsache doch einen hohen erforderlichen finanziellen Aufwand neben dem Kaufpreis.

„Das kann im Winter aber ganz schön kalt werden in dem

Haus, und die Gäste müssen sich immer dick anziehen und in den Stuben warme Gedanken machen", stellte Walter fest und meinte: „Dem muss ich als Installateur und Bauschlosser dann ja wohl bald abhelfen."

„Und was ist mit der Küche?", wollten Elisabeth und Ria beinahe gleichzeitig wissen.

Jetzt gab die Mutter wieder Antwort: „Die Küche im Erdgeschoss hat eine schlichte Ausstattung, aber man kann schon eine größere Zahl Menschen beköstigen. Geschirr und Besteck sind ausreichend vorhanden. Einfaches Porzellan und Blech und Aluminium. Große Spülschüsseln gibt es auch und die Trockentücher dazu."

„Und wie sieht es drum herum aus?", fragte einer der Jungen.

„Kahles Gelände an einem Hang nach Osten in Richtung Schattenberg", antwortete der Vater. „Das muss später gestaltet werden. Siegfried will doch einmal Gärtner werden. Das wird dann eine gute Aufgabe für ihn, das Gelände zu gestalten."

„Ist denn Platz für einen Garten?", fragte der Junge zurück.

„Nein, ist es nicht, mein Junge, kaum für einen kleinen Gemüsegarten, nur ein kleines Stück rohe Landschaft für ein bisschen Hecke und ein paar Sträucher oder so", antwortete die Mutter. „Übrigens schwebt schräg über dem Haus die Luftseilbahn aufs Nebelhorn hinauf, auf ungefähr 2.000 Meter Höhe. Das ist der Hausberg von Oberstdorf und eine Touristenattraktion. Zur Talstation sind es vielleicht zehn Minuten zu Fuß, in den Ort – ins ‚Dorf', sagt man dort – vielleicht zwanzig und bis zum Bahnhof ein paar Minuten mehr."

„Und was ist mit der Familie Vogel? Wohnt die auch noch im Haus?" Die Frage kam von Martin.

„Das Ehepaar Vogel bewohnt vorläufig noch zwei Räume im Haus und zieht irgendwann aus", informierte der Vater. „Die Leute tun mir leid. Sie haben sich mit dem Haus finanziell total verausgabt. Deshalb müssen sie auch verkaufen. Mit vielen Schulden lebt es sich nicht so gut."

Endlich gelangte das Informationsgespräch zu der Frage, um die es eigentlich ging. Elisabeth, die Neunzehnjährige, war es, die sie stellte: „Werdet ihr diesen schlichten Vogelbauer denn nun kaufen?"

Eine große Spannung legte sich bei dieser Frage, die für die Zukunft der Familie und für den Fortbestand des Fallhofs entscheidende Bedeutung hatte, über die Leute um den großen Küchentisch. Die Augen aller Krebs-Kinder richteten sich in diesem Moment auf die Eltern. Wie hieß deren Antwort?

Dann kam, vom Vater ausgesprochen, die lösende Antwort: „Wir haben bereits alles mit den Vogels besprochen. Der Kauf geht demnächst über die rechtliche Bühne. Mit der Herrichtung des Hauses können wir jederzeit beginnen. Und das organisieren wir so ..."

Hier hakte sich Rosa ein: „... damit am 1. Januar 1954 die erste Jungmänner-Freizeit des bayerischen CVJM mit dem Leiter Karl Schmid im Haus beginnen kann."

Diese Mitteilung verursachte dann doch eine deutliche Schrecksekunde. Heute war schon der 8. Dezember! Ein wenig vorsichtig fragte Elisabeth: „Und wer versorgt die Leute?"

„Gute Frage, meine große Tochter", antwortete die Mutter und schaute Elisabeth vielsagend an. „Vater und ich haben uns überlegt, dass du mit Ria nach Oberstdorf umsiedelst und dass ihr beide die Hauswirtschaft übernehmt. Ihr schafft das! Und die jungen Männer der Freizeit werden mithelfen, mithelfen müssen! Das wird aber wohl kein Problem werden."

„Und wenn an dem Haus und in den Zimmern irgendwas gebaut werden muss? Wenn der Strom ausfällt, die Wasserleitung platzt und so etwas kommt?", sorgte sich Ria. „Hauswirtschaft können wir beide sicher. Aber Handwerker-Arbeiten sind eher nichts für uns."

„Richtig", bestätigte Hans Krebs, „die sollt ihr auch nicht leisten. Wir Eltern haben uns das so gedacht: Wir leisten vor Weihnachten noch einen Großeinsatz zum Verputzen, zum Malern, zum Verschönern des Hauses. Dazu wird jede freie Hand gebraucht. Später werde ich zwischen Gunzenhausen und Oberstdorf hin und her pendeln und am jeweiligen Ort arbeiten, was zu arbeiten ist. Dafür werde ich möglichst bald aus meiner Tätigkeit für die Tierverwertung aussteigen. Die Jungen mögen ins Oberallgäu umsiedeln, wenn es ihre Berufe zulassen oder wenn sie in Oberstdorf neue Arbeit gefunden haben. Mutter hält hier am Heidweiher die Stellung und versorgt die Tiere und unsere drei Jüngsten, die in Gunzenhausen noch ihre Aufgaben haben. Irgendwann sind wir dann alle im Allgäu wieder zusammen, wenn wir den Fallhof aufgelöst und verkauft haben. Das mag Gott lenken, wie er die Sache mit dem Touristenheim ja nun auch gelenkt hat."

„Aber das Haus soll die alte Bezeichnung ‚Touristenheim' doch wohl nicht behalten?", fragte Siegfried.

„Nein, Junge", antwortete die Mutter. „Wir gründen ein christliches Freizeitheim am Faltenbach, und so schreiben wir es auch irgendwann in den Giebel oder auf die Außenwand, wenn die dann mal verputzt ist. Die Leute sollen lesen können, was das für ein Haus ist."

„Wobei das Verputzen dann wohl irgendwann meine Aufgabe ist“, stellte Richard fest, „wenn das mit dem Außenputz noch zwei Jahre warten kann, bis ich meine Maurerlehre fertig habe.“

„Das alles wird sich zeigen und ergeben, ihr Lieben“, behielt Rosa Krebs noch das Wort und deutete damit an, dass sie das Gespräch beenden wollte. „Wir sollten jetzt noch eine Familien-Gebetsrunde anschließen und dann auseinandergehen. Es ist inzwischen spät geworden, und ich denke, wir sind alle rechtschaffen müde. Aber wir haben viel Grund zu danken.“

„Lies noch deinen Spurgeon für heute, Rosl“, bat Hans seine Frau und schloss dabei bereits die Augen wie zum Gebet und faltete seine Hände vor sich auf dem Tisch.

„Gerne, zumindest die Sätze vom Anfang und vom Schluss, denn das passt sehr gut, was da geschrieben ist“, willigte die ein, griff nach ihrem Büchlein, schlug es beim 8. Dezember auf und las:

> „Wer mir dienen will, der folge mir nach; und wo ich bin, da soll mein Diener auch sein. Und wer mir dienen will, den wird mein Vater ehren. Johannes 12,26
> Der höchste Dienst ist Nachahmung. Wenn ich Christi Diener sein will, muss ich sein Nachfolger sein. Zu tun, wie Jesus tat, ist der sicherste Weg, seinem Namen Ehre zu bringen. Lasst mich daran jeden Tag gedenken ...
> Lass mich nicht verfehlen zu beachten, dass der Vater diejenigen ehren will, die seinem Sohne folgen. Wenn Er mich Jesus treu sieht, will Er mir Zeichen der Huld und Ehre verleihen um Seines Sohnes willen. Keine Ehre kann dieser gleichen. Fürsten und Kaiser erteilen bloße Schatten der Ehre; die wahre Herrlichkeit

kommt von dem Vater. Darum, meine Seele, hänge du an deinem Herrn Jesus inniger denn je."

Jetzt faltete auch die Mutter die Hände und schloss die Augen zum Gebet. Die Kinder taten es ebenso, wie sie es gelernt und vielfach geübt hatten ... und beschlossen die Gebetsrunde voller Lob und Dank und Bitte um weitere Weisung und Hilfe mit den beiden Strophen ihres traditionellen Abendliedes: „Breit aus die Flügel beide ..." – Heilige Momente am Ende einer langen Warte- und Fragezeit.

* * *

Der Abend dieses 8. Dezembers 1953 markierte den Beginn einer turbulenten restlichen Adventszeit. Die Arbeit auf dem Fallhof musste weitergehen, zugleich musste das Haus in Oberstdorf so hergerichtet werden, damit es für die Mitglieder der Familie Krebs, die dauerhaft oder zunächst auch nur sporadisch in Oberstdorf leben würden, eigenen Wohnraum gab und damit die Jungmännerfreizeit des bayerischen CVJM am Neujahrstag 1954 pünktlich beginnen konnte. Karl Schmid sollte nicht enttäuscht werden von denen, die er durch seinen Hinweis auf das Touristenheim in Oberstdorf in diese neue Lebensaufgabe gebracht hatte.

So ging es in den verbleibenden Dezembertagen zwischen der Altmühlstadt und dem Dorf an Stillach, Trettach und Faltenbach mehrfach hin und her. Der LKW – inzwischen ein 1,5-Tonner der Marke Hanomag D28-Dieselmotor – hatte manche Langstreckenfahrt zu leisten und eine Menge Materialien zu transportieren, die von den Männern der Familie in wechselnden Besetzungen verarbeitet wurden. Elisabeth und Ria waren mehrfach auch mit von der

Partie, um sich in die hauswirtschaftlichen Dinge einzuarbeiten, bis sie nach Weihnachten als erste Mitglieder der neuen Besitzerfamilie dauerhaft ins Haus einzogen.

Wer nur immer auf dem Fallhof entbehrlich war und sich von seinen sonstigen Tagesgeschäften freimachen konnte, setzte sich am Faltenbach ein, sodass Karl Schmid tatsächlich am Freitag, dem 1. Januar, mit seinen zwanzig jungen Leuten das neue „Christliche Freizeitheim Faltenbach“ wie vereinbart in Beschlag nehmen konnte. Welch ein Ereignis! Welch eine Erfüllung der göttlichen Aufträge an Rosa und Hans Krebs: „Freu dich deines Auszugs!“ und „Verkaufe, was du hast!“

Freilich, ausgezogen waren die ersten Familienmitglieder schon bald nach der Übernahme des Hauses am Faltenbach; verkauft war zu diesem Zeitpunkt aber noch nichts von dem bisherigen Besitz am Heidweiher. Die Arbeit musste folglich an zwei Orten getan werden, und das noch etliche Monate lang. Dabei lag die Hauptlast der Aufgaben auf dem Fallhof in Gunzenhausen auf Rosa Krebs. Sie musste sich um den Haushalt kümmern und zugleich die Versorgung des Federviehs und der Pelztiere organisieren und zu großen Teilen selbst ausführen. Zwar lebten die vier Söhne Martin (18), Walter (16), Richard (15) und Siegfried (14) weiterhin auf dem Fallhof, mussten aber tagsüber ihren Pflichten als Lehrlinge und Schüler nachkommen und konnten der Mutter nur nach ihrem betrieblichen Feierabend und nach der Schule zur Hand gehen. Die beiden Mädchen Sieglinde (13) und Kriemhild (12) gingen ebenfalls noch zur Schule und brauchten von daher mehr Zuwendung der Mutter, als dass sie ihr Arbeit hätten abnehmen können.

Dabei benötigte Sieglinde die Fürsorge ihrer Mutter sogar in besonderer Weise, war das Mädchen doch seit einem

Unfall beim Schlittschuhlaufen auf dem Eis des Heidweihers mit einem Krampfleiden behaftet. Sie war in der Vorwärtsfahrt gestürzt, unsanft mit dem Kopf aufgeschlagen und hatte sich eine blutige Nase, eine dicke Beule an der Stirn und wohl auch eine Gehirnerschütterung geholt. Aber diese innere Verletzung war damals nicht erkannt worden, und das Mädchen hatte sie folglich nicht richtig ausgeheilt. Sie war zu bald wieder nach draußen und zur Schule gegangen. Seitdem hatte sie immer wieder einmal unter heftigen Kopfschmerzen und gar unter epileptischen Anfällen zu leiden. Diese Anfälle kamen zwar selten, aber wenn sie kamen, dann völlig unerwartet, und sie brachten das Mädchen jedes Mal in Not und Gefahr. Auch die behandelnden Ärzte wussten keine andere Aussage zu machen als die, dass das Mädchen wohl sein ganzes Leben lang in seinen Aktivitäten eingeschränkt und immer auf krampfunterdrückende Medikamente angewiesen sein würde. Wer wollte es von daher der Mutter verdenken, dass sie die Freiheit des heranwachsenden Kindes beschnitt und Sieglinde im Haus und in ihrer Nähe haben wollte.

Schade! Sehr schade! Aber dennoch! Über die anklagende Frage an Gott, warum er den Unfall zugelassen hatte und was er sich dabei gedacht habe, war Rosa Krebs hinaus. Die Frage des Propheten Amos in seinem Buch Kapitel 3,6: „Ist etwa ein Unglück in der Stadt, das der Herr nicht tut?" war ihr bald nach dem Ereignis und nach den Diagnosen und Prognosen der Ärzte zum Trost geworden. Auch diesem Kind galt Gottes Liebe, und es musste und sollte von ihr, der Mutter, und auch vom Vater und von den Geschwistern so angenommen und geliebt werden, wie es nun einmal war und sich weiter entwickeln würde. Eine normale Berufsausbildung würde Sieglinde wohl nicht machen können, aber in einem Haus wie dem Freizeitheim in Oberstdorf würde es auch für einen jungen und später älter werdenden Menschen mit Einschränkungen genügend Arbeit geben, die er leisten konnte.

Woher sollte also der vielfach geforderten Frau des Hauses wirkliche Entlastung kommen, wenn ihr die Arbeit wieder einmal über den Kopf zu wachsen drohte? Von den Söhnen nicht, von den Töchtern nicht – und von ihrem Mann auch nicht. Wenn Hans Krebs wieder einmal für ein paar Tage in Gunzenhausen weilte, war er keine Entlastung; im Gegenteil: Der Mann hatte natürlich als Ehegatte und Familienoberhaupt, als Kaufmann und Pelztierzüchter seine Ansprüche an Rosa. Und wenn die Dinge während seiner Abwesenheit nicht so gelaufen waren, wie es seinen Vorgaben oder auch nur Vorstellungen entsprach und er unerwartet manches aufarbeiten musste, dann konnte er ganz schön bärbeißig werden.

Je weiter die Zeit fortschritt, desto mehr wünschte Rosa Krebs sich auch von daher das Ende der Doppelgleisigkeit herbei, damit das Pendeln zwischen den Orten und zwischen den so unterschiedlichen Tätigkeiten und Verantwortlichkeiten aufhöre und das Leben wieder „einfacher“ würde.

Es wurde lange nicht einfacher. Im Gegenteil, die schmalen Schultern der „kleinen“ Frau bekamen anderes aufgelegt, was sie für einige Wochen im neuen Jahr 1954 schier an die Grenzen ihrer Belastbarkeit brachte.

Richard, der Maurerlehrling, wurde über Nacht plötzlich krank, sehr krank, so krank, dass Mutter Rosa, die ihren Sohn nachts hatte jammern und rufen hören, schon das Schlimmste befürchtete. Am ganzen Körper zitternd, eiskalt und doch hoch fiebrig und schweißgebadet lag der Junge in seinem Bett und stöhnte vor Schmerzen im Oberbauch, und ihm war abzuspüren, dass er innerlich von einer großen Angst gepackt war. Diesen Zustand ihres Sohnes vermochte Rosa auch als gelernte Krankenschwester nicht einzuordnen. Was war nur so plötzlich mit Richard los? Welche schlimme Krankheit hatte den Jungen überfallen wie aus heiterem Himmel?

„Jetzt nur nicht in Panik geraten und ganz ruhig bleiben, Gott hat auch diese Situation in der Hand", ging es der Mutter durch den Kopf, während sie dem Jungen Momente später eine kalte Kompresse auf die Stirn und eine warme auf den Bauch legte. Nach einem Stoßgebet tat die Frau zweierlei: Sie rief trotz tiefster Nachtzeit den Arzt an und bat ihn dringend um seinen Besuch. Dann weckte sie ihren Mann und die anderen Söhne, die die Dramatik der vergangenen Minuten verschlafen hatten, und versammelte sie um Richards Bett zum intensiven Gebet. Sie selbst klingelte Elisabeth in Oberstdorf aus dem Schlaf und bat um Gebetshilfe aus der Ferne, die von der Tochter selbstverständlich zugesagt und auch spontan irgendwie organisiert wurde.

Während der Gebete des Vaters und der Brüder an Richards Bett wurde der deutlich ruhiger. Es schien, als wäre eine akute Gefahr zunächst einmal gebannt. Als der Arzt aus der Stadt schließlich den Patienten untersucht, ihm mehrere Ampullen Blut abgenommen und eine fiebersenkende Spritze gegeben hatte, entspannte sich die Lage tatsächlich ein wenig.

Der Arzt machte dennoch ein bedenkliches Gesicht und äußerte gegenüber den Eltern seinen Verdacht: „Ich vermute, Richard hat sich beim Abhäuten eines Rindes oder bei der Herrichtung des Futters für eure Füchse infiziert. Sie arbeiten doch auch mit Rindern? Ich meine natürlich mit toten?"

Die Eltern Krebs gaben ihre Antwort lediglich durch ein Kopfnicken, das der Arzt aufnahm, um dann weiterzureden: „Also ja. Dann muss Ihnen irgendwann ein krankes Tier geliefert worden sein. Ich tippe bei Richard auf Bangsche Krankheit oder auch Brucellose. Der Erreger, ein bestimmtes Bakterium, kann eigentlich nur von einem kranken Rind kommen. Der Brucellus verursacht grippeähnliche Erscheinungen, greift Leber und Milz an und kann Entzündungen der Bandscheiben verursachen. Wenn die Krankheit nicht rasch behandelt wird, kann sie schwere Folgen haben – in ganz seltenen Fällen sogar tödliche."

„Ich wüsste aber nicht, dass eins der zuletzt gelieferten Rinder krank gewesen sein soll", wunderte sich Hans Krebs über die Diagnose des Arztes.

„Da mag irgendwann einmal ein Tier krank gewesen sein, Herr Krebs. Ihr Sohn hat ja wohl schon früher Futter für die Füchse gemischt und zubereitet oder auch einmal beim Abhäuten geholfen. Die Inkubationszeit bei Bangscher Krankheit ist sehr variabel und kann mehrere Wochen betragen. Der Erreger könnte schon seit Langem seine heimtückische böse Arbeit getan haben, und jetzt ist die Krankheit schlagartig ausgebrochen."

„Wie groß ist die Gefahr des Extremfalls?", fragte die besorgte Mutter mit deutlicher Angst in der Stimme. Das Wort „tödlich" hatte ihr doch einen weiteren Schrecken verursacht.

Der Arzt wiegte den Kopf und zuckte mit seinen Schultern: „Akute Todesgefahr besteht hier wohl nicht, Frau Krebs. Die Lage ist dennoch ernst. Ihr Richard muss klinisch behandelt werden. Dem Übel der Bangschen Krankheit kann man nur mit einer antibiotischen Therapie begegnen. Die Behandlung wird sich hinziehen und dauern. Meine Spritze hat die

Lage für den Moment beruhigt. Das Weitere übernehmen dann meine Kollegen in der Klinik. – Ich bereite den Transport und die Aufnahme des Jungen vor."

„Und wir geben das Leben des Jungen bei Gott ab. Er hat es in der Hand. Er kann das Schlimmste abwenden und Richards junges Leben erhalten." Bei diesem Satz klang die Stimme von Rosa Krebs wieder zuversichtlich und fest.

Der Arzt reagierte freilich nicht darauf. Er bat nur darum, die notwendigen Dinge für den Transport ins Krankenhaus und den Aufenthalt dort bereitzustellen und den Patienten später so oft wie möglich zu besuchen. „Der Junge braucht die Zuwendung und den Zuspruch, damit er nicht seinen Lebensmut verliert, weil der Prozess der Genesung sich langsam und schleichend hinzieht."

Es wurde der vermutete lange und zähe Genesungsprozess. Nach fast dreimonatigem Krankenhausaufenthalt kam Richard endlich zurück auf den Fallhof mit der Maßgabe, zu Hause ein weiteres Vierteljahr das Bett zu hüten und dabei ständig unter ärztlicher Kontrolle zu bleiben. Man werde sehen, wie sich die Konstitution des jungen Mannes stabilisiere und ob er später seine Maurerlehre wieder aufnehmen könne.

Für Richard war die ganze Geschichte eine harte Prüfung, aber nicht nur für ihn, sondern auch für seine Mutter. Denn zu dem allem, was Rosa Krebs ohnehin auf dem Fallhof zu leisten hatte, kamen die häufigen Besuche im Krankenhaus dazu. Sie wollte gern ihren Anteil an der äußeren und inneren Genesung ihres Jungen leisten. Aber das kostete Zeit; und es kostete die Frau auch innere Kräfte, den elenden Zustand ihres Sohnes immer wieder vor Augen zu haben und keinen Fortschritt und kein wirkliches Ende des Leids zu sehen. Andererseits war es für die Mutter aber auch tröstlich zu erleben, dass der Glaube des jungen Mannes trotz verständlicher Anfragen an Gott nicht ins Wanken geriet.

Nein, Gott ließ Richard nicht aus seinen Händen, und er hatte das Ende des Leidensweges wohl bereits vor Augen, als er dem jungen Mann einen Gedanken in den Sinn gab, auf den er von allein wahrscheinlich nicht gekommen wäre.

Richard hatte kaum sein Zimmer zu Hause wieder bezogen und sich ins Bett gelegt, als er Rosa Krebs fragte: „Mutter, hast du nicht mit Vater einmal von dem Krankengebet nach Jakobus 5 gesprochen, und habt ihr das dann nicht auch bei jemandem praktiziert?"

„Richtig, mein Junge", erinnerte sich Rosa, „und das mit Erfolg, wenn man bei so etwas von Erfolg sprechen darf. Gott hat damals bei Sieglinde erhört und gehandelt."

„Ob er dann bei mir auch erhört und handelt?"

„Warum sollte er es nicht tun, Richard. Dass Gott Gebet erhört, ist eine ständige Erfahrung seiner Leute. Siehe David im Psalm 145,19: ‚Gott tut, was die Gottesfürchtigen begehren, und hört ihr Schreien und hilft ihnen.' Du hast doch deine Erfahrungen damit auch schon gemacht."

„Hab ich, Mutter", bestätigte Richard und fuhr fort: „Wenn wir nun alle ganz besonders laut und heftig schreien, hilft er dann? Gibt es dafür eine Garantie?"

Rosa Krebs setzte sich zu ihrem Sohn auf die Bettkante und ergriff seine rechte Hand: „Nein, mein Junge, die gibt es nicht. ‚Gott erfüllt nicht alle unsere Wünsche, aber alle seine Verheißungen.' So hat es der Kirchenmann Bonhoeffer gesagt. Nein, mein Junge, Gott ist kein Münzautomat oder Selbstbedienungsautomat, wie diese modernen Geräte heißen, die immer häufiger in der Stadt auftauchen: Münze oben rein und Ware unten raus. Gebet oben rein und Erhörung unten raus. Das funktioniert nur, wenn Gott es so will, Richard. Und ob er es so will, hängt von seinen Plänen für den jeweiligen Menschen ab."

„Und was hat Gott für mich für Pläne, dass er mich so lange ...?"

„Wenn ich wüsste, mein Lieber, was Gott für Pläne mit dir und mit euch Kindern hat, dann wäre mir manches leichter an meinem Tag", antwortete die Mutter mit einem kleinen Seufzer.

„Mir geht es ähnlich, Mutter." Richard richtete seinen Oberkörper ein wenig auf. „Aber egal, ‚Wer nicht wagt, der nicht gewinnt', sagt das Sprichwort. Wer nicht betet, erlebt keine Erhörung. Ich möchte glauben, dass Gott hilft. Ich möchte es wagen, Mutter. Und ich möchte, dass ihr's tut."

„Was möchtest du wagen, Junge? Und was sollen wir tun?" Rosa Krebs verstand nicht gleich, worauf Richard hinauswollte.

„Ich möchte, dass du und Vater und vielleicht noch Leute aus der Gemeinschaft, aus dem EC oder dem Posaunenchor – Brüder halt –, dass ihr es macht, wie Jakobus vorschlägt. Ihr betet und haltet die Salbung und wir alle zusammen glauben fest, dass Gott dieses Krankengebet erhört. ‚Des Gerechten Gebet vermag viel, wenn es ernstlich ist', steht auch in Jakobus 5. Ich kann mir nicht denken, dass Gott mich noch einmal ein Vierteljahr aus der Arbeit und aus allem anderen heraushalten will. – Bitte, Mutter, haltet für mich das Krankengebet."

„Gut, Richard, wenn das dein ausdrücklicher Wunsch ist, dann werde ich mich darum kümmern. Ich rufe Vater an und frage, wann er von Oberstdorf heraufkommt. Ich frage auch noch ein paar Brüder aus dem ‚Silo', und dann werden wir es nach Jakobus 5 wagen. So lange musst du dich gedulden."

***

Wenige Tage später fand diese besondere Handlung im Krankenzimmer von Richard Krebs statt und – Gott erhörte das besondere Krankengebet. Es war, als ließe der himmlische Vater und dreieinige Gott noch während der Handlung alle Reste der Krankheit einschließlich der Rückenschmerzen aus dem Körper heraus- und ganz neue Kräfte in den Organismus des jungen Mannes hineinfließen. Richard konnte anschließend aus seinem Bett aufstehen und problemlos umhergehen, sich mit den anderen an den Tisch setzen, essen und trinken ... Es war nicht nur besser mit ihm geworden, wie es als Verheißung im Jakobusbrief stand. Nein, Richard war gesund geworden, völlig gesund, und er fühlte sich auch so.

Die Ärzte im Krankenhaus Gunzenhausen kamen aus dem Staunen nicht heraus, als sich ihr Langzeitpatient Richard Krebs ihnen ein paar Tage später zur Nachuntersuchung vorstellte. Sie fanden keine Krankheitszeichen mehr. Sie konnten und durften dem jungen Mann bestätigen und bescheinigen, dass er wirklich völlig gesund war. Für Richard und für seine Mutter, die ihn auf diesem Weg begleitete, war das eine willkommene Gelegenheit, Zeugnis zu geben von der Macht des Gebetes und von dem herzlichen Erbarmen Gottes, des Vaters Jesu Christi, das er diesem jungen Mann entgegengebracht hatte.

Gott hatte gehandelt und damit die Möglichkeit geschaffen, dass Richard bald nach seiner wunderbaren Genesung seinen Wohn- und Lebenssitz nach Oberstdorf verlegen konnte. Gott hatte auch dafür gesorgt, dass Rosa Krebs ihr Sorgenkind der vergangenen Monate mit innerer Ruhe und ohne Bedenken ziehen lassen konnte. Der „Auszug“ war damit um eine weitere Person der Familie fortgeschritten. – Übrigens fand Richard in Oberstdorf auch ein Baugeschäft, das ihm ermöglichte, seine Ausbildung zum Maurer neu aufzunehmen.

Richards Brüder Martin und Walter blieben der Mutter bis zum Frühjahr beziehungsweise bis zum Herbst 1955 erhalten. Die beiden siedelten jeweils nach Abschluss ihrer Ausbildung nach Oberstdorf über, wo sie dringend gebraucht wurden. Denn ihr Vater hatte inzwischen den ersten Anbau des Freizeitheims geplant und begonnen, und den zweiten hatte er in seinem Kopf auch schon projektiert. Jede arbeitsfähige Hand wurde dringend auf der Baustelle gebraucht zum Mauern, zum Fliesenlegen, zur Montage sanitärer Anlagen, zum Verlegen von Lichtleitungen, zum Auftragen von Putz, zum Tapezieren ...

Es musste doch unbedingt Platz geschaffen werden für die vielen Menschen beiderlei Geschlechts, die als Teilnehmer unterschiedlichster Freizeiten aus CVJM-, EC- und anderen Gemeindekreisen ins Haus kommen wollten und auch ins Haus kamen. Das „Christliche Freizeitheim Faltenbach“ hatte sich inzwischen deutschlandweit einen Namen gemacht. Nicht nur wegen der schönen Umgebung Oberstdorfs mit seinen lieblichen Flusstälern und seinen majestätischen Bergen, nicht nur wegen der äußerst günstigen Preisgestaltung im Freizeitheim – der Tagessatz inklusive Vollpension betrug 5,- DM –, sondern besonders wegen seiner menschlich-geistlichen Atmosphäre, die bestimmt war vom Umgang mit der Bibel und vom Gebrauch der Liederbücher. Dass sie das Kartoffelschälmesser in die Hand gedrückt bekamen und das Spül- und Trockentuch, das nahmen die meisten Gäste gern in Kauf, ging es doch selbst bei diesen „weltlichen“ Tätigkeiten in der Regel geistlich zu.

Mitarbeit in den Dingen des Hauses als Gesprächsgelegenheit!

Hier ließ sich trefflich darüber diskutieren, ob ein Christ rauchen und Alkohol trinken dürfe, ob sogenannte Frühfreundschaften schicklich seien und wie Jungen und Mädchen überhaupt miteinander umgehen sollten, ob ein Christ zum Tanzen oder ins Kino oder ins Konzert gehen dürfe und wie er sich in der Öffentlichkeit zu kleiden habe ... Zumeist blieben am Ende immer wieder kontroverse Standpunkte stehen – und dazu die Bereitschaft, sich bei allen unterschiedlichen Meinungen dennoch gegenseitig anzunehmen, wie Christus jeden Einzelnen angenommen hatte. Römer 15,7 wurde zu einem häufig zitierten Vers: „Darum nehmet einander an, gleichwie Christus uns hat angenommen zu Gottes Lob."

Gesprächsgelegenheiten ergaben sich auch immer wieder auf der Baustelle des Anbaus des Hauses zur Südseite hin und dann auch bei der Erstellung des weiteren Anbaus zum Berg hin, an denen auch manche Hausgäste ihre handwerklichen Fähigkeiten einbrachten. Auch wenn diese Arbeiten zuweilen den Freizeitbetrieb störten, weil sie nicht ohne lärmende Geräusche und auch nicht ohne menschliche Unruhe ablaufen konnten, mussten sie geleistet werden. Es ging auch zwischen den Krebs-Brüdern nicht immer alles friedlich her. Da wurde manchmal heftig gestritten und geschimpft – und dennoch an einem Strang gezogen. Gebaut werden musste ja auch deshalb, weil der Wohnraum für die eigene Familie endlich geschaffen werden musste.

Die Notwendigkeit, Mutter Rosa Krebs und den in Gunzenhausen verbliebenen Geschwistern den Umzug endlich zu ermöglichen und damit den „Auszug" zum Abschluss zu bringen, wurde immer dringender, zumal Hans Krebs, das

Haupt der Familie und der Hausvater des Freizeitheims, der großen Belastung durch seine beiden Wohn- und Wirkungsstätten und das häufige Hin- und Herfahren gesundheitlichen Tribut zahlen musste: Ein Leistenbruch, den er sich vor vielen Jahren bereits zugezogen, den er aber nie recht beachtet hatte, bereitete ihm zunehmend Beschwerden und schränkte seine Arbeitsfähigkeit ein, sowohl die auf der Oberstdorfer Baustelle und als auch die mit seinen Tieren in Gunzenhausen. Dazu sorgten die Gedanken um den Verkauf oder die Auflösung seiner Tierfarm dafür, dass sich seine Neigung zu Kopfschmerzen wieder verstärkte. Und wenn ihn solche Brummschädel-Attacken überfielen, dann war zumeist nicht gut Kirschen essen mit ihm.

Für Rosa Krebs waren diese Dinge allesamt nicht geeignet, ihr ein dauerhaft ruhiges Herz zu geben. Die Sorge um ihren Mann, die Sorge um die Söhne und Töchter, wo sie auch lebten und arbeiteten, und die Gedanken um die Auflösung des Besitzes am Heidweiher verschafften ihr zuweilen schlaflose Nächte.

Mit Johannes an seinem Studienplatz München pflegte sie einen engen Briefkontakt. Sie hielt ihn auf dem Laufenden über die Ereignisse auf dem Fallhof, ermunterte ihn gegen die Gefahren des Großstadtdaseins zu einem anständigen und ordentlichen Leben und fragte nach seinem Glauben und seinen Kontakten in die Studentenmission. Regelmäßig gingen Wäschepakete zwischen Heimat- und Studienort hin und her, und gelegentlich gab es auch die Bitte, doch wieder einmal ein paar Tage frei zu nehmen und der Arbeit in Oberstdorf zu opfern.

Die schlaflosen Nächte verwendete Mutter Rosa in der Regel zum Beten. Die Gespräche mit ihrem Herrn und Gott hielten die Frau auf den Beinen und bei Kräften und halfen ihr, den Blick nach vorn und nach oben nicht zu verlieren. Lange konnte es doch auch nicht mehr dauern, bis sie sich des „Auszugs“ freuen konnte. Freilich war dieser „Auszug“ seit einiger Zeit dadurch zusätzlich „vorbelastet“, dass Rosas eigene Mutter, Karolina Groß, ehemals Fratz, gegen achtzig gehend und seit Langem zum zweiten Mal verwitwet, inzwischen im Haus am Heidweiher lebte und dann auch in Oberstdorf ihren Platz und ihr Zimmer bekommen sollte. Dass die alte Dame immer wieder der Variation ihres Geburtsnamens ein Stück Ehre machte – sie war eine geborene Grandel und ein im Grunde missmutiger Mensch, also eine „Grantel“ –, wurde für Tochter Rosina Karolina Krebs zuweilen sogar zur Anfechtung auch deshalb, weil die Mutter den Weg ihrer Tochter, ein Leben mit Gott und mit dem Gottessohn Jesus zu führen, nie begriffen hatte und auch im Alter nicht nachvollziehen konnte und das auch bewusst nicht wollte.

Ein Päckchen mehr, das Rosa Krebs mit herzlichem Erbarmen auf sich genommen hatte, weil sie sich als einzige Tochter ihrer Mutter verantwortlich fühlte und nicht ertragen wollte, dass die alte Frau ihren Lebensabend in einem Heim verbrachte.

* * *

Es dauerte bis in den Herbst 1955, bis sich die Zukunft des Fallhofes endlich klärte: Der vor einiger Zeit gegründete und in diesem Jahr neu konstituierte „Zweckverband für Tierkörperbeseitigung Gunzenhausen“ übernahm das vollständige Gelände am Heidweiher mit allem toten Inventar, das bisher der Familie Hans Krebs gehört hatte und nicht in den „Auszug“ einbezogen wurde. Der Zweckverband betrieb die Aufgaben und die Geschäfte der Verwertungsanstalt in eigener Regie weiter und stellte einen neuen Geschäftsführer ein, der allerdings ebenfalls Krebs hieß: Karl Krebs übernahm die Tätigkeiten seines Bruders Hans.

Leider fand sich niemand, der die Tierfarm übernommen und weitergeführt hätte. Es gelang Hans Krebs lediglich, einige seiner besten Tiere aus der Population der Füchse, Nerze und Nutria bei befreundeten Tierzüchtern in „Pension“ zu geben, damit sie für ihn die Zucht dieser edlen Tiere weiterführten. Seiner Rosa wäre es freilich lieber gewesen, ihr Mann hätte dieses Geschäft ganz drangegeben. So musste er sich auch künftig um dieses Geschäft kümmern und deshalb immer wieder in Sachen Pelz-Herstellung und -Verkauf unterwegs sein. Ob sich dieser Weg finanziell auszahlen würde, musste sich auch erst noch erweisen. Aber der bittende, werbende, drängende ehefrauliche Einspruch hatte bei ihrem Mann keine Veränderung seiner Entscheidung bewirkt. Zuletzt war Rosa dann sogar froh darüber, dass Hans die Tiere nicht mit nach Oberstdorf nahm, um dort eine neue Tierfarm zu gründen. Das wäre es dann noch gewesen!

Die andere notwendige Entscheidung trug sie dann freilich mit, wenngleich es ihr bei jedem letzten Zucken eines der getöteten Pelztiere einen kleinen Stich versetzte. Die Tötung und Häutung der vielen edlen Vierbeiner, die nicht in einer „Pension“ unterkamen, war eine traurige Angelegenheit und hinterließ am Ende der Aktion eine „leere, blutüberströmte und tränengetränkte Fuchsfarm“. Die schriftliche Mitteilung dieses Ereignisses an Johannes wies dann auf dem Briefpapier auch ein paar deutliche Wasserflecke auf …

Der Geflügelfarm ihr ebenfalls notwendiges Ende zu bereiten, war zwar auch eine blutige, aber doch eine wesentlich einfachere Angelegenheit, hatte doch auch Rosa Krebs selbst häufig Hühner geschlachtet, damit sie sauber gerupft und ausgenommen anschließend im Kochtopf landeten oder im Bratofen zubereitet wurden und als Fleischmahlzeit auf den Tisch kamen.

Als dann wenige Tage nach dem großen Schlachtfest – welch ein trauriges Wort! – die vielen um ihre Bewohner beraubten Käfige auseinandergenommen waren und das nicht verwendbare Material entsorgt war, konnte die verbleibende Strecke bis zur endgültigen letzten Transportfahrt vom Gunzenhauser Heidweiher an den Oberstdorfer Faltenbach in den Blick genommen werden.

* * *

Das Weihnachtsfest 1955 feierten alle Krebses noch einmal am alten Heimatort. Das musste einfach so sein, damit der endgültige Abschied von diesem „paradiesischen Erdfleck" leichter fiel. Nach alter Familientradition wurde in der guten Stube unter dem Christbaum mit Texten aus dem Alten und dem Neuen Testament der Weihnachtsbotschaft vom Kommen Gottes in die Welt der Menschen gedacht, wurde vielfältig musiziert und einstimmig und mehrstimmig gesungen, wurden Geschenke verteilt und ausgepackt und bewundert oder auch bemängelt, versammelte man sich um den großen Tisch, um in großer fröhlicher Runde das letzte von Mutter Rosa Krebs in diesem Haus zubereitete Weihnachtsfestmahl zu genießen.

Ein schöner Tag! Ein schönes Fest! Ein schönes Miteinander der Eltern Krebs mit ihren acht Kindern plus Ria plus Berta plus Oma Groß – plus Uli. Ach ja, diesen Jungen im Alter von Richard aus der Verwandtschaft von Rosa Krebs gab es seit ein paar Jahren auf dem Fallhof, seitdem er in Sachsen durch den Tod des Vaters zum Waisenkind geworden war. Rosa, die Cousine von Ulis Mutter, die bereits im Krieg bei einem Fliegerangriff auf Stuttgart ums Leben gekommen war, hatte ihn aufgenommen aus Gründen „herzlichen Erbarmens" und war dem Jungen zu einer lieben und liebenden Pflegemutter geworden.

***

Am Montag, 30. Januar 1956, konnte man in der Gunzenhauser Tageszeitung, dem „Altmühl-Boten", dann eine Notiz lesen, die die Leserschaft dieses Blattes darüber informierte, dass die Ära Krebs auf dem Fallhof zu Ende war:

> „Im Kreis seiner leiblichen und geistlichen Geschwister feierte Hans Krebs vom Fallhof am Sonntag Abschied von seiner bisherigen Tätigkeit und Heimat. Eine große Zahl von Freunden und Bekannten war gekommen, um Hans Krebs, dem bekannten Helfer vieler Armen und Bedürftigen wie Bedrängten, den letzten Gruß zu entbieten. Der Genannte übernimmt bekanntlich das von ihm gegründete Freizeitheim in Oberstdorf."

Wer aus dem großen Freundes- und Bekanntenkreis der Familie Krebs diesen Artikel aufmerksam und mit Überlegung gelesen hatte, dem musste aufgefallen sein, dass er erstens wie der Nachruf bei einer Beerdigung klang – „letzter Gruß" – und dass er zweitens vergessen hatte, die Frau des Hans Krebs zu erwähnen. Sie hätte es im Blick auf die

Formulierung „Helfer vieler Armen und Bedürftigen wie Bedrängten“ unbedingt und wahrhaftig verdient gehabt!

Rosa Krebs war freilich zu bescheiden und zu demütig im besten Sinne, um diesen Mangel der Presseinformation überhaupt zu registrieren oder sich gar darüber aufzuregen. Sie war ohnehin viel mehr erfüllt von dem Kleinod, das ihr aus ihrem Spurgeon für den 30. Januar, für den Tag des lang ersehnten und endlich verwirklichten „Auszugs“, für diesen bedeutsamen Reisetag zur Freude mitgegeben wurde aus 1. Mose 28,15: „Und siehe, ich bin mit dir und will dich behüten, wo du hinziehst.“

Dieses Wort Gottes an den in eine unbekannte Zukunft reisenden Jakob war ihr ein wahrhaft „gesegneter Pass ... und ein himmlisches Geleit“ zu der Freude über ihren „Auszug“ in neues Land, zu der sie an jenem denkwürdigen 12. März 1952 vom selben Autor eingeladen worden war. – Ein kleiner Tropfen Wermut trübte freilich die Freude: Siegfried, der Gärtner-Lehrling, blieb in Gunzenhausen zurück, um bei Freunden wohnend zunächst seine Ausbildung weiterzumachen und auch nach der entsprechenden Lehrzeit erfolgreich zu beenden. Aber darin war seine Mutter sehr beruhigt und getrost: Auch der jüngste ihrer Söhne würde behütet leben und lernen und gelegentlich und in jedem Fall in seinem Urlaub zu Besuch nach Oberstdorf kommen und Hand anlegen im elterlichen Werk.

10. Oberstdorf –

„… und doch in Gottes Hand“

So turbulent, wie der Lebensabschnitt auf dem Fallhof in Gunzenhausen für Rosa Krebs zu Ende gegangen war, so turbulent ging ihr neuer im herrlichen Allgäu weiter. Nach ihrer endgültigen Ankunft – sie war natürlich bereits einige Male hier in Oberstdorf gewesen, wenngleich immer nur auf kurze Stippvisiten – und nach einer gebührenden Begrüßung durch die Söhne und Töchter, durch die angestellten Mitarbeiter des Hauses und durch einige Teilnehmer der gerade anwesenden Freizeit trat die Frau zunächst noch einmal etliche Schritte zurück und stellte sich für ein paar Momente in einigen Metern Abstand dem Haus gegenüber, um einen Gesamtüberblick zu haben.

Das also war ihr neuer Lebens- und Wirkungsort! Ein schönes Haus hatten ihre Männer aus dem Touristenheim gemacht, natürlich mithilfe von verschiedenen Fachkräften und vielen Freunden und freiwilligen Helfern. Die zu diesem Zeitpunkt vierundfünfzigjähre Hausmutter vom „Christlichen Freizeitheim“ – so stand es inzwischen deutlich lesbar auf der hell verputzten Hauswand – verlor sich für Momente in dankbarem Staunen. Den Giebel des Hauses zierte jetzt nicht mehr der alte Hinweis auf das Touristenheim Vogel, sondern in der Mitte das Kugelkreuz des EJD, der kirchlich orientierten Evangelischen Jugend Deutschlands; links und rechts davon befanden sich die Embleme der deutschen Jugendverbände EC und CVJM. *Schön! Wie viele junge Leute waren wohl bereits durch dieses Haus gegangen, und wie viele würden es wohl noch werden?*, ging es Rosa Krebs durch den Sinn.

Freude kam in ihr auf bei dem Gedanken, dass sie sich künftig nicht mehr um Füchse, Nerze, Nutria und Federvieh zu kümmern brauchte. Nein, sie durfte sich künftig kümmern um Menschen, die in diesem Haus Erholung suchen wollten für Leib und Seele, „damit sie neu gestärkt durch Gottes Wort und eine Begegnung mit Christus wieder froh in den Alltag gehen“ konnten. So hatte es ihr Mann im Freundesbrief des vergangenen Jahres formuliert. Leider hatte Hans seine Einladung für Gruppen und Einzelgäste nur als Hausvater ausgesprochen, als habe das Freizeitheim gar keine Hausmutter. Nun gut, so war Hans nun einmal, ging es Rosa Krebs durch den Kopf, und außerdem war sie ja auch noch gar nicht dauerhaft im Haus gewesen. Das freilich sollte sich ja mit dem heutigen Tag ändern. Ab heute hatte das Haus eine Hausmutter!

Bei diesen Gedanken rief ihr Mann sie ins Haus. Es sei im kleinen Speiseraum für einen Begrüßungskaffee gedeckt und sie solle doch bitte die Leute nicht warten lassen.

„Ich komme sofort“, rief Rosa zurück, warf aber zunächst noch einen Blick nach rechts auf den nächsten sichtbaren Berggipfel, der den schönen Namen Himmelschrofen trug. „Himmel“, dieser Namensteil war gut, ging ihr durch den

Kopf. „Schrofen?“ Die Bedeutung dieses Wortes würde sie erfragen. Dann ging der Blick noch rasch nach links zur Kabine der Nebelhornbahn, die in diesem Moment nach oben schwebte. Blitzartig gingen der Frau die ersten beiden Verse des 121. Psalms durch den Kopf:

> „Ich hebe meine Augen auf zu den Bergen. Woher kommt mir Hilfe? Meine Hilfe kommt vom Herrn, der Himmel und Erde gemacht hat.“

Ja, so wollte sie es halten, nahm sich die Hausmutter vor, ehe sie sich von ihrem Platz in Bewegung setzte: In allem, was auch kommen sollte, die Augen immer hinauf zu dem, der auch diese herrliche Welt hier am Nordrand der Allgäuer Alpen gemacht hatte und auch den Himmel, der sich darüberspannte. Leider ließ der sich heute hinter der Wolkendecke nur erahnen. Ja, die Augen immer hinauf zu dem, von dem stets alle Hilfe kommt. Der „gesegnete Pass“ und das „himmlische Geleit“ waren ihr ja bereits zugesagt. Herrlich!

Und jetzt, Rosa Krebs, nachdem der Auszug vollzogen ist, freue dich deines Einzugs! Mit diesem schönen Gedanken betrat Hausmutter Rosa Krebs ihr neues Wirkungsfeld, in dem sie von heute an mehr als dreißig Jahre mit „himmlischem Geleit“ tätig sein sollte.

Dass das so werden würde und wie sich das im Einzelnen gestaltete, konnte sie freilich an diesem Tag nicht wissen. Dass sie wenige Wochen nach ihrer Ankunft am neuen Ort erneut zweifache Pflegemutter würde, konnte sie an diesem Tag auch noch nicht wissen, nicht einmal ahnen. Aber es wurde so, und Rosa in ihrer seit Langem gewohnten Lebensart des „herzlichen Erbarmens“ nahm es hin, wie es kam.

Ihr Mann war mit Ria und Martin geschäftlich in den hohen Norden der Bundesrepublik gereist. In Kiel hatte er Kontakt zu einem Waisenhaus bekommen und hatte angesichts der elternlosen Kinder sofort den Eindruck, er solle zwei von ihnen in Oberstdorf eine neue Heimat bieten. Über sein Anliegen war mit der Heimleitung schnell gesprochen, Hans Krebs suchte zwei Kinder aus und nahm sie – ohne vorherige Rücksprache mit seiner Frau – auf seiner Rückreise gleich mit. Der anhängige Papierkrieg sei auch per Post zu erledigen.

Auf diese Weise wurde Rosa Krebs die Pflegemutter für die sechsjährige Anita und den fünfjährigen Manfred, die ihr an einem späten März-Abend schlafend ins Haus getragen wurden. Neu-Pflegemutter Rosa Krebs hatte kaum Zeit, einen kurzen Blick „hinauf zu den Bergen" zu schicken und um Hilfe zu bitten. Die beiden Kinder sollten doch nicht noch wach werden, sondern möglichst im Schlaf bleiben. Also rasch ein freies Bett aufgedeckt und die beiden vorsichtig und sanft unter die Decke gesteckt.

Hans meinte nur lapidar: „Sie dauerten mich, Rosa, und ich wusste, dass du sie aufnimmst."

Am nächsten Morgen fragte Rosa dann doch einmal bei den Kindern nach, ob sie denn nicht wenigstens telefonisch eine Nachricht hätten geben können. Ria und Martin schauten sich bei der Frage nur kurz an. Dann antwortete der junge „Flugschanzenmeister", wie Martin inzwischen genannt wurde: „Vater hat es tatsächlich vorgehabt, dich anzurufen, Mutter."

„Und warum hat er es nicht getan? Ich hätte mich doch ganz anders auf die Situation einstellen können."

Jetzt gab Ria die Antwort: „Martin hat zu Vater gesagt, der Anruf sei sicher nicht nötig; er habe doch schon manche

Entscheidung getroffen, ohne dich zu fragen, und du seist bisher immer einverstanden gewesen."

„Es war so, wie Ria es gesagt hat, Mutter", ergänzte Martin und fügte an: „Ich habe noch gemeint, du würdest ohnehin gesagt haben, dass er das Geld für den Anruf besser gespart hätte. – Wir wissen doch alle, du würdest dem Vater nie widersprechen, wenn er eine Sache als Gottes Wille sieht. Oder sehe ich das falsch, Mutter?"

„Es ist schon recht so, ihr beiden", bestätigte Rosa Krebs diesen Sachverhalt, und auf ihrem Gesicht lag dabei ein Lächeln, bei dem man nicht genau sagen konnte, wie es zu verstehen war. Dann wiederholte sie: „Es ist wirklich recht so. Ich werde die beiden lieb haben, wie ich alle meine Kinder lieb gehabt habe und noch lieb habe, die einen so lieb wie die anderen. Es soll den beiden jetzt jüngsten Krebs-Kindern an nichts fehlen, wie es euch in der Regel an nichts gefehlt hat. – Habt ihr Anita und Manfred nur auch so lieb, als wären sie eure leiblichen Geschwister. Es sollte für uns alle gewiss zum ‚herzlichen Erbarmen' gehören."

* * *

Vor diesem Ereignis hatte es eins gegeben, woraufhin Rosa Krebs ihre Augen sehr dankbar „auf zu den Bergen" gelenkt hatte. Im Gottesdienst in der Oberstdorfer Evangelisch lutherischen Christuskirche war ihr und ihrem Mann eine ältere Diakonisse aufgefallen, die von einem bescheidenen, ebenfalls älteren Herrn im grauen Mantel und Hut begleitet wurde. Hans Krebs glaubte sicher, dass er dem Mann schon begegnet sei. Er vermutete in ihm Pfarrer Arno Haun, den Direktor des DGD. Er war sich allerdings nicht sicher. Weil er sich aber scheute und Rosa es auch nicht wagen wollte, den Mann anzusprechen, übernahm Ria die Aktion, stellte sich den beiden Herrschaften in den Weg und fragte den Herrn, ob er schon einmal auf der Hensoltshöhe in Gunzenhausen auf der Kanzel gestanden hätte.

Als der Herr lächelnd antwortete, das sei richtig, konnte Ria sagen: „Dann sind Sie Herr Pfarrer Arno Haun, der Direktor des DGD aus Marburg."

„Sie haben recht, junge Frau, der bin ich", antwortete der Herr und ein erstauntes Lächeln legte sich auf sein Gesicht, „und neben mir das ist Schwester Emilie Losereit, die Oberin des DGD. Meine Frau habe ich leider im Hotel lassen müssen. – Und wer fragt uns hier nach unserer Identität?"

„Ich bin Ria Krebs, Tochter von Hans und Rosa Krebs, genau gesagt Pflegetochter mit selbem Namen, die am Faltenbach hier in Oberstdorf …"

„… das christliche Freizeitheim führen?", setzte Pfarrer Haun den Satz fort. „Das ist ja eine interessante Begegnung. Sind Ihre Pflegeeltern auch in der Nähe?"

„Wenn Sie erlauben, hole ich die beiden herbei", griff Ria die Frage auf und wandte sich auch schon den Eltern Krebs zu, die die Szene aus wenigen Metern Entfernung beobachtet hatten.

Momente später gab es ein herzliches Begrüßen an der Grenze des Kirchplatzes – und es gab die Vereinbarung zu einem gemeinsamen Kaffeetrinken im Freizeitheim am Nachmittag. Frau Haun möge aber doch bitte mit dabei sein.

Dieser Nachmittag wurde dann so besonders, dass Elisabeth Krebs ihrem Bruder Johannes sofort brieflich davon berichten musste: „… Zuerst Kaffeetrinken, dann sangen wir ein paar Lieder, weißt Du, so wie daheim! Und dann packte ‚er' aus seinen Erinnerungen von Krieg und Frieden tüchtig aus, bis sie dann auf dem schnellsten Weg zu Schüles mussten. Aber das war schön! ..."

Rosa Krebs war von diesem Nachmittag ebenso begeistert wie Ria. Dass sie selbst wie auch die anderen Frauen am Tisch kaum in das Gespräch aktiv einbezogen waren, bereitete der Hausmutter keinen Kummer. Das war nun einmal so, dass Frauen sich bei Männergesprächen zurückzuhalten hatten und sie in der Regel nur antworten durften, wenn sie gefragt wurden. Pfarrer Arno Haun lebte ganz offenbar diese Ordnung genauso wie ihr Hans. Dennoch, Rosa Krebs schickte einige herzliche Dankgebete hinauf „zu dem Herrn, der Himmel und Erde gemacht hat" und der auch die Begegnung an diesem Nachmittag möglich gemacht hatte. Der Nachmittag hatte einfach gutgetan!

Diese Begegnung musste nach Rosas Eindruck auch deshalb sein, weil zuvor eine Freizeit im Haus gewesen war, mit der es gar nicht gut gelaufen war. In ihrer Bekümmernis darüber hatte sie gerade gestern ihrem Johannes unter anderem geschrieben:

> *„... Zuvor hatten wir ... Frauen mit einem Pfarrer und dessen Frau. Wir erfuhren dann, dass Letztere an der allgemeinen Unzufriedenheit viel schuld war. Es war sehr betrübend, keinen herzlichen Händedruck oder dankbaren Gruß zu hören. Manche gingen auch fast ohne Gruß fort. Aber es hat vielleicht auch sein Gutes, dass man dann viel herzlicher betet und um Segen ringt, denn es ist sicher so, dass der Teufel mehr denn je wie ein fraßhungriger Löwe umhergeht, weil er weiß, dass er nicht viel Zeit mehr hat ..."*

Aber so war das nun einmal: Auch in einem christlich geführten Haus konnte man es nicht allen recht machen. Den einen war man zu fromm, den anderen zu oberflächlich, den einen zu eng in der Auslegung der Gebote und biblischen Weisungen, den anderen zu weit. In Gottes Garten blühten zuweilen schon einmal merkwürdige Pflanzen. Vor diesem Hintergrund war es für Rosa Krebs eine notwendige Übung, ob in der persönlichen Stillen Zeit oder auch mitten im Arbeitsablauf, „dass man viel herzlicher betet und um Segen ringt".

***

In den Frühlingsmonaten bekam Rosa Krebs dann auch wieder ganz anderen Anlass, „herzlicher zu beten" und „auf zu den Bergen" zu schauen und um Hilfe zu bitten. Ihr Mann hatte sich in den Kopf gesetzt, in Altstädten bei Sonthofen eine frühere Reitschule zu erwerben und diese zu einem Freizeitheim um- und auszubauen. 70.000,- DM sollte das Anwesen kosten. Das Haus hätte umgebaut werden müssen, um es als Freizeitheim verwenden zu können, was einen weiteren größeren fünfstelligen Geldbetrag verschlungen hätte. Das Haus dann wirklich zu nutzten, würde bedeuten, dass die Familie wieder auseinandergerissen würde und dass weitere Mitarbeiter eingestellt werden müssten. An beiden Orten zugleich zu arbeiten, wäre ja wohl nicht möglich. Dieses Haus als ein Selbstversorgerhaus zu führen, in dem die Gästegruppen sich in allem selbst kümmern, wie es Hans Krebs auch vorschwebte, hielt die Hausmutter des Oberstdorfer Freizeitheims für keine realisierbare Alternative. Ihr Votum war eindeutig und hieß: „Nein!"

Rosa Krebs stampfte bei den Diskussionen um dieses

Projekt innerlich jedes Mal mit dem Fuß auf. Das konnte doch nicht wahr sein, dass Hans sich schon wieder in neue Kosten stürzte und dabei vergaß, dass ein solches Projekt mit der eigenen Familie und mit den wenigen Mitarbeitern gar nicht zu leisten war! Zumal doch am Faltenbach auch immer noch gebaut wurde und ein Ende der Baustelle nicht absehbar war. Außerdem fehlte das zusätzliche Geld, um das neue Projekt finanzieren zu können. Aber ihr lieber Hans ließ einfach nicht mit sich reden. Rosa Krebs ließ sich endlich auf kein Gespräch über die Sache mehr ein. Ihre Argumente kamen einfach nicht an, und die weitere Familie wusste nicht, auf welche Seite sie sich schlagen sollte. Die Mutter schickte sich schließlich in die Entscheidung, die Hans am Ende treffen würde.

Allerdings bestürmte Rosa den Himmel. Gott selbst musste ihren Mann zur Vernunft bringen, damit er die Hände von diesem Projekt ließ. Zum Glück mahlten Gottes Mühlen auch in dieser Sache anders als die menschlichen. Die Sache um die Reithalle zog sich hin bis ins Frühjahr 1956. Dann allerdings griff Gott auf seine Weise in diese Geschichte ein, und diese Weise war recht merkwürdig.

Der Hausvater war an einem späten Apriltag dabei, die Decke in einem der Räume zu streichen, als ihn plötzlich ein heftiger Schmerz traf, dessen Ursache offenkundig ein neuer Leistenbruch war. Die Ausbeulung war fühlbar und dann auch sichtbar. Rosa Krebs schickte ihren Mann sofort ins Bett, ein wenig gegen seinen Willen. Er lebe doch schon seit dreißig Jahren mit einem Bruch. Da werde ihm doch der neue keine Probleme bereiten. Mit dieser Einschätzung hatte Hans Krebs zunächst recht. Die „Beule" ließ sich im Liegen nach innen drücken, die Schmerzen ließen nach, und nach wenigen Stunden schien alles wieder in Ordnung.

Am nächsten Morgen stand der Mann schon wieder auf der Leiter.

Es war aber gar nichts in Ordnung. Eine Woche später fuhr Hans Krebs mit seiner Rosa nach München, um eine Ausstellung für Hotel- und Gaststätten-Einrichtungen und bei dieser Gelegenheit in der Theresien-Klinik einen bekannten Oberstdorfer Baumeister zu besuchen. Der Mann erholte sich dort gerade von einer Leistenoperation und empfahl seinem Besucher, im nötigen Fall sich auch in dieser Klinik operieren zu lassen. Der Chirurg sei ein frommer Mensch wie er, Hans Krebs. Der bete wegen jeder Kleinigkeit. Besonders vor einer Operation bete er immer: „Herr, nun führe du das Messer!“ Das sei schon merkwürdig, aber sicher nicht falsch.

Schneller als je geahnt saß Hans Krebs diesem frommen Arzt gegenüber. Während des Rundgangs durch die Ausstellung hatte sich der neue Bruch wieder stark bemerkbar gemacht und der Gang in die Klinik erwies sich als unvermeidbar. Der Arzt meinte zwar, die Sache sei nicht akut, zumindest könne er das nicht feststellen, aber wo er, Hans Krebs, doch schon einmal in München sei, könne er sich doch operieren lassen. Dann sei das Problem ein für alle Mal behoben und aus der Welt. Zu einer spontanen Operation war Hans Krebs aber nicht bereit, wenngleich seine Frau ihn dazu ermunterte.

Später – die Eheleute waren zurück in die Ausstellung gefahren – wiederholte sich die Attacke. Die Beschwerden verstärkten sich und erzwangen die erneute Untersuchung in der Klinik. Der Arzt riet dringend zu einem Eingriff, und wenig später fand sich Hans Krebs auf dem Operationstisch des frommen Chirurgen wieder. Der wird sicher wieder gebetet haben: „Herr, nun führe du das Messer.“

Rosa war inzwischen nach Oberstdorf zurückgefahren, weil sie dort gebraucht wurde, ahnte sie doch auch, dass ihr Mann eine Weile in München bleiben musste.

Hans Krebs musste sogar mehr als vier Wochen in München bleiben, bis seine Frau ihn endlich abholen konnte. Der lange Klinik-Aufenthalt war nötig geworden, weil es schon bei der Operation Probleme gegeben hatte – der Bauchraum war bereits gefüllt mit Eiter und Blut – und in der Nachsorge durch den Fehler eines Assistenzarztes noch einmal ganz andere. Dieser Mann im weißen Kittel hatte eine Spritze falsch gesetzt und dadurch eine Hodenvergiftung herbeigeführt, die den Patienten an den Rand des Todes brachte.

Es waren wohl – neben dem intensiven Bemühen der Ärzte und des anderen Klinikpersonals – die ungezählten betenden Aufblicke „zu den Bergen, von welchen die Hilfe kommt" gemäß der alten Textversion Martin Luthers zu Psalm 121, die Hans Krebs am Leben erhielten. Rosa Krebs, ihre Kinder und viele Freunde und Gäste, die während dieser Zeit im Haus am Faltenbach weilten, wussten, dass die Hilfe auch in dieser Situation nur von dem Herrn kommen konnte, der der Schöpfer aller Dinge und Geber aller guten Gaben ist, wozu auch die Gesundheit zählt.

Nach langen Wochen Klinik-Aufenthalts konnte die Hausmutter des Freizeitheims am Oberstdorfer Faltenbach endlich mit allen anderen Beteiligten aufatmen und ihren Mann in München abholen.

Zur Feier der Rückkehr des Hausvaters gab es ein nettes Fest für die Familie, die Mitarbeiterschaft und die Gäste mit Kaffee und Kuchen, mit Bläsermusik und Gesang und mit einer schönen Gebetsrunde zum Dank und zur Ehre des lebendigen Gottes, der sich seines Knechtes erbarmt hatte

– und der die Arbeit im Freizeitheim auch ohne ihn hatte gehen lassen.

Und dann passierte Rosa Krebs ein unbedachter Fehler, der ihren Mann aber erneut an die Grenzen seines Lebens brachte.

Hans Krebs hatte um ein warmes Kamillenbad gebeten, damit er sich reinwasche und befreie von den letzten Puderresten seiner Entgiftungs-Behandlung in München. Um die Wirkung des Bades zu erhöhen, hatte Rosa ein Desinfektionsmittel, das bekannte und häufig verwendete Sagrotan, in das Badewasser gegeben. Das Mittel hatte auch zunächst das Wohlbefinden ihres Mannes deutlich gesteigert. Er fühlte sich endlich puderfrei und pudelwohl. Nach einigen Stunden aber bekam Hans Krebs dann einen schweren Herzanfall, der als eine allergische Reaktion auf das Sagrotan erklärt werden musste. Trotz des raschen und beherzten Eingreifens des herbeigerufenen Arztes wiederholte sich die Attacke. Der Zustand des Patienten verschlechterte sich stündlich, sodass der Arzt das Krankenzimmer gar nicht mehr verließ. Schließlich war Hans Krebs nicht mehr ansprechbar und ohne vernehmbare körperliche und geistige Reaktionen. Der Arzt konnte schließlich unter ratlosem Achselzucken nur noch den klinischen Tod seines Patienten feststellen. Welch eine Dramatik!

Große Trauer und tiefer Schmerz legte sich schon auf die Menschen im Freizeitheim, vor allem auf Mutter Rosa, die sich schuldig fühlte und deutlich unter ihrem Versagen litt, und auf die Kinder, die dennoch an Vater Hans' Lager kniend beteten, ohne feststellen zu können, ob ihr Gebet denn noch etwas auszurichten vermochte.

Doch plötzlich ging ein Zittern und Röcheln durch den schlaffen, bleichen Körper des Patienten, und der

Totgeglaubte richtete sich in seinem Bett auf, als wäre nichts gewesen. Hans Krebs zeigte keinerlei Anzeichen der Folgen der akuten Herzschwäche mehr. Sein Gesicht bekam wieder Farbe. Er konnte ganz normal atmen und Kopf, Arme und Beine bewegen und sagen: „Gott sei Dank, ihr Lieben! Ich bin noch da! Gott will mich wohl noch auf Erden gebrauchen."

Dem immer noch anwesenden Arzt war das Ereignis ein Rätsel. Den Betern um das Bett war es ein Wunder, das Gott hier soeben getan hatte.

„Gottes Gnade hat ihn bewahrt", schrieb Rosa Krebs noch am selben Tag an Johannes, der an seinem Studienort mitgebetet haben mochte.

Eine Woche später konnte die Mutter wiederum im Brief an Johannes auf dessen Nachfrage hin feststellen: „... Vati geht es besser, er kann jetzt wieder überall nachschauen, legt sich aber gern nachmittags wieder ins Bett, er ist noch nicht bei Kraft und es ist ihm meist recht ‚schwummerisch'. Denk also auch im Gebet daran ..."

Das „Nachschauen" hatte Hans Krebs in den vergangenen Wochen ganz besonders vermisst, musste er doch seine Söhne unbeaufsichtigt arbeiten lassen in der Baugrube, an den Fundamenten, den Mauern ... Aber vielleicht war es ja tatsächlich einmal gut gewesen, Martin, Walter und Richard ein Stück Eigenverantwortlichkeit lernen und leben zu lassen in den Dingen der Hauserweiterung und in ihrem Anteil an der Gästeversorgung und -betreuung.

Wenngleich die letzten Wochen für die Freizeitheimler am Faltenbach hart und kräftezehrend gewesen waren, ein Gutes hatten sie mit sich gebracht: Die Sache mit der Reithalle in Altstädten hatte sich derweil zerschlagen, weil sich von Oberstdorf aus niemand weiter darum gekümmert hatte. Hans Krebs musste ein wenig zähneknirschend zugestehen, dass seine Gedanken offenbar nicht Gottes Gedanken gewesen waren und es wohl eher Gottes Gedanken entsprach, die Arbeit am vorhandenen Haus zu intensivieren und dort zunächst die Bauarbeiten zu einem sinnvollen Ende zu bringen und vorläufig keine neue Baustelle anzufangen. Bei dem allen sollte er wohl auch die Kosten im Blick haben, keine neuen Schulden machen und Einnahmen und Ausgaben einigermaßen in der Waage halten.

Rosa Krebs, in diesen Wochen auch besonders in die Dinge der Hausleitung hineingewachsen, war sehr glücklich über den „Tod des Projekts Reithalle". Sie ließ sich freilich ihre Genugtuung nicht anmerken. Das hätte wahrscheinlich ihren Mann verletzt, und jemand anderem wehzutun, entsprach nicht ihrem Interesse oder ihrer grundsätzlichen Einstellung zu anderen Menschen. Das wäre ja auch weit entfernt von allem Handeln in „herzlichem Erbarmen".

* * *

So nahm die Arbeit am und im Freizeitheim ihren zumeist guten Gang. Die Wochen im Juli und August 1956 hatten sogar etwas Leichtes und Heiteres in sich. Dem Hausvater ging es wieder gut. Seine Frau und seine Kinder waren gesund. Das Freizeitheim war bestens belegt, zuweilen sogar überbelegt, sodass wochenweise Notquartiere eingerichtet werden mussten. Das Wetter war sommerlich und erlaubte für die Wanderungen in den herrlichen Bergen oder auch in den lieblichen Tälern leichte Kleidung – für Jungen und Mädchen natürlich differenziert und entsprechend gesittet. Die Bauarbeiten am östlichen Anbau gingen voran, spielte doch endlich auch das Wetter mit und erlaubte den Jungen an Schaufel, Kelle und Putzbrett kurze Hosen und blanke Arme. Johannes, der externe Lehramtsstudent, verbrachte ein paar Wochen seiner Semesterferien zu Hause am Faltenbach, und auch Siegfried hatte seinen Urlaub so gelegt, dass er, der Gärtnerlehrling, wenige Wochen vor seiner für den September angesetzten Gesellenprüfung zu Hause mit anfassen konnte. Die Familie Krebs war für ein paar Wochen vollständig beieinander. Und mittendrin wie seit Langem Ria und mittendrin auch die beiden neuen Pflegekinder Anita und Manfred, die beiden „Kleinen". Die wurden zwar von allen herzlich geliebt, hatten aber doch ihre Mühe, sich in die neue Lebenssituation Familie, gar Großfamilie, einzuleben und einzufügen. Rosa Krebs verbrachte manche Stunde mit den beiden, um ihnen Nähe und Liebe zu zeigen und ihnen zu helfen, mit dem Ungewohnten in ihrem jungen Leben zurechtzukommen.

Die letzte Augustwoche 1956 war eine irgendwie besondere Woche für die Familie Krebs. Da gab es einmal den Besuch von Pfarrer Günther Carqueville, einem Freund aus der Gunzenhauser Zeit, mit dem sich vortrefflich diskutieren ließ, ob junge Männer zur Bundeswehr gehen sollten oder nicht, gab es doch seit dem 21. Juli des Jahres das Wehrpflichtgesetz der Bundesrepublik Deutschland. Dem unterlagen von den Krebs-Söhnen auf jeden Fall Richard und Siegfried, weil sie beide nach dem 30. Juni 1937 geboren waren. Freilich eröffnete das neue Gesetz auch die Möglichkeit, den Wehrdienst abzulehnen und dafür in irgendeiner anerkannten Einrichtung einen Wehrersatzdienst oder auch Zivildienst zu leisten. Da war es Richard und Siegfried gerade recht, sich mit einem kompetenten Mann über diese Frage unterhalten zu können und seinen Standpunkt als gläubiger Christ zu hören und zu bedenken. Noch brauchten sie ja keine Entscheidung zu fällen.

Interessant war es auch, die Meinung des Freundes zu erfahren zu der Frage, die seit einiger Zeit vor allem Martin und Walter auf der Seele brannte: Konnte es sein, dass Gott sie beide in den vollzeitlichen geistlichen Dienst berufen hatte? Die beiden richteten immer wieder einmal ihre Blicke nach Bad Liebenzell im Schwarzwald und nach St. Chrischona in der Schweiz, wo sie mit den Ausbildungsstätten für den Dienst als Prediger, Evangelist oder Missionar bereits Kontakt aufgenommen hatten. Wenngleich dazu die letzte Erkenntnis geschweige denn Gewissheit noch nicht gewonnen war, war es doch gut, die Meinung von Pfarrer Carqueville zu hören und sie fortan in die eigenen Überlegungen einbeziehen zu können.

Mutter Rosa Krebs hatte ihre Freude daran, wie ihre Jungen mit dem Freund, der um etliche Jahre älter war als sie, im Gespräch waren. Ihre beiden jüngeren Buben eines Tages als Wehrpflichtige in Uniform sehen zu müssen, war ihr keine angenehme Vorstellung. Schon bei dem Gedanken kamen ihr Bilder aus den Kriegsjahren hoch, die ihr innerlich wehtaten. Dagegen zwei ihrer Kinder im Dienst für ihren Herrn zu wissen und in Gedanken predigend hinter einem Katheder zu sehen, damit wollte sie gern leben. Ihre eigenen Gedanken waren schon immer wieder einmal in diese Richtung gegangen und sie hatte die Frage für sich selbst und mit ihrem Mann – in diesem Punkt waren die Eheleute sich sehr einig –, aber auch schon mit Walter und Martin gemeinsam zum Gebet gemacht mit dem Anliegen, Jesus selbst wolle den beiden jungen Männern den Weg zeigen, den er mit ihnen vorhatte.

Es gab noch einen zweiten familiären Höhepunkt in diesen letzten Augusttagen 1956. Es gab an einem späten Abend nach getaner Arbeit ein fröhliches Pflaumenkuchenessen. Die von irgendeinem Bauern geschenkten Pflaumen am Vormittag im großen Kreis junger Freizeitleute zu entsteinen, war schon ein tolles Vergnügen gewesen. Beim späteren Backen hatte die Hausmutter mit ihren Mädchen in der Küche auch ihren Spaß gehabt. Aber das Verzehren dieses leckeren Kuchens direkt vom Blech auf den Teller in lockerer, fröhlicher Runde war für alle Beteiligten der Höhepunkt des Tages. Es wurde gescherzt und gelacht, und wenn ein paar Münder einmal leer waren, wurde auch gesungen. Heute Abend waren das allerdings nicht unbedingt Lieder von der frommen Art, sondern solche aus der „Mundorgel", dem kleinen grünen „Liederbuch für Fahrt und Lager", das vor drei Jahren von vier leitenden Männern des Kölner CVJM zusammengestellt und herausgegeben worden war.[17] Vorher waren die Gitarren und die Mundharmonikas herbeigeholt worden, und dann folgte ein Lied nach dem andern: „Wilde Gesellen, vom Sturmwind durchweht, Fürsten in Lumpen und Loden ..." – „Meine Oma fährt im Hühnerstall Motorrad ..." – „In einem Dorf im Schwabenland ..." – das Lied vom „armen Dorfschulmeisterlein" richtete sich besonders an Johannes – „Wie oft sind wir geschritten auf schmalem Negerpfad ..."

Dieses Lied fand nicht unbedingt das Wohlgefallen der Hausmutter. Dass die versammelte Familien-Jugend die letzte Strophe so unbekümmert singen konnte, machte ihr ein wenig Mühe. Da hieß es nämlich:

---

17 Die Mundorgellieder sind zitiert aus „die mundorgel", Fidula-Verlag, Boppard, 1968, Liednummern 153, 155, 33. Ein Exemplar der Ausgabe 1953 stand nicht zur Verfügung.

„Tret ich die letzte Reise, die große Fahrt, einst an, auf, singt mir diese Weise statt Trauerliedern dann, dass meinem Jägerohre, dort vor dem Himmelstore, es klingt, wie ein Halali: Heia, heia Safari!“

Beim nächsten Lied „Wenn wir erklimmen schwindelnde Höhen, steigen dem Gipfelkreuz zu ...“ überkam Mutter Rosa für einen Moment sogar ein richtig wehmütiges Gefühl, lebte sie doch immer in einer gewissen Spannung und Bangigkeit, wenn sie ihre bergbegeisterten Jungen wieder einmal auf einer Klettertour in den Bergen wusste. In solchen Stunden galt es für sie jeweils, „herzlicher zu beten“ und „auf zu den Bergen“ zu schauen, damit Gott Bewahrung schenke und die Kletterer unversehrt wieder nach Hause bringe. Bei der letzten Strophe dieses Bergliedes überkam sie sogar ein leichtes Frieren, sang doch die ganze Schar fröhlich und völlig unbekümmert:

„Beim Alpenglühen heimwärts wir ziehen, Berge, die leuchten so rot. Wir kommen wieder, denn wir sind Brüder, Brüder auf Leben und Tod. Lebt wohl, ihr Berge, sonnige Höhen, Bergvagabunden sind treu, ja treu!“

Nein, bitte nicht so etwas!, schoss es der Mutter durch den Kopf, und sie bat darum, doch jetzt nur noch ein Abendlied zu singen und dann den Tag ausklingen zu lassen. Es gehe inzwischen gegen Mitternacht.

In das allgemeine Zustimmungsgemurmel bat der Vater: „Dann sollte zur Feier des Tages uns der Hannes noch eine kurze Rede halten.“

Weil der älteste der Krebs-Söhne sich aber zierte, der Bitte nachzukommen, stand Walter auf.

„Wenn der Hannes als der Älteste und Schlauste und einzig akademisch Gebildete von uns nichts weiß, muss ich als der Mittlere von uns Jungen und als ‚Schanzenmeister' der Familie halt etwas sagen. Ich muss das Reden für meinen späteren Predigtdienst ja sowieso üben. Also meine lieben Verwandten aus zwei Generationen: Mit diesem festlichen und fröhlichen Pflaumenkuchenessen feiern wir die Einweihung unseres neuen Waschraumes. Bei der Arbeit haben alle tüchtig angepackt. Ein besonderer Dank gebührt unserem verehrten Chef, der alles so gut berechnet und geleitet hat, und unserer geliebten Chefin, die immer die Wunden verbunden hat, wenn sich jemand auf den Daumen geklopft und verletzt hatte. Nun freuen wir uns, dass alles so schön geworden ist und unsere lieben Gäste in Zukunft mit ordentlich gewaschenen Hälsen und Händen zu den Mahlzeiten kommen können. – Wenn wir sie jetzt zur Verfügung hätten, sollten wir mit Gletschermilch oder auch Skiwasser darauf anstoßen. Übrigens auch auf die Abreise unseres geschätzten Noch-nicht-Gärtnermeisters Siegfried, der uns ja leider morgen verlassen muss, damit er in seiner Gesellenprüfung nachweist, dass er einen Bergahorn vom Gänseblümchen unterscheiden kann und wie man einen Maulwurfhügel einebnet, ohne dem Maulwurf auf die Schnauze zu hauen. – Also jetzt leider keine Gletschermilch, denn meine geschätzten Schwestern der Küche haben es versäumt, ihre Bergstiefel rechtzeitig einzuweichen. Dazu haben meine Herren Brüder vergessen, die abgekratzten Skilack-Reste vom letzten Winter zu konservieren. Und nur Zucker in Wasser aufzulösen schmeckt zu fad. Also kein Skiwasser, sondern als letzten Schluck die eigene Spucke. Unsere Kannen sind nämlich alle leer! – Ich danke für eure geschätzte Aufmerksamkeit und wünsche für später eine gute Nacht!"

Nach dieser Spontanrede von Walter wollte der Beifall

mit Händen und Füßen schier nicht aufhören. Schließlich mahnte die Mutter noch einmal das gewünschte Abendlied an. Das wurde dann auch sofort angestimmt, nachdem die Wahl auf das Lied des deutschen Heimatschriftstellers Anton Wilhelm von Zuccalmaglio gefallen war:

„Kein schöner Land in dieser Zeit als hier das unsre weit und breit, wo wir uns finden wohl unter Linden zur Abendzeit.

Da haben wir so manche Stund gesessen da in froher Rund und taten singen; die Lieder klingen im Eichengrund.

Dass wir uns hier in diesem Tal noch treffen so viel hundertmal, Gott mag es schenken, Gott mag es lenken, er hat die Gnad.

Nun, Brüder, eine gute Nacht, der Herr im hohen Himmel wacht, in seiner Güte uns zu behüten, ist er bedacht.

Ihr Brüder wisst, was uns vereint, ein andre Sonne hell uns scheint; in ihr wir leben, zu ihr wir streben als die Gemeind."

Nach diesem Lied ergriff jeder einen oder mehrere Gegenstände, die weggeräumt werden mussten, brachte sie an ihre Plätze und zog sich dann in sein Zimmer zurück. Jedes weitere Gespräch hätte die Freude und den tiefen Eindruck dieses besonderen Abends nur zerstört.

Dass dieser Abend im großen Familienkreis der letzte

dieser Art sein würde, dieser Gedanke kam wohl niemandem in den Sinn. Oder hatte Mutter Rosa doch tief in ihrem Inneren eine Ahnung, dass der kommende Sonntag ein Ereignis bringen würde, das die Zukunft der Familie Krebs völlig neu ordnete und aufstellte?

***

Es wurde Sonntag, 2. September 1956.

Rosa Krebs stand an diesem Morgen früher auf, als es eigentlich nötig gewesen wäre, wollte sie doch Martin, Walter und Richard verabschieden, die sich für diesen Tag mit zwei Gästen zu einer Bergtour verabredet hatten. Um 6 Uhr wollten die fünf aufbrechen, also suchte die Mutter ihre Söhne einige Minuten vorher in ihrem Zimmer auf. Martin sprach gerade das letzte Amen, als sie die drei an ihren Betten kniend antraf.

„Verzeiht, ihr Buben, habe ich gestört?“, fragte sie.

„Nein, Mutter“, antwortete Martin. „Wir waren gerade mit dem Beten fertig. Du hast also nicht mehr gestört.“

„Ich finde das großartig von euch dreien, dass ihr euch vor eurer Tour noch die Zeit nehmt, Stille Zeit zu halten“, lobte Rosa und fragte: „Was nehmt ihr euch daraus mit?“

Richard gab die Antwort: „Wir haben nach den Lichtstrahlen Offenbarung 7,9-17 gelesen. Das ist der Abschnitt von der Riesenmenge Menschen, die in weißen Kleidern und mit Palmen in den Händen vor dem Thron Gottes steht und keinen Hunger und keinen Durst mehr hat und keine Tränen und keinen Tod mehr kennt.“

„Wunderbar, ihr drei“, griff die Mutter Richards Antwort auf. „Zu dieser Menschenmenge wollen wir alle einmal hin. Verliert dieses Ziel nie aus den Augen!“

„Mutter!“, gab Walter etwas vorwurfsvoll zurück. „Du kennst uns doch! Nichts ist uns wichtiger im irdischen Leben als dieses Ziel im ewigen Himmel.“

„Heute ist unser Ziel allerdings der Gipfel des felsigen irdischen Himmelhorns, Mutter. Diesen Gras-Felsen-Gipfel möchten wir ersteigen zum Training für die Mitarbeit bei der Bergwacht!“, ergänzte Martin. „Und jetzt müssen wir aufbrechen. Die beiden anderen werden draußen bei den Fahrrädern schon warten, und der Weg bis zum Bergfuß wird nicht kürzer.“

„Du hast recht, Martin. Verzeiht, wenn ich euch aufhalte. Macht euch auf den Weg und holt euch auf der Schotterstraße keinen Plattfuß!“, sagte Mutter Rosa. „Vergesst nichts von eurer Ausrüstung und seid vorsichtig im Fels. Das Himmelhorn ist schrofig und tückisch mit seinen Grasflächen auf den Wänden.“

Richard beruhigte: „Was an uns ist, Mutter, werden wir alle Vorsichtsmaßnamen beachten, und einen Platten am Fahrrad müssten wir halt unterwegs flicken. Wir möchten ja heute Abend wieder hier sein.“

„Dann geht und fahrt in Gottes Namen, ihr drei“, beendete Rosa Krebs das kurze Gespräch. „Gott schütze euch und bewahre euch!“

Wenige Minuten später winkte sie den fünf Radlern mit ihren Rucksäcken auf den Gepäckträgern und den Seilen um die Schultern noch einmal nach, ehe sie um die Hausecke in die Straße abbogen, die sie zunächst hinauf auf den Kühberg und dann weiter ins hintere Oytal führen sollte.

„Gott schütze euch und bewahre euch!“, wiederholte sie noch einmal, während sie ins Haus zurückkehrte, um an ihr Tagwerk zu gehen. Etwa 120 junge Leute wollten später ein

Frühstück haben, das ebenso wie der deftige Eintopf zum Mittagessen vorbereitet werden musste.

Der Sonntag nahm seinen Lauf. Die jungen Leute der Freizeit kamen zum Frühstück, gingen in den Gottesdienst in die Christuskirche, klagten bei der Rückkehr über den Nieselregen, der inzwischen eingesetzt hatte, füllten zum Mittagessen wieder die Räume und ließen sich anschließend beschäftigen oder beschäftigten sich selbst, wie das halt an einem Freizeit-Sonntag so läuft.

Die Hausmutter schaute derweil immer wieder einmal hinaus und zum Himmel. Der war seit dem Vormittag grau verhangen, „weinte" leise vor sich hin und zeigte keinerlei Wolkenlücken. *Die armen Jungen in ihrer Wand*, ging es Rosa Krebs mehrfach durch den Sinn. Aber die Burschen waren schon bei schlechterem Wetter geklettert. Und sie waren inzwischen anerkannt gute Kletterer. Also die Sorge darum nach oben abgegeben!

Gegen halb sieben, gerade rechtzeitig zum Abendessen, kamen die beiden Mitkletterer von ihrer Tour zurück. Über den Verbleib der drei jungen Krebse konnten sie keine Auskunft geben. Sie hätten sich am Fuß des Himmelhorns getrennt. Sie beide seien den normalen Bergsteigerpfad hinaufgestiegen, um die drei anderen später oben zu treffen. Die hätten vorgehabt, den Gipfel über den Rädlergrat zu erreichen. Wie gesagt, sie beide hätten von den dreien nichts gesehen und nichts gehört. Ihre Fahrräder stünden wohl noch immer am Zugang zum Grat.

Rosa Krebs schrak heftig zusammen, als sie das Stichwort Rädlergrat aufschnappte. Es konnte doch wohl nicht wahr sein, dass ihre drei Jungen den gefährlichen Aufstieg über diesen Grat genommen hatten! Den nahmen ja kaum geübteste Kletterer!

„Bitte, Hans, setz dich ins Auto und fahr ins Tal hinter. Nimm dir ein paar Leute von der Bergwacht mit. Ich rufe sofort den Leiter an, dass du ihn und seine Männer abholst. Schaut nach, wo die Jungen bleiben“, bedrängte die Hausmutter ihren Mann, den die Mitteilung der beiden Hausgäste ebenso erschreckt hatte. Mehr für sich selbst hängte Rosa Krebs leise an: „Sie werden doch wohl nicht ...?“

„Ich bin schon unterwegs, Frau“, gab Hans Krebs zurück. „Lass die Freizeitleute sich zum Beten versammeln, wer beten kann. Ich will hoffen, die drei begegnen mir derweil.“

Ein paar Minuten später saß der Hausvater in seinem VW-Bus, um die Männer der Bergwacht abzuholen und mit ihnen den Kühberg hinauf zur Oytalstraße zu fahren, um an deren Ende den Fuß des Berges zu erreichen. Spätestens dort hoffte er die Jungen anzutreffen.

Im Freizeitheim setzten sich derweil einige Gruppen junger Männer zum Gebet zusammen, nachdem sie ein sehr still verlaufenes Abendessen hinter sich gebracht hatten. Die Hausmutter hatte sich bald nach der Abfahrt ihres Mannes in ihr Zimmer zurückgezogen und war auf die Knie gegangen: „Herr, erbarme dich! Christe, erbarme dich! Herr, erbarme dich! Halt meine Jungen fest! Bring sie mir zurück! Lass Hans und die Männer sie finden!“

* * *

Sie hatten sie nicht gefunden. Sie hatten lediglich ihre Fahrräder gefunden. Auf ihr vielfaches Rufen hatten sie kein Echo bekommen, und dann hatte die Dunkelheit der Nacht den Vater und die Männer der Bergwacht gezwungen, die Suche zunächst einmal einzustellen. Die Lichtbündel ihrer mitgeführten großen Stablampen waren nicht kräftig genug gewesen, um die Felswände wirklich zu erreichen und aufzuhellen. Aber auch auf das Licht hin hatte es kein Echo gegeben. Es blieb dem Suchtrupp um Hans Krebs nichts anderes übrig, als nach Hause zu fahren und die Aktion am frühen Morgen des nächsten Tages wieder aufzunehmen.

Die kurze Nacht im Freizeitheim war eine schlimme Nacht. Im Haus herrschte so etwas wie Totenstille. Nur aus den Schlafräumen hörte man leise Geräusche von Schlafenden. Aber die jungen Männer der Freizeit waren ja auch nicht unmittelbar von dem Ereignis betroffen. In der Familie Krebs dachte niemand an Schlaf. Johannes – Siegfried war vor ein paar Tagen nach Gunzenhausen zurückgekehrt und hatte keine Ahnung von dem, was sich in Oberstdorf zurzeit abspielte – und die Mädchen waren in ihren Räumen und beteten wohl oder versuchten zu schlafen. Der kommende Tag enthielt ja auch wieder Arbeit, die getan werden sollte. Die eine Jugend-Freizeit ging, und eine Familien-Freizeit kam. Da gab es viel zu richten. Vater Hans Krebs ging in seinem Zimmer unruhig hin und her, während seine Rosa in einem Sessel saß und die Hände rang.

Irgendwann war sie dann vor Müdigkeit doch eingeschlafen. Ihr Mann hatte sich schließlich auch hingesetzt, und es war ihm genauso ergangen. Beide Eheleute schraken am frühen Morgen plötzlich hoch.

„Ihr müsst wieder hinaus, Hans“, mahnte Rosa. „Wann holst du die Männer ab?“ Die Stimme der Frau klang rau und brüchig.

„Wir hatten uns auf sechs Uhr geeinigt“, antwortete Hans.

„Komm, lass uns zuvor noch einen Kaffee trinken. Du musst auch etwas essen, bevor du aufbrichst“, meinte Rosa, erhob sich von ihrem Platz, um in die Küche zu gehen und ein Frühstück für ihren Mann zu richten. Sie selbst konnte noch nichts essen. Aber ein heißer Kaffee würde ihr wohl auch guttun.

Hans Krebs saß dann zur vereinbarten Zeit wieder in seinem VW-Bus und war mit den Leuten der Bergwacht erneut auf dem Weg ins hintere Oytal. Für Rosa begann abermals eine Zeit des Wartens, des Bangens, Hoffens, Betens. Dabei musste sie doch auch ihren Aufgaben nachgehen, die heute ein wenig anders aussahen als sonst: Sie musste heute das Morgengebet beim Frühstück sprechen und den abreisenden Gästen ein ermutigendes Wort mit auf den Weg geben. Danach musste sie mithelfen, die leer gewordenen Zimmer wieder zu richten, um am Nachmittag die Teilnehmer der neuen Freizeit zu begrüßen. Auch das war heute ihre Aufgabe, solange ihr Mann nicht zurückgekommen war. Aber wie würde der zurückkommen?

Herr, erbarme dich! Christe, erbarme dich! Herr, erbarme dich!, ging es der Hausmutter während der Arbeit immer wieder durch den Kopf und dazu das Gebet um innere und äußere Fassung und um Durchhaltekraft.

* * *

Am späten Nachmittag wurde auch für Rosa Krebs zur traurigen Tatsache, was sich inzwischen als wachsende Gewissheit in ihr eingenistet hatte. Hans und die Männer der Bergwacht brachten ihr die schlimme Nachricht ins Haus: Gott hatte seine bewahrende Hand von den Jungen zurückgezogen, die Augen verschlossen und das Unaussprechliche und Unbegreifliche geschehen lassen. Die suchenden Männer draußen hatten die drei Leichname zerschlagen und zerschunden am Fuß der dreihundert Meter hohen Wand des Berges gefunden. Was sich wirklich am Himmelhorn abgespielt hatte, wusste niemand zu sagen. Auch die Männer der Bergwacht standen vor einem Rätsel, wie es zu dem Unglück hatte kommen können.

Und wenn jemand die Frage hätte beantworten können, was hätte das geändert? Rosa Krebs stand mit ihrer ganzen Restfamilie vor der unwiderruflichen Tatsache, dass ihre drei hoffnungsvollen Söhne tot waren, aus großer Höhe abgestürzt und am Boden zerschmettert. Gott verlangte von ihr, der Mutter, die diese prächtigen Kerle unter dem Herzen getragen und mit viel Liebe aufgezogen hatte, die schwerste Lektion ihres bisherigen Lebens zu lernen: das Loslassen von eigenem Fleisch und Blut, das Loslassen von Hoffnungen und eigenen Lebensplänen, das Loslassen von … Glauben und Zuversicht in seine Verheißungen?

Rosa Krebs zog sich aus dem Geschehen im Freizeitheim zurück.

„Macht ihr, ich kann jetzt nicht", war ihre Weisung an Ria, Elisabeth und die anderen, dabei liefen denen allen doch selbst die Tränen über die Gesichter.

Hans, ihr Mann, war bald wieder unterwegs. Er musste sich doch mit darum kümmern, dass die Leichname seiner Söhne aus dem Tal geholt und in der Friedhofshalle aufgebahrt wurden. Der Arzt musste herbei, um die Totenscheine auszustellen. Die Polizei musste informiert werden wegen einer möglichen Untersuchung des Unfalls. Der Vater musste sich auch kümmern um die Abwicklung der Formalien mit der Bergwacht, den Leuten vom Standesamt und vom Friedhofsamt, dem Pastor …

Mein armer Mann, der arme Vater, ging es der Frau und Mutter durch den Kopf, den sie im Sessel sitzend zwischen ihren Händen hielt. *Er hat keine Zeit zu trauern. Doch auch er wird fragen: „Gott, was hast du gemacht? Warum? Warum?*

Warum Walter, Martin und Richard? Warum gleich alle drei auf einmal? Warum, Gott?"

In der leidenden Frau begann es zu toben. Es rebellierte heftig in ihr. Alles in ihr stand auf gegen diesen Gott, der so unbegreiflich unbarmherzig zugeschlagen hatte. Zorn bemächtigte sich der sonst so sanften und friedliebenden Frau, wobei ihr die Tränen nur so über die Wangen liefen und ihr Schluchzen den Körper erschütterte, heftiger, kaum zu beherrschender Zorn gegen diesen ungerechten Gott, der in ihrem Leben ein solches Zerstören angerichtet hatte.

Und dann hatte Rosa Krebs plötzlich den biblischen Hiob vor Augen und in den Gedanken. Hatte der nicht noch viel mehr loslassen müssen als nur drei Kinder? Waren das bei Hiob nicht alle seine Kinder gewesen, sieben Söhne und drei Töchter? Sie hatte doch noch zwei Söhne und drei Töchter, dazu die Pflegekinder. Sie war doch nicht so vollständig ihres eigenen Fleisches und Blutes beraubt worden wie dieser rechtschaffene Gottesmann.

Die leidende Frau saß auf ihrem Bett in der Schlafstube und knetete ihr nasses Taschentuch. Die Gedanken rasten nur so in ihrem Kopf. Wie hatte der Hiob damals auf sein Unglück reagiert? Seine Frau hatte dem frommen und gottesfürchtigen Mann geraten: „Sage Gott ab und stirb!" Und was hatte der geantwortet?

Rosa hatte es plötzlich deutlich vor Augen, als stünde es vor ihr geschrieben: „Haben wir Gutes empfangen von Gott und sollten das Böse nicht auch annehmen?" Nein, Hiob hatte sich nicht an Gott versündigt. Er hatte daran festgehalten, das Gott Gott ist und bleibt: „Der Herr hat's gegeben, der Herr hat's genommen; der Name des Herrn sei gelobt!"

Rosa Krebs raffte alle ihre verbliebene innere Kraft zusammen und versuchte, ihre Gedanken zu ordnen: So musste es sein! Es galt sich zu beugen unter die gewaltige Hand dieses Gottes, der die Freiheit hatte, Leben zu geben und Leben zu nehmen, dessen Gedanken andere waren als die der Menschen und dessen Handeln letztlich doch immer gut war.

Bei diesem Gedanken hatte Rosa Krebs plötzlich das Bild vor Augen, von dem Richard am Morgen vor dem Aufbruch der drei gesprochen hatte, weil die Jungen in ihrer Stillen Zeit den Text gelesen hatten. Es war das Bild aus Offenbarung 7. Die Frau griff zu ihrer Bibel, schlug die Stelle auf und las, was nach dem Vers 9 stand, soweit ihre tränenverschleierten Augen das zuließen:

> „… eine große Schar, welche niemand zählen konnte … vor dem Thron stehend und vor dem Lamm, angetan mit weißen Kleidern und Palmen in ihren Händen; die riefen mit großer Stimme und sprachen: Das Heil ist bei dem, der auf dem Thron sitzt, unserm Gott und dem Lamm! …“

Rosa unterbrach ihr Lesen, um sich die Augen frei zu wischen. Dann schaute sie wieder in den Text und las weiter:

> „… diese sind's … und haben ihre Kleider hell gemacht im Blut des Lammes. Darum sind sie vor dem Thron Gottes und dienen ihm Tag und Nacht in seinem Tempel … denn das Lamm mitten auf dem Thron wird sie weiden und leiten zu den lebendigen Wasserbrunnen, und Gott wird abwischen alle Tränen von ihren Augen.“

Rosa Krebs schloss die Augen, atmete mehrmals tief und schwer ein und wieder aus und spürte dabei, wie eine große Ruhe über sie kam. Dann war plötzlich dieses Bild noch einmal für einen Moment vor ihren Augen, und sie hatte den Eindruck, als könne sie ihre drei Buben in der großen Menge vor dem Thron erkennen und als winkten sie ihr sogar zu, als wollten sie deutlich machen: „Mutter, weine nicht, wir sind am Ziel unseres Lebens bei Gott, und hier ist es gut! Hier herrscht Freude und Wonne am Thron des Lammes ewiglich! Hör auf zu weinen, Mutter! Erlebe, dass Gott selbst die Tränen von deinen Augen abwischt!"

So plötzlich, wie dieses Bild noch einmal vor Rosas Augen aufgetaucht war, so plötzlich war es auch wieder verschwunden. Zurückgelassen hatte es einen großen, starken Trost, in dem die trauernde Frau von ihrem Bett aufstehen, nach unten gehen und sich in die restlichen Arbeiten des Tages einbringen konnte. Ja, sie war sogar in der Lage, ihren verbliebenen Sohn und die Töchter tröstend in die Arme zu nehmen und ihnen und den mitleidenden Helfern stärkende und tröstende Worte zu sagen. Die Hausmutter hatte auch die Kraft, ihrem Mann, als der endlich müde und zerschlagen und voll Trauer bis in die tiefsten Tiefen seiner Seele nach Hause gekommen war, in die Arme zu nehmen und ihm Trost zuzusprechen aus ihrem eigenen Erleben vorhin in ihrer Schlafstube. Gemeinsam konnten die beiden den Text für die Traueranzeige formulieren:

> „Der Herr über Leben und Tod hat es zugelassen, dass unsere drei innigst geliebten Buben und Brüder Martin, Walter und Richard im blühenden Alter von 21, 19 und 18 Jahren am 2. September bei einer Klettertour am Himmelhorn abgestürzt sind. In tiefem Schmerz, doch durch Jesus, der uns Leben und Auf-

erstehung bedeutet, getröstet – Hans und Rosa Krebs mit allen Kindern."

Immer noch aus derselben Kraft verfügten Hans und Rosa Krebs später auch, dass auf dem Grabstein – einem unbehauenen Felsbrocken, einem Berggipfel ähnelnd – zeugnishaft stehen sollte: „Ja, Vater! Martin 21 Jhr. Walter 19 Jhr. Richard 18 Jhr. Abgestürzt am 2.9.56 und blieben doch in Gottes Hand".

Aus derselben Kraft konnte Rosa Krebs in der folgenden Zeit es vor vielen Menschen immer wieder zeugnishaft sagen: „Unsere Jungen sind in der Hand ihres Heilandes geblieben, dem sie früh ihr Leben anvertrauten, und sie werden für alle Ewigkeit bei ihm leben und ihn loben. Wir aber haben durch ihren Tod einen starken Magneten in der Herrlichkeit bekommen und freuen uns auf das Wiedersehen mit ihnen bei Jesus im Licht."

Und immer noch aus derselben Kraft konnte sie noch später schreiben: „Nun war es an uns, ein Zeugnis für Jesus zu sein, und ich betete viel, dass ich meinem Herrn keine Schande machte. Ich dachte mir: Jesus reicht uns eine Hand, und die andere hat er in der Ewigkeit bei der oberen Schar. So sind wir verbunden miteinander in Jesus. Doch ist Jesus die Hauptsache! ‚Jesus und' ... darf es nicht heißen, sondern nur ‚Jesus allein!'

Ach, es war nicht leicht: nicht sehen und doch glauben. Aber durch Gottes Gnade und in seiner Kraft konnten wir den andern Menschen ein Zeugnis sein. Soll ich nicht von dem Trost in unserm großen Leid etwas erzählen? Es ist mir wohl heilig, aber vielleicht hilft es manchem, der in ähnlichem Leid steht. Denn nur der kann recht trösten, der selbst durch den Schmerz hindurchgegangen ist und sich von Gott hat trösten lassen … Wir sind schon auf dem Heimweg, und wenn uns der Vater sein Trostwort gibt, wie etwa in dem Vers ‚In des Hirten Arm und Schoß: Amen! Ja, mein Glück ist groß!' – so gibt er es nicht, wie man einem Kind ein Bonbon gibt, dass es ein wenig über seinen Kummer hinwegkommt. Sondern bei einem göttlichen Trostwort greifen die Wurzeln unserer Seele immer wieder ein Stückchen tiefer … Ich habe Hiob immer schon bewundert, aber jetzt muss ich vor ihm ganz verstummen. Er, der Jesus und seine Verheißungen noch nicht kannte, sagt so schlicht: ‚Der Herr hat's gegeben, der Herr hat's genommen, der Name des Herrn sei gelobt!' Vielleicht hat sein Vaterherz bei solchen Worten gezittert und geblutet, aber der Herr nimmt auch und gerade solches Lob an. So will auch ich aus der Tiefe meinen Gott und Heiland preisen."[18]

---

18 Beide Texte zitiert aus: Hans Krebs / Arno Pagel: Du hast mein Leben so reich gemacht; Francke, Marburg, 8. Auflage 1999, S. 87f.

Epilog

Rosa Krebs hatte noch viele Jahre Zeit und Gelegenheit, ihr aus der Tiefe des Leids geborenes Gotteslob weiterzugeben. Sie tat es vor ihren Kindern, Schwiegerkindern und Enkeln, und das nicht nur bei den Gedenkfeiern draußen im Oytal auf dem „Gebetsfeld" gegenüber dem Himmelhorn, zu denen sich jeweils am 2. September eines Jahres die große Familie möglichst vollständig versammelte. Sie tat es durch ihr liebevolles und einfühlsames „Bemuttern" der Gäste des Freizeitheims am Faltenbach und des Heims Bergfrieden auf dem Kühberg, das der inzwischen gegründete Verein „Christliches Freizeit- und Bibelheim e.V." 1963 gekauft und in Dienst gestellt hatte. Sie tat es vor vielen Mitarbeitern jeden Alters und beiderlei Geschlechts, vor einer großen Zahl von Haustöchtern und Rüstjahrmädchen, für deren Betreuung sie zuständig war, und vor Handwerkern und Bauhelfern, die gebraucht wurden und sich einsetzten, um den Betrieb der beiden Häuser funktionieren zu lassen und ihn nach den Erfordernissen der sich wandelnden Zeit immer auf dem aktuell angemessenen baulichen und technischen Stand zu halten. Sie tat es auch vor den Leuten im Dorf, solange sie mit Menschen in der Öffentlichkeit Kontakt halten konnte, hatte doch die Bevölkerung von Oberstdorf regen Anteil genommen an dem tragischen Unglück, das die Familie Krebs getroffen hatte.

Mit ihrem Hans durfte sie am 14. April 1979 das Fest der goldenen Hochzeit begehen – die Silberhochzeit hatte das Ehepaar Krebs übrigens seinerzeit auf der nach Kriegsende bald wieder reaktivierten Burg Wernfels gefeiert – und sich mit ihm zusammen erinnern an gute und weniger gute gemeinsame Zeiten, an Wegstrecken voller Leichtigkeit und Glück trotz vieler Arbeit, aber auch an solche, auf denen das Miteinander eher schwierig war.

Die Geschäftsführung des Vereins „Christliches Freizeit- und Bibelheim e.V." ging übrigens 1980 an Sohn Siegfried über, der mit seiner Frau Helga zugleich auch die Hauselternschaft übernahm.

Noch bis zum 27. März 1983 durfte Rosa Krebs ihr alt gewordenes Leben mit ihrem Mann teilen. An diesem Tag, dem Palmsonntag, wurde Hans Krebs am Morgen einfach nicht mehr wach. Er war während des Schlafs sanft hinübergewechselt aus dem irdischen ins himmlische Leben. Der Witwe blieben danach nicht mehr ganz vier Jahre, den eigenen Lebensweg zu Ende zu gehen. Mit der fortschreitenden Zeit ließen ihre äußeren Kräfte immer mehr nach, sodass sie schließlich auf den Rollstuhl angewiesen war und dabei auf besondere Betreuung und Versorgung zumeist durch ihre Tochter Sieglinde bauen musste und durfte. Auch das vermochte sie „geduldig, zufrieden und fröhlich"[19] zu ertragen aus derselben inneren Kraft, die sie durch den tragischen Tod ihrer drei Söhne am 2. September 1956 gewonnen hatte.

---

19 Zitat aus dem Freundesbrief Nr. 59 vom September 1986.

Am 16. Januar 1987 durfte dann auch Rosa Krebs ihr lang ersehntes Ziel erreichen: die große Schar der Erlösten vor dem Thron Gottes. Dort durfte sie ihren über viele Jahrzehnte gelebten Glauben „herzlichen Erbarmens“ bestätigt finden und die Wahrheit dessen erfahren, was ihr geliebter Spurgeon als Leitwort für dieses Datum gewählt hatte:

> „Und soll geschehen, wer den Namen des Herrn anrufen wird, der soll errettet werden.“ Joel 3,5

Zitate von Rosa Krebs

„Wo wir untreu waren – ER blieb treu – ER hat uns durchgeführt."

„Das Schwerste war, dass ich mich oft schämen musste, dass ich nicht treu war im Gebet, im Bibellesen und in der Nachfolge."

„Das ist es ja: der Herr hat geholfen. Er ist Anfang und Ende. Ich hatte oft den Eindruck, dass es durch dichtes Gestrüpp gehen musste. Wir mussten uns tief bücken, aber dann hat der Herr uns durchschlüpfen lassen."

„Dazu wollte ich mithelfen, dass die Atmosphäre in unseren Häusern vom Lob Gottes bestimmt würde."

„Meine Gedanken im Blick auf die Vergangenheit? Dank! Lobpreis! Die Ewigkeit ist grad lang genug, um recht danken zu können. Ich freue mich, dass alles einmünden darf in lauter Dank."

„Es reut mich nichts, was ich für das Werk, das ER uns aufgetragen hat, getan habe. Nur dass ich nicht noch treuer war, das reut mich!"[20]

---

20 Zitiert aus einem Interview im „Freundesbrief des Christlichen Freizeit- und Bibelheims e.V. Oberstdorf Allgäu" Nr. 51 vom Dezember 1983.

Zeittafel

18. April 1902	Geburt von Rosina Karolina Fratz
23. Mai 1902	Geburt von Hans Krebs
10. August 1919	Tod von Hans' Vater Johann Georg Krebs
20. Mai 1923	Bekehrung von Hans Krebs auf der Hensoltshöhe, Gunzenhausen
4./5. Juni 1927	Erste Begegnung von Rosa Fratz und Hans Krebs auf Burg Wernfels
24. Dez. 1928	Verlobung in Gunzenhausen
14. April 1929	Hochzeit auf Burg Wernfels
Mai 1929	Die ersten Pflegekinder Berta und Fritz Kraus werden von Rosa und Hans Krebs aufgenommen. Beginn der Arbeit unter obdachlosen Handwerkergesellen (bis ca. 1936)
5. Juli 1932	Geburt von Johannes Krebs
2. Februar 1933	Tod von Hans' Mutter Babette Krebs
26. Sept. 1934	Geburt von Elisabeth Krebs
6. Dez. 1935	Geburt von Martin Krebs
23. Feb. 1937	Geburt von Walter Krebs
1. März 1938	Geburt von Richard Krebs
Sommer 1938	Kauf des Heidhofes („Fallhof") in Gunzenhausen

17. April 1939	Geburt von Siegfried Krebs
14. Juni 1940	Geburt von Sieglinde Krebs
23. Dez. 1941	Geburt von Krimhild Krebs
November 1942	Operation und Krankenhausaufenthalt von Rosa Krebs
23. Feb. 1945	Der „Fallhof" wird bei einem Bombenangriff schwer getroffen
21./22. April 1945	Gunzenhausen wird von der US-Armee eingenommen
17. April 1946	Hans Krebs bekennt seiner Familie seine Irrwege in der Nazi-Zeit und bittet um Vergebung. Bewusste Rückkehr zum Glauben
Frühjahr 1952	Erste Überlegungen, den „Fallhof" aufzugeben und sich einer neuen Aufgabe zuzuwenden
8. Dez. 1953	Rosa und Hans Krebs besichtigen das Touristenheim „Vogel" in Oberstdorf und beschließen, dort ein Freizeitheim einzurichten
1. Januar 1954	Erste Freizeitgruppe im „Christlichen Freizeitheim Faltenbach"
Frühjahr 1954	Schwere Erkrankung von Richard Krebs
30. Januar 1956	Abschied vom „Fallhof", endgültiger Umzug der Familie Krebs nach Oberstdorf
Frühjahr 1956	Anita und Manfred kommen als Pflegekinder in die Familie Krebs

April 1956	Operation und Krankenhausaufenthalt von Hans Krebs
2. Sept. 1956	Bei einer Bergwanderung verunglücken Martin, Walter und Richard Krebs tödlich
1963	Der Verein „Christliches Freizeit- und Bibelheim e.V." wird gegründet. Hans Krebs wird Geschäftsführer. Hans und Rosa Krebs bleiben Hauseltern des Freizeitheims
14. April 1979	Goldene Hochzeit von Rosa und Hans Krebs
1980	Siegfried Krebs wird Geschäftsführer des Vereins „Christliches Freizeit- und Bibelheim e.V." Gemeinsam mit seiner Frau Helga übernimmt er die Verantwortung für den Freizeitheim-Betrieb
27. März 1983	Tod von Hans Krebs
16. Januar 1987	Tod von Rosina Karolina Krebs, geb. Fratz
2003	Friedhelm Krebs, Sohn von Siegfried und Helga Krebs, übernimmt mit seiner Frau Kornelia die Leitung des Freizeitheims und die Geschäftsführung des Vereins

Weitere Biografien bei FRANCKE

Lothar von Seltmann
Wenn Gott das Leben malt
Die bewegte Geschichte der Eva-Maria Mönnig
ISBN 978-3-86827-409-7
240 Seiten, gebunden

Der Krieg ist vorbei und Deutschland liegt in Trümmern, als die kleine Eva-Maria das Licht der Welt erblickt. Leidenschaftlich diskutiert die einflussreiche Verwandtschaft der Mönnigs die Frage, ob dieses Kind das Talent der Großmutter geerbt hat und eine berühmte Opernsängerin wird oder ob es eher nach der Großtante kommt, die einen Verlag für Modepublikationen besitzt.
Nach einer glücklichen Kindheit in Berlin muss die Familie nach Bayern umziehen, weg aus dem Dunstkreis der Verwandtschaft. Eva-Maria verkraftet den Umzug nur schwer. Sie ist ein Großstadtkind und vermisst das pulsierende Leben Berlins. Umso verwunderlicher ist es, dass sie nach einer Ausbildung zur Grafikerin während einer Autofahrt die Stimme Gottes vernimmt, der ihr einen klaren Auftrag gibt. Und es dauert nicht lange, bis sie sich dieser Herausforderung stellt, auch wenn sie noch gar keinen persönlichen Bezug zu diesem Gott hat.

Debora Sommer
Juliane von Krüdener
Eine Baronin missioniert Europa
ISBN 978-3-86827-468-4
ca. 368 Seiten, gebunden

Die hochgebildete, deutschbaltische Botschaftergattin Juliane von Krüdener (1764–1824) versetzte mit ihrem missionarischen Wirken halb Europa in Aufruhr: Durch ihre Botschaft, ihren Einfluss auf die europäische Politik als Vertraute von Zar Alexander I. sowie als Sozialreformerin von West- bis Osteuropa.
Tauchen Sie ein in die Zeit der französischen Revolution. Entdecken Sie die vergessene Geschichte einer einflussreichen Schriftstellerin und Salondame, die die vorherrschenden Schranken durchbrach und im Auftrag Gottes mutige Wege beschritt.
Anhand neuester Forschungsergebnisse dokumentiert diese Biografie das Leben einer faszinierenden Zeitgenossin von Napoleon, Goethe und Pestalozzi, die durch einen Herrnhuter zum lebendigen Glauben an Jesus Christus fand, und gibt ihr zum 250. Geburtstag ihren Platz in der Geschichte zurück.